阅读推广人 系列教材

图书馆
儿童阅读推广

丛书主编：王余光　霍瑞娟
本册主编：李俊国　汪　茜
本册副主编：王　玮

CIPG 中国国际出版集团　朝华出版社
BLOSSOM PRESS

图书在版编目（CIP）数据

图书馆儿童阅读推广 / 李俊国，汪茜主编 . —北京：朝华出版社，2015.9（2016.8重印）
阅读推广人系列教材 / 王余光，霍瑞娟主编
ISBN 978-7-5054-3792-0

Ⅰ．①图… Ⅱ．①李…②汪… Ⅲ．①图书馆—儿童—读书活动—教材
Ⅳ．① G252.17

中国版本图书馆 CIP 数据核字（2015）第 219923 号

图书馆儿童阅读推广

主　　编　李俊国　汪茜

选题策划　张汉东
责任编辑　田玉晶
责任印制　张文东　陆竞赢

出版发行	朝华出版社		
社　　址	北京市西城区百万庄大街 24 号	邮政编码	100037
订购电话	（010）68995593　68996050		
传　　真	（010）88415258（发行部）		
联系版权	j-yn@163.com		
网　　址	http://zhcb.cipg.org.cn		
印　　刷	三河市百盛印装有限公司		
经　　销	全国新华书店		
开　　本	710mm×1000mm　1/16	字　　数	250 千字
印　　张	16.25		
版　　次	2015 年 12 月第 1 版　2016 年 8 月第 2 次印刷		
装　　别	平		
书　　号	ISBN 978-7-5054-3792-0		
定　　价	39.80 元		

版权所有　翻印必究·印装有误　负责调换

阅读推广人系列教材编委会

主　编　王余光　霍瑞娟
编　委　(按姓氏音序排列)
　　　　邓咏秋　霍瑞娟　金德政　李东来
　　　　李俊国　李世娟　李西宁　邱冠华
　　　　汪　茜　王　波　王丽丽　王　玮
　　　　王余光　王　媛　吴　晞　许　欢
　　　　张　岩　张　章　仲　岩

总 序

全民阅读、阅读推广，是立足中国文化、提高中华民族素质与竞争力的重要举措，近年来受到政府与社会的广泛关注。党的十八大报告在关于"扎实推进社会主义文化强国建设"的论述中明确表示要"开展全民阅读活动"。2014年和2015年李克强总理两度在《政府工作报告》中提及要"倡导全民阅读，建设书香社会"。

开展全民阅读活动是一项社会文化系统工程，需要集合全社会的力量推行。图书馆承担着传承社会文明、传播知识信息的重要职责，尤其在推动全民阅读、提高人民群众思想道德素质和科学文化素质，推动社会进步中发挥着重要作用。其实，图书馆界开展阅读推广工作由来已久，甚至可以说，提供阅读场所和读本的图书馆自诞生之时就以阅读推广为自身的天然使命。2006年，作为我国图书馆界及相关业界最有影响力的社会组织，中国图书馆学会成立了科普与阅读指导委员会，这标志着中国图书馆学会在推动全民阅读上有了专门的组织机构。2009年，科普与阅读指导委员会更名为阅读推广委员会，下设15个专业委员会。近年来，中国图书馆学会依托图书馆行业自身优势，联合社会力量，积极倡导全民阅读，指导和推动全国图书馆界开展阅读推广活动，加强阅读文化和阅读服务的研究，集聚了一批从事全民阅读与阅读推广研究和教育培训等方面的专家，形成了开展阅读推广活动的长效机制。

图书馆员是图书馆阅读推广活动的策划者、组织者和实施者，其相关能力直接影响着图书馆阅读推广活动的成果与实效。图书馆阅读推广活动的开展离不开高素质的"阅读推广人"。为了更加规范有效地开展阅读推广活动，进而从根本上促进我国全民阅读事业的发展，中国图书馆学会于2014年底在江苏常熟举办的全民阅读推广峰会上，正式启动了"阅读推广人"培育行动，计划通过未来几年的努力培育一大批专业的"阅读推广人"。通过培育行动，将有更多职业的"阅读推广人"在图书馆、学校以及更广阔的空间里发挥更大的作用，为推进全民阅读工作和书香社会建设做出更大的贡献。

为了配合"阅读推广人"培育行动的开展，中国图书馆学会组织编写了"阅读推广人"培育行动系列教材，目前先期出版六种。希望这套教材的出版能对"阅读推广人"的培育和图书馆界及相关业界阅读推广工作的开展有所助益。由于编者水平有限及出版时间仓促，书中错误之处在所难免，敬请同行及读者指正。

中国图书馆学会理事长、国家图书馆馆长：韩永进

目 录

总 序

第一讲　儿童阅读推广概述
  第一节　儿童阅读推广的概念 / 2
  第二节　儿童阅读推广系统概述 / 3
  第三节　为什么要推广儿童阅读 / 5
  第四节　儿童阅读，责在成人 / 11
  第五节　中国儿童阅读推广运动 / 12
  第六节　公共图书馆儿童阅读推广 / 19
  第七节　结语 / 28

第二讲　儿童读物及其选择
  第一节　儿童读物的生命历程 / 37
  第二节　儿童读物出版概况 / 38
  第三节　儿童读物的主要类型 / 45
  第四节　儿童阅读推广该如何选择儿童读物 / 54

第三讲　国外儿童阅读推广理论与实践
  第一节　国外儿童阅读推广的历史回顾 / 67
  第二节　国外儿童阅读推广理论研究 / 69
  第三节　国外儿童阅读推广实践 / 76

第四讲　中国儿童阅读推广理论与实践

第一节　儿童阅读推广发展的历史条件 / 100

第二节　政府层面的儿童阅读推广 / 105

第三节　图书馆的儿童阅读推广 / 108

第四节　学校层面的儿童阅读推广 / 116

第五节　民间机构的阅读推广 / 123

第五讲　故事会活动的设计与组织

第一节　故事会——最生动的少儿阅读推广活动 / 131

第二节　故事会活动的创意与设计 / 135

第三节　故事会活动的组织与执行 / 144

第六讲　暑期阅读项目的设计与组织

第一节　暑期阅读的含义 / 153

第二节　暑期阅读的主要内容 / 157

第三节　暑期阅读项目宣传 / 162

第四节　暑期阅读的评估 / 164

第七讲　儿童阅读推广优秀案例：苏州图书馆"悦读宝贝"计划

第一节　"悦读宝贝"计划的背景 / 171

第二节　"悦读宝贝"计划的策划 / 172

第三节　"悦读宝贝"计划的主要内容 / 179

第四节　"悦读宝贝"计划的经验总结 / 189

第八讲　儿童阅读推广优秀案例：广州图书馆绘本阅读推广

第一节　广州图书馆绘本阅读推广的背景 / 197

第二节　广州图书馆绘本阅读推广的基础 / 199

第三节　绘本阅读推广的多元化实践 / 202
第四节　绘本阅读活动的策划与开展 / 210
第五节　绘本阅读推广中的社会资源整合 / 216
第六节　绘本阅读推广中的宣传创新 / 220
第七节　广州图书馆绘本阅读推广总结 / 224

延伸阅读

英国"夏季阅读挑战" / 227
重庆市少儿图书馆少儿"雨露"知识讲座 / 237
图书馆讲故事活动的理论探索 / 241
亲子阅读与公共图书馆服务体系 / 247

第一讲

儿童阅读推广概述

朱淑华[*]

伴随着"全民阅读"2012年被写入十八大报告、2014年被写入政府工作报告,伴随着《江苏省人民代表大会常务委员会关于促进全民阅读的决定》2015年1月1日实施、《湖北省全民阅读促进办法》2015年3月1日起实施,以及《全民阅读促进条例》在2013年和2014年连续两年列入国务院立法工作计划,对全民阅读的重视在中国上升到了一个新的高度,全民阅读促进工作在全国火热开展。截至2015年4月23日,据不完全统计,全国有700多个城市开展了全民阅读活动,31个省区市有自己全民阅读活动的安排。[①]

与此同时,伴随着时代和技术的发展,图书馆的专业服务也经历了文献服务、信息服务,进入到了阅读推广阶段,阅读推广成为图书馆服务工作的新趋势和新方向。[②] 红红火火、丰富多彩的各类阅读推广活动,已经成为图书馆业务新的增长点和工作亮点。

作为全民阅读的重要组成部分,儿童阅读在全民阅读中扮演重要角色,起到重要作用,被称为"根的工程、花的事业"[③],儿童阅读的作用甚至被认为"能

---

[*] 朱淑华,东北师范大学图书情报系本科毕业,北京大学图书馆学硕士,研究馆员,深圳南山图书馆公共交流部主任,儿童阅读工作负责人。醉心于儿童阅读的理论研究和推广实践,发表关于儿童阅读的论文7篇。

① 深圳新闻网. 四先生对话"第一等好事还是读书" 助力深圳"全民阅读"[EB/OL].[2015-11-07]. http://news.xinhuanet.com/city/2015-04/23/c_127724174_2.htm.

② 吴晞. 解析全民阅读:在"中国图书馆学会2014年全民阅读推广峰会暨'阅读推广人'培育行动启动仪式"上的发言[J]. 今日阅读,2014(24):70-73.

③ 徐冬梅. 儿童阅读:根的工程 花的事业[EB/OL].(2009-04-20)[2015-11-19].http://home.51.com/sqchangsong/diary/item/10046122.html.

够照亮整个国家"。①

  的确，全民阅读的根在于儿童阅读。儿童阅读在全民阅读中具有决定性的作用，要想实现全民阅读，必须从儿童抓起。儿童阅读有没有被推广，决定着全民阅读的理想能不能够真正实现，全民阅读能不能够落到实处。对于儿童阅读的科学研究及西方发达国家的实践经验早已证明，儿童阅读是全民阅读的突破口和切入点；在全民阅读的推进过程中，儿童阅读的推广具有战略意义，需要全社会达成共识，共同关注，需要我们从国家发展和民族未来的战略高度予以推进。

  图书馆作为提供公共阅读场所和公共阅读资源的专业机构，作为保证公民阅读权利和阅读公平的社会机构，理应成为儿童阅读推广的一个重要支点和核心力量。儿童阅读推广，是图书馆员的责任和使命。

  儿童阅读推广，是一门貌似简单却蕴含着科学的规律和无穷的奥秘、值得我们不断探索和精进的科学，绝对不是很多成年人想当然的"小孩子的那点事"，它需要我们有饱满的热情、专业的知识、灵动的思维和不断的学习。

第一节　儿童阅读推广的概念

  联合国《儿童权利公约》规定："儿童是指18岁以下的任何人，除非对其适用的法律规定成年年龄低于18岁。"《儿童权利公约》于1992年在我国正式生效。

  在我国，关于儿童有多种称呼，如"少年儿童""青少年""未成年人"等本书均以"儿童"统一称谓。

  所谓儿童阅读推广，是指基于阅读对儿童所产生的巨大影响，在儿童阅读的正确理念和科学规律指导下，通过各种方法向儿童和有引导能力的成年人介绍优秀阅读素材、阅读指导方法和阅读理念，带动儿童阅读，逐步引导儿童爱上阅读，提升儿童的阅读能力，帮助儿童成为"自觉的、独立的、热诚的终身

---

① 朱永新. 儿童阅读能够照亮整个国家 [EB/OL]. （2014–04–22）[2015–11–19]. http://www.jyb.cn/book/dssx/201404/t20140422_579038.html.

阅读者"[①]，并同时改善儿童阅读环境的过程。

儿童阅读推广的概念，用图 1-1 表示：

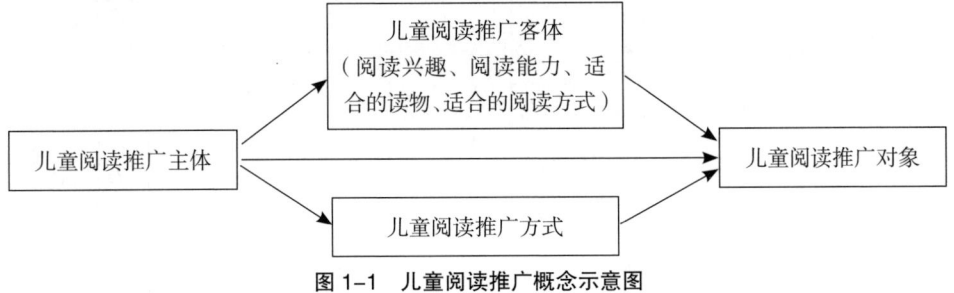

图 1-1　儿童阅读推广概念示意图

儿童阅读推广的主体，是各类儿童阅读推广项目的策划者、组织者、实施者、管理者。

儿童阅读推广的客体，是儿童阅读推广的内容，包括儿童的阅读兴趣、阅读能力、适合的读物、适合的阅读方式四个层面，通常表现为四个层面的有机结合。

儿童阅读推广的方式，是向目标群体进行推广所采用的方法、策略。

儿童阅读推广的对象，不仅仅是儿童，也包括成年人。

儿童阅读推广，当然意味着主动的姿态、积极的开拓，从性质上表现为主动传播。

第二节　儿童阅读推广系统概述

儿童阅读不仅仅是孩子与书的关系，当我们站在社会的层面上观察，这一行为实际上深受其他因素的影响。要想真正推动儿童阅读，仅在小范围内讨论问题是远远不够的。

儿童阅读推广是一个涉及面非常广的社会系统工程，这个系统工程又可分为纵、横、总合三个子系统。具体可见图 1-2。

---

① 阿甲．帮助孩子爱上阅读：儿童阅读推广手册 [M]．上海：少年儿童出版社，2007：205．

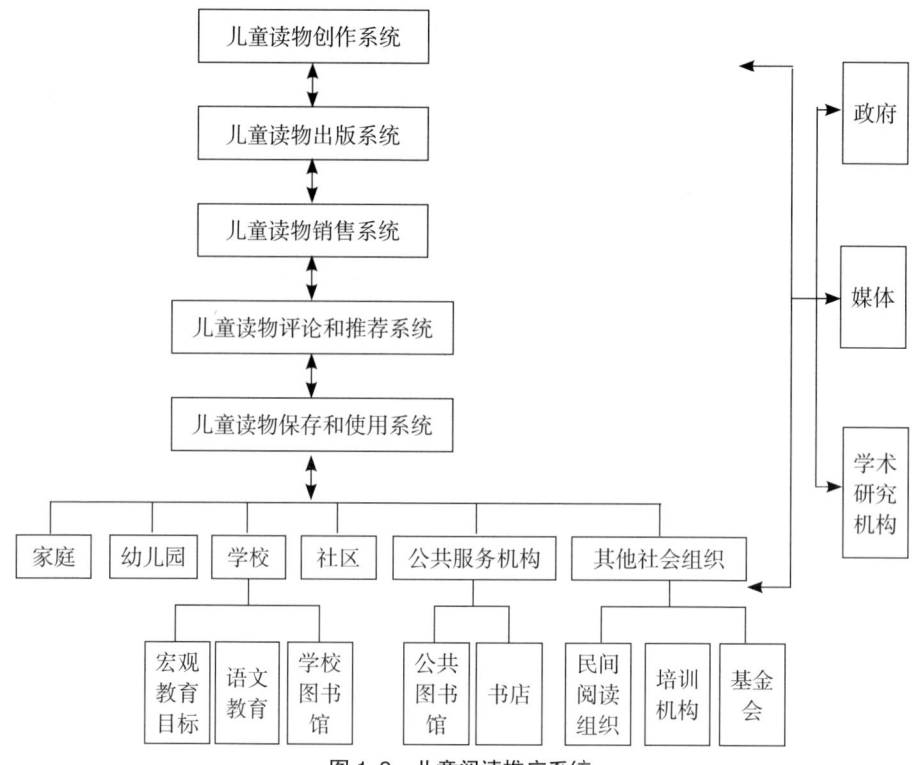

图1-2 儿童阅读推广系统

纵向来看，儿童读物的生产与流通过程涉及到童书的创作与出版，童书的推荐与评论，童书的销售与购买，童书的使用等各个环节。横向来看，儿童阅读的空间涉及到家庭、幼儿园、学校、社区、图书馆、书店等最主要的环境。儿童阅读推广的总合系统如政府、媒体、学术研究机构，对儿童阅读推广纵向系统和横向系统的各个方面均构成影响。

在这个系统中，各个子系统共同构成儿童阅读推广系统的有机总体，各个子系统之间也是互相影响的。比如，儿童读物出版系统深受儿童读物创作系统的影响，儿童读物创作系统必须提供好的作品，才能使儿童读物出版系统获得不断发展；反过来，儿童读物创作系统也深受儿童读物出版系统和销售系统的制约，因为作家必须按照市场规律来创作，其作品才有出版的可能。在出版社，销售人员往往更能洞察市场需求，进而要求策划、编辑人员顺应市场，有可能制约编辑的思想性和主动性。儿童读物出版和销售系统的良性互动，是出版社要解决的核心问题。

综上所述，只有各方力量、各环节协作推动，才能真正有效推广儿童阅读。

第三节　为什么要推广儿童阅读

一、阅读对儿童自身发展非常重要

"阅读不能改变人生的长度，但它可以改变人生的宽度。阅读不能改变人生的物相，但它可以改变人生的气象。阅读不能改变人生的起点，但它可以改变人生的终点。"[1]

"我害怕阅读的人。当他们阅读时，脸就藏匿在书后面。书一放下，就以贵族王者的形象在我面前闪耀，举手投足都是自在风采。"[2]

"你的阅读造就了你。"[3]

……

虽然不见得人人都热爱阅读，但似乎人人都不反对：爱阅读是件"好事"。甚至有人认为"天下第一等好事就是读书"、"读书是世界上门槛最低的高贵举动"。对于阅读的讴歌，从来都不绝于各类媒体，自媒体的发达更带动了这类信息的广泛传播。人们用诗意的语言非常感性地将阅读的作用描述得淋漓尽致。

儿童阅读，除了具备对成年人一样的"好处"以外，还对"儿童"这个特殊时期的人群产生特殊的影响。因而对儿童而言，阅读的作用更为重要。

（一）阅读可以促进儿童大脑发育

美国"人类智力发展研究所"脑科专家格伦·多曼博士认为，把正常孩子培养成天才的奥秘，就是对其大脑频繁、持久地施加刺激。人脑的信息约八成

---

[1] 巴丹. 阅读改变人生：中国当代文化名人读书启示录[M]. 北京：东方出版社，2010.
[2] 奥美广告. 我害怕阅读的人[EB/OL].（2014–05–24）[2015–07–13].http://mp.weixin.qq.com/s?__biz=MjM5NjAwODI2OQ==&mid=200164346&idx=1&sn=073a0dfb769716200bd4cc797c97e841&scene=5#rd.
[3] [佚名]. 你的阅读造就了你.[EB/OL].（2012–12–27）[2015–07–13]. http://www.xinli001.com/info/4049/.

是通过视觉刺激获得的，因而，视觉刺激对幼儿神经网络的发展至关重要。早期阅读尤其是0~3岁幼儿的早期阅读，是积极自觉的视觉刺激，可以加快大脑的发育与成熟，促进孩子思维的发展。①

阅读时，大脑对意义进行诠释，大体经过如下12个阶段：字句的判断—单字的合成—文章的理解—想象—分析—总合—推理—批判—判断—创意—自我理论化—解决问题。②
阅读的全部过程，其实就等于儿童在做"言语的推测性游戏"，从而加快大脑的发育与成熟。《让孩子的大脑自由》一书作者、美国著名神经科学家约翰·梅迪纳从神经科学角度验证了这一点："阅读、阅读、阅读！阅读对孩子的大脑非常有好处。书是成本最低、回报最高的教育设备，它确实可以促使头脑发育。"

图1-3 约翰·梅迪纳著作《让孩子的大脑自由》

（二）阅读可以发展儿童的语言能力

语言能力，是儿童时期所要发展的最重要的能力。儿童时期，也是发展语言能力的关键时期。美国著名生理学家玛莉安·伍尔夫通过研究儿童阅读时的大脑变化发现，儿童阅读时，左、右大脑两个区域一起活动，而过了这个时期，学习语言的能力开始退化。我们成年人在阅读时，往往只有一个大脑半球在工作。儿童的语言能力包括：听的能力、读的能力、说的能力。丰富的词汇，恰到好处的修辞，语言的节奏，语法的规则，语言的魅力，均可在潜移默化中习得。越早阅读，孩子的语言发展就越早，而且一生都会拥有较强的语言能力。

从很多家长关注的现实角度来说，阅读可以从根本上解决孩子的识字难问题。很小就爱阅读的孩子，基本都能在阅读的过程中，自然识得大量文字，家长并不需要特意教孩子认字。上学后，爱阅读的孩子会组词，爱阅读的孩子会

---

① 黄娟娟.0~3岁幼儿阅读发展与培养[M].上海：上海科学技术出版社，2005：40.
② 南美英.会阅读的孩子更成功[M].南昌：江西美术出版社，2007.

造句，爱阅读的孩子作文好——这些，都是语言能力增强的具体体现。

尹建莉在《好妈妈胜过好老师》一书中写道：学好语文有很多要素，但是最核心最根本的方法就是阅读。通过阅读提高孩子的写作能力，表面上看是个漫长的过程，实际上它是最经济、最有效、最省心的办法，是真正的捷径。阅读是大技，其他所谓写作技巧是小技。有了大技，小技不请自来，没有大技，一切小技都不可能实现。

图1-4　尹建莉著作《好妈妈胜过好老师》

（三）阅读可以拓展儿童的知识世界

相对大人来说，孩子的生活空间相对有限，能直接接触的世界有限，而阅读，可以将儿童的知识世界拓展到无穷——动物、植物、历史、地理、宇宙、人物，等等。爱阅读的孩子懂得多、知识丰富，这是公认的事实。

而人类的阅读总是遵循先验图式理论（Schema Theory），即人类的阅读并不是被动地解读作者写出的东西，而总是依靠我们已有的知识和经验，以先验图式来主动解读。[①]因此，阅读越多的儿童懂得越多，懂得越多的儿童能够读的就越多——儿童对于知识的学习就进入了良性循环。

（四）阅读可以提高儿童的理解能力、注意力、观察力、想象力

知识是"鱼"，学习知识的能力和方法是"渔"。阅读的功效绝不仅仅是丰富儿童的知识，还能点燃儿童的思维火花，打开儿童的思维版图，发展孩子的理解能力、领悟能力等。研究者认为，从根本上说，阅读与语言、思考相关。读书过程论认为：人类在阅读时，会不知不觉开发思考力；儿童沉浸在阅读中时，能长时间地集中注意力。一个不认识字的儿童，可以通过读图了解故事的发展，找到画面中隐藏的线索，观察能力得到提高，并在不连续的画面中发展想象能力。而文字故事，更可以让一千个孩子读到一千个不同的哈姆雷特，使儿童的想象

---

① 南美英. 会阅读的孩子更成功 [M]. 南昌：江西美术出版社，2007.

能力得到充分发展。

（五）阅读可以塑造儿童的气质，并帮助儿童形成正确的价值观

人类精神文明的成果是以书籍的形式保存的，而读书就是享用这些成果并把它们"据为己有"的过程。打开书本，缜密的逻辑、深奥的思想、崇高的境界、伟大的灵魂，都环拥着阅读者。阅读可以让人思接千载，视通万里，与智者交谈，与伟人对话。阅读可以让儿童经历他人的人生，间接体会作者或是书中主人公的经验。阅读可以穿越时空，让孩子把世界上所有的伟人都当作自己的老师。腹有诗书气自华，孩子长大以后，就是用成年以前所阅读的东西、所体验的东西、所经历的东西、从书本当中获得的基本价值观，用感恩、慈善、友爱等这些伟大的品质继续建设成人的内心世界。

（六）阅读可以为儿童一生的幸福奠基

3岁以前的幼儿看书，不仅仅是用眼睛，而是用他全部的感官。当幼儿和父母一起阅读的时候，父母和孩子的身体会自然而然地亲密依偎，父母读书的声音比平时说话也更柔和。小小的孩子靠在父母身上，闻着父母身上的味道，听着父母读书的声音，伸出小指头摸摸书上的小鸭子、小汽车，饥渴的皮肤得到满足。这一切，都能传递给孩子安全感和幸福感。可以说，亲子阅读使婴幼儿的情绪发展稳定，让他们感到外部环境的安全和心灵的安全。德国儿童文学作家科尔丝滕·波伊（Kirsten Boie）[①]说，父母经常陪3岁前的孩子一起看书、讲故事，会带给孩子力量——这力

图1-5　德国儿童文学作家科尔丝滕·波伊

[①] 科尔斯滕·波伊 (Kirsten Boie)，1950年出生于德国汉堡，著名儿童文学作家。其作品曾三度入选国际安徒生大奖，五次入围德国青少年文学奖。主要作品有:《那些不为人知的秘密》《足球小将》《公主的计谋》等。

量会伴随孩子一生。

（七）阅读可以让儿童拥有精神生活

我们的生活其实有两个世界：物质的世界和精神的世界。一个人的世界有多大，取决于这两个世界有多大。一旦儿童爱上阅读，他将在物质生活之外，建立起自己的精神生活，拥有更富有质感和更幸福的人生。

阅读对儿童自身发展具有重大意义，这一点，我们也可以从国际儿童读物联盟历年图书日的活动主题中有所感受，这些活动主题包括："书籍是通往世界的窗户""书籍是和平的太阳""书籍是黑暗中的萤火虫""书籍是昨天的故事和明天的秘密""书籍是我富有魔力的眼睛"，等等。

为了说服一些"现实"的父母重视阅读，美国著名的阅读研究专家吉姆·崔利斯在美国教育院校教材、畅销百万册的《朗读手册》中，特别用"现实"的语言写道，一个儿童，"你读得越多，知道得越多；知道得越多，就越聪明；越聪明，在校学习时间越长；在校学习时间越长，获得的文凭越多；文凭越多，工作时间就越长，赚的钱就越多；文凭越多，在学校的成绩越高；文凭越多，你的寿命就越长"。[①]

阅读对儿童一生具有的重要意义，无论怎么估计都不过分，怎么说都不夸张，怎么想象也不过头。图书馆员对这一点有深入的了解，才能在阅读推广

图 1-6 《朗读手册》

的过程中，将这个道理说给孩子的父母听，带动更多的成年人重视儿童阅读。

二、儿童阅读对国家和社会很重要

（一）儿童阅读具有敏感期

儿童时期是培养阅读兴趣和阅读习惯的黄金时期。意大利著名教育家蒙台梭利认为，儿童具有学习敏感期，敏感期是自然赋予幼儿的生命助力，充分利

---

① 吉姆·崔利斯. 朗读手册 [M]. 沙永玲，麦奇美，麦倩宜，译. 天津：天津教育出版社，2006：15.

用敏感期学习相关能力，将事半功倍；如果敏感期的内在需求受到妨碍而无法发展，就会丧失学习的最佳时机，日后若想再学习此项事物，不仅要付出更大的心力和时间，成果亦不显著。她认为儿童书写敏感期为3.5~4.5岁，阅读敏感期为4.5~5.5岁。[1]美国教育心理学家则在研究中发现，0~3岁是养成儿童阅读兴趣的最佳时期，3~6岁则是培养儿童阅读能力的关键阶段。[2]美国心理学家陶森博士在《怎样做父母》一书中指出："爱书和爱读书的基础，是在生命的头五年中奠定的。"[3]虽然研究结果指向的年龄段略有差异，但所有结果无一例外指向童年，尤其是6岁以前的童年。

（二）儿童阅读与终身阅读的关系

研究发现，早期阅读对未来阅读能力和学业成就具有奠基作用。儿童早期阅读的条件、环境、能力与他们的未来阅读能力以及所有学业成就，具有很高的相关关系。统计数据表明，成年人读书习惯的根在童年时期已经扎下，有三分之二爱读书的成年人，在其8~12岁时就酷爱读书；不爱读书的成年人中，有一半在儿童时期也不爱书。[4]日本学者七田真认为，3岁就能轻松阅读书本的孩子，终其一生都会有读书欲。[5]德国促进全民阅读专家认为，如果一个人到了13岁或最晚15岁，还没有养成阅读习惯和对书的感情，那么他今后的一生中很难再从阅读中找到乐趣，阅读的窗户会对他永远关闭。[6]

综合以上两点，我们可以得出结论，如果我们能抓住"儿童"这一敏感期，就能更容易地让一个人爱上阅读；而且，一爱就是一辈子。我们每帮助一个儿童爱上阅读，就等于塑造了一个终生热爱阅读的人。而错过童年，我们很难再让一个人爱上阅读，而有可能是终生的错失。

---

[1] 百度百科. 儿童敏感期 [EB/OL]. （2007-08-14）[2008-05-15].http://baike.baidu.com/view/1098897.htm.

[2] 颜虹. 图书馆开展分享阅读活动的意义与实施策略 [J]. 河南图书馆学刊，2007（2）：51.

[3] 黄娟娟. 0~3岁幼儿阅读发展与培养 [M]. 上海：上海科学技术出版社，2005：40.

[4] 刘晓英. 少年儿童图书馆与青少年阅读 [J]. 图书馆工作与研究，2005（4）：94–96.

[5] 迪科奕阳儿童阅读顾问公司，中国儿童阅读顾问网，中国阅读学会. 中国儿童早期阅读现状与对策研究报告 [EB/OL]. （2003-04-14）[2007-12-06].http://learning.sohu.com/48/67/article208486748.shtml.

[6] 阿甲. 帮助孩子爱上阅读：儿童阅读推广手册 [M]. 上海：少年儿童出版社，2007：130.

很显然，在儿童中推广阅读，远比在成人中推广阅读具有更重大的战略意义，影响更为深远。是否重视儿童阅读，反映了一个国家能否在涉及国家发展、民族未来的战略问题上进行宏观布局。在很多西方发达国家，儿童阅读推广往往被作为国家项目，由政府主导，由国家领导人亲自推动，并成为全民阅读工程的突破口。

第四节　儿童阅读，责在成人

儿童阅读如此重要，我们希望每一个孩子都能够爱上阅读——那么，儿童能不能爱上阅读究竟由什么决定呢？

研究表明，儿童不是天生就具备自主阅读能力的。他们自主阅读能力的发展，有其形成过程与规律，儿童的阅读是需要引导的。虽然我们都希望儿童能够"自动自发"地爱上阅读，但《给孩子读书的父亲》一书的作者奥维尔·普瑞斯科特认为：很少有孩子会主动喜欢上阅读，通常都必须有某个人引领他们进入书中奇妙的世界。

英国图书馆学会"法吉恩奖"获得者钱伯斯提出"阅读循环圈理论"，将儿童阅读描述为一系列过程，认为在这一循环中，儿童是阅读的主体，而有经验的成人是阅读过程的引导者和推动者。成人可以通过环境与活动的整合，帮助儿童亲近图书，进而鼓励儿童自主而愉快地阅读；成人也可以通过设计、组织阅读讨论活动，帮助儿童领会一本书各个层面的含义，从而进行更广泛而深入的阅读。

因此，儿童能不能爱上阅读，责任在成年人，儿童能不能爱上阅读，就看他（她）能不能幸运地遇到至少一位成年人在恰当的时间为他提供恰当的引导。这个成年人可能是父母、亲戚或其他长辈，或者是邻居、老师，甚至是孩子偶然接触到的作家或图画家，以及图书馆员、书店的售货员，等等。如果能有这样的一位成年人在恰当的时间为孩子提供各种恰当的引导，任何一个孩子都能排除各种障碍，爱上阅读，邀游在书的世界中。

反之，如果成人不能为孩子营造适宜的阅读环境，不能尽早让孩子接触到图书，不能为孩子提供感兴趣的读物，或不能采用适宜的引导方式，甚至采用不恰当的方式"逼迫"儿童阅读的话，儿童也有可能因此丧失读书的兴趣，从此不再热爱阅读。

因此，成人需要明白，孩子能不能爱上阅读，并非由孩子本身的性格、气质、天赋等决定，而取决于我们成人是否采取了恰当的引导行为。

因此，成人必须明白自己身上的责任。为了儿童自身的发展，也为了国家和民族的未来，我们必须行动起来，学习引导儿童热爱阅读的基本理念和方法，想方设法让更多的孩子爱上阅读。由此可见，在儿童阅读推广的对象中，成年人是非常重要的一个组成部分。

第五节　中国儿童阅读推广运动

20世纪末21世纪初，伴随我国社会的发展、教育改革的步伐以及网络与信息技术的发展，儿童阅读问题逐渐受到人们的关注，儿童阅读推广在各个相关领域内悄然兴起。

从最初"儿童阅读推广人""花婆婆""点灯人"之类的零星推动，到相关行业和领域的逐步介入，社会各界的参与程度逐渐扩大，社会影响力日益增强，理论和实践成果日益增多。在此背景下，中国推广儿童阅读的社会机构、民间阅读组织、网站、论坛、微博、QQ群、微信号越来越多；加入儿童阅读推广行列的教师、出版人、学者、图书馆员、家长等越来越多；关于儿童阅读问题的新闻和报道越来越多；全国以儿童阅读推广为主题的论坛和聚会达到了前所未有的密度；儿童图书极大丰富，儿童阅读指导书籍越来越多；愿意陪孩子读书的父母越来越多，爱读书的小朋友越来越多。这场运动经过十余年的发展，让儿童阅读逐渐成为社会热点问题。

一、传统儿童阅读与现代儿童阅读的差异

也许有人会觉得奇怪，我国不是个文明古国吗？我们不是一直都很重视"耕

第一讲 儿童阅读推广概述

读传家"吗？在 20 世纪的几十年间，我国不也曾开展了一系列的儿童读书运动么？为什么说儿童阅读推广运动是 21 世纪兴起的呢？原因是，21 世纪初兴起的儿童阅读推广运动，与我国传统的儿童阅读相比存在着根本的不同。

传统看法认为，儿童阅读的目的就是学认字、学知识、受教育，它的本质是通过阅读将儿童按照成人世界的要求进行塑造。而 21 世纪的儿童阅读推广是以尊重儿童为思想内核的。新观念认为，儿童就是儿童，儿童不是缩微的大人，也不是待成长的大人。童年是一个独特的成长阶段，有其自身独特的规律和诉求。引导儿童阅读不应该带有功利的目的，也不应该站在成人社会需求的立场上为孩子设立标准和框架；而应该充分观察和研究孩子的成长，尽可能为他们提供阅读机会，并尊重他们的选择。因此，在这个过程中，大人对孩子的选择可以给予积极的引导，但要保持开放和民主的态度。

在儿童阅读指导方法上，传统的儿童阅读指导主要强调识字能力和解读文本结构的阅读技巧，强调读书技能的培养和"书海无涯苦作舟"的精神。这种思路和方法，很容易让孩子在掌握了基本阅读技巧的同时却厌倦了阅读。现代儿童阅读理论认为，指导的最终目的是让孩子爱上阅读，引导孩子爱上阅读比读了什么、怎么读更为重要，因此特别强调关注和保护儿童的阅读兴趣。

传统儿童阅读，活动对象以儿童为主体的居多，较少强调父母及成人对儿童的影响；从参与年龄上，主要针对学龄后儿童，不注重早期阅读，认为阅读是上学识字以后的事情。而现代儿童阅读推广运动强调成人对儿童的影响，强调成人的参与，强调亲子阅读，强调早期阅读。

传统儿童阅读认为引导孩子阅读是阅读专家们的事情，至少也是经过专业训练的教师们的事情。但新观念提倡儿童阅读指导的日常化、平民化：每天为孩子大声读书，在家庭和学校辟出仪式化的持续默读时间，经常在孩子面前阅读，平常没事经常与孩子聊聊书，经常陪孩子逛书店和图书馆，有时间带孩子参加一些读书活动……这些简单的方法就能帮助孩子爱上阅读，而且任何一位有初等以上文化的家长都可以做到。

下面，我们通过表 1–1，来比对传统儿童阅读与现代儿童阅读的差别，梳理一下现代儿童阅读推广的基本理念和方法。

表1-1 传统儿童阅读与现代儿童阅读的差别

比较项目	传统儿童阅读	现代儿童阅读
阅读目的	学认字、学知识、受教育,是现实和功利的	帮助孩子爱上阅读、享受阅读,让阅读成为孩子一生的生活方式
阅读材料选择	读"有用"之书	读"无用"之书
推广对象	直接指向儿童,认为阅读是孩子自己的事情	包括儿童和家长,认为儿童阅读需要引导,强调成人对儿童阅读的影响
推广年龄	针对学龄后儿童	提倡早期阅读,认为生命早期是培养儿童阅读兴趣的关键时期
推广理念	认为"书海无涯苦作舟",阅读是辛苦的	读书是快乐的,要让孩子快乐阅读,保护孩子的阅读兴趣
阅读引导方法	认为阅读引导高高在上,需要由专家或老师完成	提倡儿童阅读引导的日常化、平民化,只要掌握基本理念、愿意行动,任何有文化的大人都可以做到

二、各领域的儿童阅读推广

21世纪的儿童阅读推广逐渐波及中国社会,各相关领域逐步参与。2007年11月13日,在首届"中国二十一世纪儿童阅读推广人论坛"召开时,《文学报》以《儿童阅读推广人时代来临》为题进行了报道。

(一)出版界的儿童阅读推广

出版界是我国儿童阅读推广相对比较活跃的领域。近年来,童书成为中国出版产业中最具活力的部分,融原创、引进、合作和推广为一体的出版经营模式逐步形成。其中,儿童图书引进量占整个图书引进总量的20%,不但大量西方经典绘本和儿童文学作品进入中国,甚至很多国外童书在中国拥有同期版权。中国出版协会儿童读物委员会主任海飞在2012年发现,在一份美国儿童应该阅读的100种图书书单中,中国已经引进了78种——他因此认为中国儿童已经和美国儿童站在同一条阅读起跑线上。

为了推动大家认识优秀童书,童书出版界开展了各种阅读推广活动,如与学术界、评论界、新闻界等联手开展各类研讨,①组织儿童文学作家、图画书画家进校园,或为儿童阅读推广提供支持等。比如,已经举办七届的"中国儿童阅读推广人论坛"的常设机构就设在二十一世纪出版社。中国童书出版界还于1990年加入了国际儿童读物联盟(IBBY),并把国际儿童图书节引进中国,设定每年的4月2日为"中国儿童阅读日"。出版界的努力不但让中国儿童读物不断丰富,让中国一跃成为世界童书出版第二大国,全年出版童书2万多种近6亿册,也促进了早期阅读、亲子阅读等儿童阅读观念的传播,推动了绘本、国际大奖童书等为大家所认识。

在出版界,也涌现出了一些具有一定影响力的儿童阅读推广人,比如人民教育出版社的王林博士。他在人教社小学语文教育网发起"萤火虫读书会",带动教师读书、研读儿童文学作品,并帮助老师们将之有效地带入课堂,进行学校层面的班级读书会推广,从而带动了全国更多儿童参与读书。

(二)教育界的儿童阅读推广

图1-7 河南焦作道清里小学的师生们正在同留守儿童一起快乐阅读

阅读在教育里始终是个备受推崇的概念。伴随教育改革的步伐,中国教育界在近十几年也在不断探讨和强调阅读的作用,讨论语文教学的改革和"书香校园"的建设,各科研项目不断开展。在现行的教育体制下,很多教育工作者也在力所能及的范围内采用各种方式推广阅读,根据自己可以影响的范围,

---

① 海飞. 童书的"大年"[EB/OL]. (2009-02-22) [2015-11-19]. http://paper.people.com.cn/rmrb/html/2009-02/22/content_197217.htm.

从校园环境营造、读书组织建立、阅读活动开展、师资力量培训、发动家长参与、阅读效果展示、学生激励等方面，全方位推动儿童阅读。截止到2013年3月，著名的"新教育实验"项目在全国有37个实验区，1450所实验学校。① "新教育实验"倡导营造书香校园，其"毛虫与蝴蝶——新教育儿童阶梯阅读研究"2006年8月正式启动，已产生《中国小学生基础阅读书目》《新父母书目》《孩子的早期阅读课》等研究成果。全国教育科研课题"亲近母语"，在300所实验学校开展课外阅读实验，产生《日有所诵》等研究成果，亲近母语研究院创办的"中国儿童阅读论坛"已经举办了11届。《中国教育报》从2004年开始评选"年度推动读书十大人物"，截止到2013年，10年间已经评选了100个富有影响的推动读书的年度人物，推出了一批以阅读推广闻名的教育工作者，如清华大学附小校长窦桂梅、原深圳市南山区后海小学校长袁晓峰等。

图1-8　第二届中国儿童阅读论坛暨亲近母语教育研讨会

（三）儿童文学作家和画家的阅读推广

伴随着中国童书出版的繁荣，中国原创童书也有了长足的发展，一批优秀的原创图画书面世，形成了中国儿童文学畅销书作家群、画家群和作品，如

---

① 了解和加入"新教育实验"指南[EB/OL]．（2013-03-04）[2015-11-19].http://bbs.eduol.cn/thread-1785692-1-1.html.

曹文轩的纯美文学，沈石溪的动物小说，秦文君、杨红樱、伍美珍等的校园文学，等等。一些为孩子们所喜爱的优秀儿童文学作家、图画书作家也加入了阅读推广的行列，通过开专栏、做讲座、参与研讨、和小朋友见面、签名售书等方式，推介优秀儿童读物、推广儿童阅读。比如，梅子涵从20世纪末开始，在几家电台和报纸上开辟《子涵讲童书》专栏，提出成年人要当儿童阅读的"点灯人"，要相信童话。梅子涵也是各类儿童阅读推广研讨会和论坛的活跃人物。又比如，彭懿写出介绍图画书的著作《图画书：阅读与经典》，并在全国举办讲座上百场。

图1-9 济南市市中区"牵手阅读"读书月系列活动之"走近杨红樱"

图1-10 合肥市少儿图书馆"成长论坛"邀请儿童文学作家伍美珍举办讲座，活动结束后，小读者和"阳光姐姐"合影

（四）家长间的相互传播与推广

儿童阅读习惯培养是一项工程，工程的起点始于家庭。家庭的影响伴随儿童一生。伴随一批儿童阅读指导的经典书籍被引入中国，比如《朗读手册》《幸福的种子》《打造儿童阅读环境》等；伴随各领域儿童阅读推广活动的开展，中国的父母逐渐得到启迪，儿童阅读的基本观念越来越普及。很多家长开始如饥似渴地阅读这些指导书籍，关注儿童阅读问题，并按照崭新的观念和做法开始儿童阅读的旅程。现代技术的发展，为理念的传播提供了"加速器"。城市论坛、门户网站亲子中心等，逐渐成为关注儿童阅读的父母聚集的中心，家长的聚集又催生了新的、更为专门的网站，如红泥巴读书俱乐部网站等。家长们互相交流经验、推荐图书、互相启发，成为儿童阅读推广中不可忽视的重要力量。个别家长因为对儿童阅读的浓厚兴趣，甚至投身到这个领域中来，成长为儿童阅读推广领域的代表人物，如萝卜探长、阿甲，他们创办了红泥巴读书俱乐部网站，并成为著名的儿童阅读推广人。一些以会员制运营的"私立图书馆"也悄然出现，如悠贝亲子图书馆、童立方、奶与蜜、玫瑰窗图书馆、第二书房、皮卡书屋、咕噜熊故事屋、蓝月亮儿童图书馆等，成为儿童阅读推广领域的民间力量和有效补充。

（五）民间阅读组织的涌现与儿童阅读推广

伴随着儿童阅读推广的浪潮，民间亲子阅读和儿童阅读公益组织悄然兴起。这些公益组织大都由热衷于儿童阅读推广的人士创办，大家通过网络论坛、QQ群、微信群等聚集，网上共享资源，分享交流体会，线下开展各种活动。民间阅读推广公益组织虽然松散，但由于大家具有共同的关注点，因此有非常强的精神认同感和凝聚力。民间的亲子阅读和儿童阅读公益组织充分集合和借助了民众的力量，发展迅速，已经成为儿童阅读推广领域重要的力量，受到社会广泛关注。以亲子阅读公益组织彩虹花公益小书房为例，它在全国26个城市成立了分组织，其中深圳的彩虹花小书房有5000多个家庭参与，有19个活动站点；活动形式包括亲子读书会、家长沙龙、公益讲座、故事宝贝秀等；也举行义工培训，以培养活动组织骨干。亲子阅读公益组织的出现，说明儿童阅读推广在民间的普遍开展。民间亲子阅读公益组织的志愿者，走入幼儿园、走入学校、走入图书馆、活跃在社区，弥补了我国儿童阅读推广活动很少进入社区开展的不足。2014年4月12日，"北京共同阅读促进大会——暨首届民间读书会发展交流大会"在北京成功召开，说明中国的民间阅读组织已经具备了一定的规模。

除此之外，其他各相关领域也积极参与儿童阅读推广：在国家级、有重要影响的报纸上经常可以看到关于儿童阅读问题的报道；政府积极介入，如深圳政府机构对民间阅读组织的大力推动和扶持……

应该说，随着儿童阅读推广运动的发展，相关各领域的交流逐渐频繁，大陆与国际社会的交流逐渐频繁，各领域的儿童阅读推广已经逐渐融合，形成更大的力量、更强的声音。在社会各界的共同努力之下，中国儿童阅读环境已经逐渐改变，儿童阅读推广更加繁荣。

第六节　公共图书馆儿童阅读推广

一、公共图书馆在儿童阅读推广中的地位和作用

《公共图书馆服务发展指南》指出，"公共图书馆负有特殊的责任支持儿童学习阅读，鼓励儿童使用图书馆和其他载体的资料"。《公共图书馆宣言》中，公共图书馆使命的第一条就是"使儿童从小养成并强化其阅读习惯。"

在儿童阅读推广整体系统中，从纵向划分，公共图书馆属于儿童读物的保存与使用子系统，通过筛选、存贮、推荐、使用儿童读物等，影响儿童读物的写作、出版与销售。从横向划分，公共图书馆属于公共服务子系统，与学校、家庭、幼儿园、社区、其他社会组织共同为孩子提供阅读空间。

因此，面对儿童阅读问题，每个图书馆员都具有双重身份。第一个身份是为人父母或终将为人父母。每个父母都希望自己的孩子热爱阅读，事实上，很多图书馆员的孩子因为父母拥有良好的阅读条件和阅读意识，而养成了良好的阅读习惯。第二个身份，图书馆员是对儿童的阅读负有重要责任的专业人士，思考如何推进儿童阅读，是图书馆员的职责，也是图书馆员的使命。

令人欣喜的是，中国图书馆界不辱使命。2009年中国图书馆学会成立阅读推广委员会，作为15个下属专业委员会之一；青少年阅读推广委员会于同年成立；中国图书馆学会把2009年4月至2010年4月定为全国首个少年儿童阅读年；国家图书馆少儿馆2010年6月1日开馆，是世界上首个国家级少儿图书馆。专业组织的建立、行业学会对儿童阅读的重视、国家图书馆的建馆示范，三个标志性事件，代表中国公共图书馆界对儿童阅读的关注，代表我们图书馆系统从"阅读指导"到"阅读推广"的角色职能转变，代表以"推广"为关键字的儿童阅读运动在图书馆界更为广泛和深入的展开。与此同时，全国公共图书馆界涌现了一大批优秀的儿童阅读推广实践项目，如苏州图书馆"悦读宝贝"计划、广州图书馆"由绘本爱上阅读"、深圳南山图书馆"通往幸福的阶梯"儿童阅读层级推动体系等。

二、公共图书馆在儿童阅读推广中的独特优势

公共图书馆在儿童阅读推广中具有重要地位和核心作用。西方发达国家和我国台湾地区的实践经验也证明了，公共图书馆在儿童阅读推广中应该成为也能够成为核心力量和领跑者。公共图书馆在儿童阅读推广领域具有独特的优势，主要体现在如下几个方面：

（1）作为公益性的公共文化服务机构，图书馆可以最大限度地排除在图书出版与图书销售环节可能存在的逐利心态，为儿童提供非营利的因而是可信赖的、经过选择的因而是优秀的儿童读物。理想状态下，图书馆的馆藏本身就可以成为优秀童书的风向标、筛选器、推荐目录。同时，公共图书馆馆藏经过专业整理，内容系统、形式多样、多角度可检，是最优秀的儿童阅读文献资源中心。

（2）与家庭阅读相比，公共图书馆拥有群体读书的良好氛围，能够互相影响和促进，是最好的公共阅读空间，同时可以帮助培养儿童善用公共资源的习惯。

（3）与社区阅读、学校阅读等相比，公共图书馆可以排除社区档次差异、学校条件差异可能导致的阅读"不平等"，为各种家庭背景和经济条件的儿童提供免费的、开放的、公平的阅读环境和公共阅览服务。

（4）与幼儿园阅读、学校阅读相比，公共图书馆还打破了阶段性，可为儿童提供长期服务。

（5）公共图书馆以推动和帮助全社会儿童热爱阅读为己任，可集结关注儿童阅读和儿童教育问题的家长，成为儿童和家长的精神家园。

三、公共图书馆在儿童阅读推广中存在的问题

截至2013年底，我国大约有3220个县以上的行政区划，16岁以下儿童人数为2.4亿，18岁以下儿童有3.67亿。有独立建制的少儿图书馆共105家，约占我国县以上行政区划的3.3%。我国共有公共图书馆3007家，附设儿童阅览室1700多个。全国少儿文献4574万册，而美国少儿图书馆馆藏2007年就已达到81248万册。

我国公共图书馆儿童阅读推广存在以下问题：

（1）对儿童阅读总体重视不够，儿童问题湮没在全民阅读之中，没有对儿童阅读问题予以单独的、特别的强调。

（2）儿童阅读推广情况不均衡。台湾地区相对发达，大陆地区相对落后。沿海地区相对发达，其他地区相对落后；城市相对发达，农村相对落后。

（3）不发达地区的区县级图书馆童书资源陈旧，专业人员缺乏，能够做儿童阅读推广的人才更为缺乏。

（4）图书馆员对儿童阅读研究不够，认为儿童阅读活动是小儿科，活动或者流于形式，唱唱跳跳，缺乏思想内核；或者沿袭传统做法，简单举办征文、演讲活动，形式老套，缺乏吸引力，无法真正促进阅读。

（5）儿童阅读推广活动缺乏长期性、系统性、计划性。各个活动之间缺乏联系，没有形成品牌，缺乏影响。

四、公共图书馆如何促进儿童阅读推广

作为社会公共服务体系的重要组成部分，公共图书馆的推广对象是全社会的儿童及成年人。当我们了解了儿童阅读推广的基本理念和系统性之后，公共图书馆在考虑儿童阅读推广问题时，就应该打破封闭的行业局限，保持开放的

视野、宏观的高度。应该充分认识到公共图书馆在儿童阅读推广系统的位置构成和自身的独特性，对自身在儿童阅读推广领域的地位有充足的信心，努力发挥核心和骨干作用；同时也要充分了解其他阅读推广主体的作用、现状与动态，积极寻求与各界的充分合作，借助其他领域的研究成果，从而充分发挥合力，共同推广儿童阅读。

应该说，中国的儿童阅读推广活动，从最初兴起，经过十余年的发展，已经覆盖儿童阅读推广系统的各个环节，逐渐改变了中国儿童阅读的社会大环境。这个大环境的改变，既有我们曾经的参与和贡献，也为我们的工作带来挑战和压力。从现实来看，我国儿童阅读推广活动所改变的社会大环境，要求图书馆必须不断加强儿童阅读推广工作，尤其是广大基层图书馆的儿童阅读推广工作。如此，才能和图书馆的行业定位与社会职责相匹配，和图书馆员的责任与使命相匹配。

从宏观上来讲，我们还需要从观念、馆舍、馆藏、人才、活动、学科教学体系等方面进行建设，进一步推动儿童阅读。

（一）观念建设

通过各种类型、各种层次、各种规模的宣讲，呼吁全社会重视儿童阅读问题，呼吁政府提供更多的政策资源和公共服务来促进儿童阅读的发展。比如，举办各类讲座和论坛，传播儿童阅读的科学理念、实践方法，推荐优秀童书，教会更多家长解决在实践中遇到的问题，在日常生活中引导儿童热爱阅读。积极参与各类儿童阅读推广论坛的研讨，介绍图书馆界在儿童阅读推广中的思路和做法，从图书馆界专业和行业的角度发出声音，努力争取在全社会的儿童阅读推广运动中承担自己应有的责任。

（二）馆舍建设

要积极争取少儿图书馆（室）的建立。没有条件单独设立儿童图书馆的地区，可以在既有的馆舍中重视和推动附设儿童阅览室建设。从馆舍布局、装饰、家具的选择，到书架的摆放、图书的陈列、公告栏的布置、阅览室的环境色彩等，每一个细节里，都可以巧用心思，以儿童感受为中心，努力创设良好的辅助阅读情境，帮助孩子们获得产生阅读冲动的物理情境，将图书馆变成真正美好的、适合引导儿童阅读的公共阅读空间。

（三）馆藏资源建设

好的馆藏资源，是公共图书馆吸引儿童到馆、开展各类儿童阅读推广活动的基础。经历本次儿童阅读推广浪潮，儿童阅读观念有了非常大的变化，在新的儿童教育观和儿童文学观指导下，什么样的童书才是好书？判断的标准有了非常大的变化和不同。中国童书生态也产生了非常大的变化，大量绘本和西方儿童文学经典作品被引入大陆。可以说，在目前的中国，童书和好书已经有了全新的诠释。

比如绘本，17世纪诞生于欧洲，20世纪30年代传向美国，50年代进入日本，70年代进入中国台湾地区，经本次运动，绘本进入中国大陆，受到广大家长和儿童欢迎。

优秀的绘本，每幅画都是画家手工绘制的，每幅画都是精美的艺术品。绘本字少，因此极为简练、风趣，符合儿童心理特点，一般是反复推敲而成的。绘本是世界公认的最适合孩子读的图书形式。

西方第一本真正为儿童创作的儿童文学作品创作于1744年，比中国儿童文学大约早150年，西方的儿童文学在发展过程中产生了很多经典作品。

绘本和儿童文学作品在西方有很多非常著名的童书奖项。关于绘本的有：美国图书馆协会设立的凯迪克大奖、英国图书馆协会设立的凯特·格林纳威奖、布拉迪斯拉发国际插图双年奖（BIB）、德国绘本大奖等。关于儿童文学的，有美国图书馆协会设立的纽伯瑞儿童文学奖、瑞典林格伦儿童文学奖、德国青少年文学奖、意大利波隆那国际儿童书展最佳选书、美国纽斯塔特儿童文学奖、美国图书馆协会好书奖，等等。此外，还有绘本和儿童文学兼顾的国际儿童读物联盟设立的国际安徒生大奖等。

儿童图书馆员应该经常关注儿童教育、儿童心理和儿童文学等相关领域产生的研究成果，不断提升选择儿童图书的能力。要关注童书出版动态，关注各级各类儿童阅读研究项目、推广人、推广机构产生的推荐书目，分析比对，努力收藏经典童书，建设高质量的馆藏。同时开展各种类型的童书研究、分级阅读研究，让图书馆馆藏、图书馆推荐书目为阅读推广活动服务。

（四）阅读推广活动的开展

1. 活动设计

如果把儿童按照我们国家的学制进行划分，我们可以把儿童细化为以下几个年龄层，见表1-2：

表1-2　儿童年龄细分表

序号	年龄	学段	主要生活空间
1	0~3岁	婴幼儿	家庭、社区
2	3~6岁	幼儿园	家庭、幼儿园
3	6~9岁	小学低年级	家庭、小学
4	9~12岁	小学高年级	家庭、小学
5	12~15岁	初中生	家庭、初中
6	15~18岁	高中生	家庭、高中

经过这样的划分，我们会发现，儿童——大人眼中所谓的孩子，其实是个较复杂的群体，年龄跨度比较大，有18年。比年龄跨度更大的，是这个群体在不同的年龄段，生理、心理、知识量上的差异。儿童时期是一个人的生长发育期，也是一个人一生中生理、心理变化最剧烈的时期，每隔3年左右，儿童都会发生比较大的变化。处于不同时期的儿童，阅读状况不同，决定了适合他们的阅读材料、阅读方式都不同。

一个儿童的阅读状况，可以分为阅读兴趣和阅读能力两个方面。阅读兴趣反映的是一个儿童喜欢或不喜欢阅读的状态，阅读能力反映的是一个儿童在阅读方面所具有的能力，包括理解阅读材料的能力（能读懂吗？）、阐述阅读材料的能力（能复述故事情节吗？）、评价阅读材料的能力（能对故事中的某个人物或场景发表自己的观点吗？）、选择阅读材料的能力（能为自己挑选到适合的图书吗？）四个方面。但儿童的阅读兴趣和阅读能力并不是截然分开的，兴趣伴随着能力的发展，能力建立在兴趣之上。在任何一个年龄段，都存在保护儿童阅读兴趣、发展儿童阅读能力的问题。

而一个儿童的阅读状况，除了伴随年龄增长具备一定的共性外，受孩子的家庭经济状况、父母受教育程度、居住的社区状况、孩子入读的学校、孩子自身的兴趣等综合因素影响，而呈现出非常大的个体化差异。

因此，图书馆的儿童阅读推广活动，要有一定的广泛性，努力争取让不同的活动涵盖到不同年龄段、不同阅读状况的儿童。对于某一个具体活动而言，要有非常明确的针对性，适合目标群体，才能真正推广阅读。

2. 活动形式

对于0~9岁左右的低幼儿童来讲，儿童阅读推广活动设计的主要目标应该重在培养儿童的阅读兴趣，即帮助儿童爱上阅读。对于那些已经产生浓厚阅读兴趣、年龄段可能在6~18岁儿童来讲，阅读推广活动设计的目标应该重在发展儿童的阅读能力，包括拓展阅读的广度和深度。

常见的活动形式包括：

（1）参观图书馆

带领小朋友参观图书馆，帮助儿童认识图书馆，了解社会上有这样一个机构，继而喜欢上图书馆，并由此养成利用图书馆的习惯，热爱读书。

（2）绘本故事会

说故事的人可以面对儿童，手持绘本，或者将绘本故事投影在幕布上，将绘本故事讲给儿童听。既可以忠实地诵读绘本故事的文字，将绘本故事的实际内容"原汁原味"地传达给儿童，也可以做一定的发挥，将故事说得更具吸引力，并且引导儿童做一些相关的想象和联想，在儿童觉得有兴趣或疑惑的地方展开讨论。诵读完绘本故事后，也可以设计、安排一些延伸活动作为阅读后的衔接，比如绘画、手工等。

（3）阅读奖励计划

对读书多的小朋友进行一定的物质和精神奖励，以此鼓励儿童多读书、持续阅读，提高儿童的阅读量。

（4）主题讨论会

孩子们同读一本书后，开展讨论。在主题讨论会之前，成人导读者应确定完整的导读策略，如从故事情节的回顾等开始，不断提出能够鼓励孩子深入思考的问题，通过分享各自的看法，深入理解一本书的人物性格、情节发展，并发掘出一本书隐藏在情节背后的思想和情感。在这个过程中，引导者应保护每个孩子的热情，充分尊重每个孩子的看法。

（5）分享会

由小朋友来讲一讲，自己是如何读书的，读了哪些书，有什么感受。小伙伴的推荐更能引发孩子的读书兴趣，阅读的示范力量超过家长的说教。

（6）讲座和沙龙

在成人世界中的推广，对象包括家长、教师、志愿者等；内容包括理念的推广、方法的普及、书目的推荐等。带动更多的成人，就意味着有更多的孩子可以开始早期阅读、亲子共读、家庭阅读。

推动的方式多种多样，只要开动脑筋，我们还会发现更多的推动方法：如作家见面会、给宠物读书、给更小的伙伴读书，等等。

3. 活动频率

儿童阅读需要持续，偶尔为之的活动，效果有限。儿童阅读推广活动也应该努力实现系列化、常规化、规模化，同时力争使儿童读书活动品牌化，引起更大的社会影响。这要求我们要注意跟踪、研究阅读推广活动的客观效果，并根据儿童和家长的反应不断对活动进行完善和丰富。

4. 阅读推广媒介

伴随着现代信息技术的发展和自媒体的发展，儿童阅读推广媒介和方式发生了非常快速的变化，从面对面的讨论，到论坛发帖、博客、微博发文、QQ群、微信群内的线上图书分享会，以及汇集志愿者有声故事的自媒体电台……新的推广媒介和推广方式层出不穷。公共图书馆应该充分利用这些现代传播媒介，推广儿童阅读。

综上所述，儿童阅读推广活动应该做到：

（1）是广泛的和有针对性的，以适合不同年龄、性别、阅读兴趣、阅读能力儿童的需要。

（2）是持续的。偶尔一次的推动，收效甚微。

（3）推动的媒介应该充分利用现代技术，以适应时代发展的需要。

（4）推动的方式灵活多变，但应紧密围绕读书。

（五）图书馆员的自我建设

"我的孩子7岁了，他应该读点什么书？""我的孩子只喜欢看漫画，我该怎么办？""我应该怎么样为孩子挑选合适的图书？"……这些可能是每个儿童图书馆员都会遇到的永恒的问题。作为一个图书馆员，要想做好儿童阅读推广，要既能策划、推出各类活动，又能解答家长和孩子们提出的各种问题。所以，一个合格的儿童图书馆员应该注意不断地自我提高和学习。

儿童图书馆员要多关注相关领域的动态，比如一些优秀的儿童阅读指导书籍、著名的儿童阅读推广人、儿童阅读科研项目、知名儿童阅读推广网站、各地阅读文化节的推荐书目等；要了解经典童书、知道它的价值和适合的年龄；要熟悉馆藏，以便适当地推荐；要阅读、学习经典的儿童阅读指导书籍，了解儿童阅读推广的基本理论和基本做法，为读者遇到的问题提供恰当的指导；要熟悉自己的服务群体，和自己的服务对象保持良好的沟通，根据服务对象设计有针对性的活动；要多去访问比较著名的图书馆的网站，在同行的做法中获得启示、激发灵感；要充分了解辖区内民间阅读组织、教育机构、志愿者组织的状况，多和辖区内幼儿园、学校、出版发行、文化、科学研究等方面的专家、热心家长、义工建立联系，充分利用社会资源，吸引志愿者的参与，解决基层图书馆人手不足、专业人员不足、经费不足的困难。

当然，从宏观来讲，图书馆界应选择具有一定儿童教育、儿童心理、儿童文学知识背景，工作热情投入、善于沟通的同志担任儿童馆员。大学图书馆学系应开办儿童教育、儿童心理、儿童文学核心课程，系统培养儿童图书馆员；实施继续教育计划，对儿童馆员开展定期的业务培训，努力把现有馆员培养成合格的阅读推广人才。时机成熟时，应该建立儿童馆员的认证与上岗制度。

中国图书馆学会青少年阅读推广委员会可充分发挥行业学会的领导作用，倡导公共图书馆界的资源共享，为儿童馆员之间的交流提供平台，让儿童馆员可以交流经验、探讨问题、互相启发。对成功的活动案例可重点推介，将活动单位、活动计划、活动方案、活动注意事项等予以公布，使其他同行可以参考，并学习经验。

第七节　结　语

儿童阅读对于儿童个人成长、国家社会发展、民族未来所具有的战略意义，无论怎么强调都不过分，值得大力推广。公共图书馆的定位和社会职能决定了其应该成为儿童阅读推广的重要支点和核心力量。儿童阅读推广，也应该成为每一个图书馆员的责任和使命。

对于公共图书馆来说，儿童阅读推广工作容易引起百姓的关注，获得民众的支持和参与。我们要让图书馆真正融入百姓的生活，成为百姓离不开的图书馆。因此儿童阅读推广也非常适合成为基层图书馆服务工作的最佳突破口，成为图书馆业务工作最具亮点和最活跃的部分。

儿童阅读推广，意味着送人玫瑰后手中留有余香，相信它也会给图书馆员带来工作的快乐，让我们的职业生涯更有意义！

附　文

儿童图书馆员应该阅读的几本经典儿童阅读指导书

1.《朗读手册》（1~3）

作者：〔美〕吉姆·崔利斯

译者：沙永玲等

版本：南海出版公司，2012年

简介：

你或许拥有无限的财富，

一箱箱的珠宝与一柜柜的黄金，

但你永远不会比我富有——

我有一位读书给我听的妈妈。

这是写在《朗读手册》卷首、打动了无数读者的诗。

吉姆·崔利斯，美国著名的阅读研究专家。吉姆·崔利斯毕业于马萨诸塞州大学，在《春田日报》（The Springfield Daily News）任职20年，担任撰稿作家及画家。从1983年起，崔利斯在北美各地致力于教育研究活动，常就儿童、文学及电视传媒等主题，面向家长、老师及专业团体演讲，30年内演讲次数超过2500次，备受社会各界称赞。1989年，吉姆·崔利斯被国际阅读组织评为20世纪80年代对阅读推广最有贡献的8个人之一。

《朗读手册》是吉姆·崔利斯集数十年儿童阅读指导研究与实践之总结。该书于1979年初版，5次修订，是美国50年来唯一销量超过200万册的教育经典，被美国数十所教育院校选为指定教材，并迅速被引进到日本、韩国、澳大利亚、英国、西班牙等国。被引入中国后，曾引发中国父母和儿童阅读推广人的阅读狂潮。书中包含丰富、具体、可信的案例，从阅读指导中可能出现的问题出发，详尽地论述了朗读的作用、方法和注意事项，家庭、学校图书馆的建设，如何处理迷恋上网和看电视的问题等。它帮助无数家长、老师解决了棘手的教育难题，让无数孩子成为终身爱书人。

2.《幸福的种子：亲子共读图画书》

作者：〔日〕松居直

译者：刘涤昭

版本：二十一世纪出版社，2013年

简介：

《幸福的种子：亲子共读图画书》是被誉为"日本图画书之父"的松居直先生的一部代表作。作者认为图画书对幼儿没有任何"用途"、不是拿来学习东西的，而是用来感受快乐的。图画书的文字都经过精心挑选与整理，字字饱含艺术家们的情感与理性认识。父母亲用自己的口，将这些文字一句一句地说给孩子听，就像一粒一粒地播下语言的种子。当一粒种子在孩子的心中扎根时，亲子之间就建立起无法切断的亲密关系。真正让父母与子女密切联系在一起的，不是户口簿或出生证明书，而是温柔的、人性化的言语。

在本书中，作者从图画书与儿童的世界讲起，系统介绍了图画书在儿童成长中的重要作用，并列举了许多生动的实例，指导家长和教师如何为孩子挑选

优秀的图画书、如何对孩子进行阅读指导。松居直先生凭借自己几十年的图画书编辑出版经验,以亲切、温暖的叙述语调为广大家长和孩子指出了一条通往图画书世界的最佳捷径——告诉家长如何通过亲子共读图画书,引导孩子感受爱和快乐,成为内在充实、有情有爱的人……

3.《打造儿童阅读环境》

作者:〔英〕艾登·钱伯斯

译者:许慧贞,蔡宜容

版本:南海出版公司,2007年

简介:

艾登·钱伯斯,英国当代著名青少年文学大师。2002年,钱伯斯以其在儿童文学创作与推广领域的杰出成就,荣获国际安徒生大奖。

钱伯斯的主要作品有荣获荷兰银铅笔奖的《保守秘密》《礼物掠夺者》,系列小说《破晓时分》《在我坟上起舞》《来自无人地带的明信片》等。其中《来自无人地带的明信片》击败风靡全球的"哈利·波特"系列第三部,荣获英国图书馆协会颁发的卡内基奖。

《打造儿童阅读环境》与《说来听听:儿童、阅读与讨论》是钱伯斯常年研究、推广儿童阅读活动的理论与实践总结。两本书是一个整体:《打造儿童阅读环境》指导老师和家长通过环境与活动的整合,帮助儿童亲近图书,进而鼓励儿童自主而愉快地阅读;《说来听听:儿童、阅读与讨论》指导老师和家长通过设计、组织阅读讨论活动,帮助儿童领会一本书各个层面的含义,从而进行更广泛而深入的阅读。本书是这两本书的合集。

《打造儿童阅读环境》为常年与儿童、图书打交道的老师和家长而写,钱伯斯在本书中与大家分享了自己长期研究儿童阅读过程中的思索,介绍了很多让人看了忍不住想立即行动的实践方法。它能有效地帮助你规划、建立一个让孩子能快速进入状态的阅读环境,学习、实践一种让孩子与别人分享阅读并拓展个人阅读的方法。

4.《会阅读的孩子更成功》

作者：〔韩〕南美英

译者：宁莉

版本：江西美术出版社，2007年

简介：

南美英自小就喜欢阅读课外书籍，因此常常被骂"怎么该念的书不念，每天只会看些故事书"之类的话。自从看过一本内容是精灵会答应小孩三个愿望的神话故事后，她便祈求精灵能够赐给她一份"只要看有趣的书，也可以生活"的工作。如今的南美英，是一位老师，同时也是一位"童话作家"及"读书教育专家"，曾荣获海松儿童文学奖、小泉儿童文学奖。

这本书是为对读书指导有兴趣的老师和父母们而写，特别是为在21世纪知识信息时代，要将子女培养成为优秀人才的母亲们而写的。

究竟怎样的书是孩子们应该读的，而且是适合读的？阅读是不是就是指"字里行间"？图画书真的是孩子们"幸福的种子"吗？孩子的阅读纯粹是他们自己的事情吗？成年人的责任是什么，角色是什么，力量是什么？成年人可以怎样来设计、引导，使阅读更加有趣？对一个很小的孩子怎么设计呢？对一个大些的孩子又怎么设计呢？整个童年阅读计划怎么设计？本书是一本"如何教孩子阅读"的书，书中拥有许多具体而有效的指导方法，系统而全面，是父母和老师教孩子学会阅读的指导书。

5.《喂故事书长大的孩子》

作者：汪培珽

版本：广西科学技术出版社，2011年

简介：

汪培珽毕业于美国纽约圣约翰大学MBA，在银行工作九年后，决定成为全职妈妈。在用心陪伴一对儿女成长的过程中，看到孩子满足喜乐、热衷学习、与人为善的表现，深觉在亲子教育上用对方法的重要性，于是将亲身的教养经

验整理研究，自创"爱孩子也爱自己的7堂课"教养理论，在幼儿园、小学、基金会、图书馆和成长团体之间积极推广，开办课程、举行演讲并接受咨询。

阅读是一切教育学习的基础，爱则是亲子间最珍贵的资产。作者认为，念故事书给孩子听，同时涵盖了这两样孩子最需要的东西。念故事书给孩子听，不但能帮助孩子培养理想品格、提升学习能力、建立阅读习惯，更能让孩子在父母专注而亲密的陪伴下，感受到充分的爱与关怀；父母也能在付出的同时，得到孩子最直接、真诚的回馈。它避免了拔苗助长，是最经典有效又令家长无忧的早教方式，例如布什家族的"早读会"传统，美国前国务卿希拉里的阅读早教……诸多名人的成功，均有赖于幼年的"被阅读"。因此作者希望所有父母和教育工作者，都不要错过这个与孩子亲密互动、贴心交流的宝贵机会。在本书中，作者经由亲身体验和积极研究，告诉父母如何借由念故事书给孩子听，让孩子在充满爱、智慧与生命温暖的环境中成长，并提供使用技巧与私房书单，建议父母如何为孩子选择理想读物、培养一生的阅读爱好。

《喂故事书长大的孩子》一上市就荣获"金石堂网络金书奖"，荣登亲子类图书年度销量榜首，跻身博客来"百大畅销书"。

6.《0~3岁幼儿阅读发展与培养》

作者：黄娟娟

版本：上海科学技术出版社，2005年

简介：

《0~3岁幼儿阅读发展与培养》参阅了国内外的最新资料及研究成果，将科学的婴幼儿心理发展理论与研究实践相结合，以通俗易懂的文字呈现早期阅读成功实例。因此，本书除了适合0~3岁婴幼儿家长阅读外，还可供托幼机构、早教中心、亲子苑等从事0~3岁儿童教育工作者参阅选用。本书分发展篇和培养篇。发展篇

主要从理论层面说明0~3岁的孩子完全有能力、有条件进行早期阅读，以使家长在观念上破除"孩子还小，一切慢慢来"的错误想法；培养篇主要介绍适合0~3岁孩子阅读的内容与材料选择，以及进行早期阅读的方法。同时还针对家长在指导孩子早期阅读的过程中容易产生的困惑、疑问，提出解决的办法。

7.《帮助孩子爱上阅读：儿童阅读推广手册》

作者：阿甲

版本：少年儿童出版社，2007年

简介：

《帮助孩子爱上阅读：儿童阅读推广手册》是著名儿童阅读推广人、红泥巴读书俱乐部创始人阿甲所作，是国内比较早的原创儿童阅读指导书。这本书积累作者多年的儿童阅读推广经验，从阅读学、生态学、传播学多学科角度架构，展示最新的阅读策略和方法，讲述平实简易。

作者认为，儿童阅读的问题实质上是一个社会问题，仅仅解决个体的问题是远远不够的。因此与一般介绍儿童阅读的书籍不同，本书侧重于从社会学的角度探讨引导儿童阅读的思路和方法：从单个个体、家庭、学校出发，拓展到不同社会范围内的儿童阅读问题；从引导儿童个体和群体的阅读方法出发，拓展到在社会各个层面上推广儿童阅读的方法。本书分为三大部分：第一部分"儿童阅读循环圈"、第二部分"儿童阅读生态"和第三部分"儿童阅读推广"。第一部分重点介绍引导儿童阅读的基本原理和方法。对于正在为孩子的阅读问题苦无良策的家长和老师，提供了一系列简便易行的引导方法。第二部分重点讨论影响儿童阅读的诸多社会因素，尝试提出改善儿童阅读社会生态环境的基本方案，描绘了儿童阅读社会生态圈的概貌。第三部分重点讨论改善儿童阅读社会生态圈的方法和原理。从说故事与读书会入手，介绍这一对既古老又新颖的形式如何在阅读推广活动中发挥更大的作用，通过最为传统的人际传播模式改变着人们的观念。

8.《世界图画书阅读与经典》《世界儿童文学阅读与经典》

作者：彭懿

版本：接力出版社，2011年

简介：

《世界图画书阅读与经典》是一部教读者阅读和欣赏图画书的阅读指南。全书分为上、下两篇。上篇对图画书这一图书门类进行介绍，下篇选择已经在国内引进出版的60余部世界经典图画书进行解读。从外在形态、艺术表现到故事内容，本书对一百多年间世界经典图画书进行了专业系统的记录和独到有趣的解读。附录不但提供图画书重要奖项介绍、权威推荐书目，还为读者的深入阅读和研究提供了主题索引，可谓一部读懂图画书的百科全书。掌握了本书所讲的图画书阅读技巧，你会知道一本薄薄的图画书为什么值得细细品味，如何品味，还会从那些已经阅读过的图画书中发现很多之前忽略的情节、细节与妙趣，从而更全面、更深刻地阅读和理解图画书。

《世界儿童文学阅读与经典》是一本专门介绍世界经典儿童文学的书。全书分为"阅读儿童文学"和"经典儿童文学"两个篇章，"阅读儿童文学"篇引领读者全面认知"儿童文学"门类，并以经典作品为例，认识儿童文学的基本类型与模式，掌握阅读、赏析儿童文学作品的方法；"经典儿童文学"篇详细解读30部世界儿童文学传世经典名作，为读者解读经典儿童文学艺术形象、作品寓意及艺术特色，引领读者走进经典儿童文学作品的童心世界。全书涉及世界著名儿童文学作家百余人、世界经典儿童文学作品一百多部、精彩书籍封面和插图四百余幅。该书是对1812年格林童话诞生以来，二百年世界儿童文学史经典作品全面而系统的介绍，是对世界经典儿童文学作品的大百科全书式的收录，是成长中的孩子和童心未泯的大人进行儿童文学之旅的专业、权威的阅读指南。

参考文献

[1] 朱淑华. 公共图书馆与儿童阅读推广 [J]. 图书馆建设, 2008 (10).

[2] 朱淑华. 儿童阅读推广系统概述 [J]. 图书馆, 2009 (6).

[3] 朱淑华. 从战略高度推进儿童阅读 [J]. 图书馆理论与实践, 2010 (2).

[4] 朱淑华. 儿童阅读推广研究 [J]. 新世纪图书馆, 2012 (3).

[5] 朱淑华. 儿童阅读推广：城市发展战略 [J]. 图书馆, 2012 (3).

思考题

1. 请论述阅读对儿童的重要意义。
2. 请论述现代儿童阅读推广与传统儿童阅读推广的差异。
3. 请结合你馆的实际情况，谈谈你对如何开展儿童阅读推广的想法。

第二讲

儿童读物及其选择

王 玮[*]

儿童阅读推广的目标是希望更多的儿童能够爱上阅读，养成良好的阅读习惯，并且提升其阅读能力和素养，最终能通过阅读获得一种精神上的享受和幸福感。为了实现这一目标，我们会举办形式多样、丰富多彩的活动，包括讲座、读书会、绘画及手工活动、舞台剧、朗诵、讲故事等，然而这些活动无一不与儿童读物紧密联系在一起。儿童读物是我们举办这些活动的重要素材，是我们引发儿童阅读兴趣的一个个小火种；同时，我们希望通过活动使孩子对更多的儿童读物产生兴趣，在今后的日子里能主动去获取图书，享受阅读。只有建立起儿童与图书这样一个互动双向的交流，儿童阅读推广才能切切实实落在实处。作为儿童阅读推广人，我们只有了解儿童读物，才能做好儿童阅读推广工作，真正给孩子们推荐一些适合他们需要的品质精良的图书。

第一节 儿童读物的生命历程

儿童读物诞生于作者的笔下，是作者独特创意的结果，经过出版社编辑人员对文字的编辑加工和润色，美编人员对内容版式及外观进行设计，最终整合成可以交付印刷的文件，在印刷厂大批量印刷之后送入出版社的库房，再由出版社销售人员(也叫发行人员)将图书发货到有订单需求的销售渠道(包括新华书店系统、

---

[*] 王玮，北京大学信息管理系在读博士，中国图书馆学会推荐书目委员会委员。曾先后在海豚出版社、化学工业出版社任编辑，中级职称。参与编写《中国阅读文化史论》《悦读宝贝：0—3岁亲子阅读手册》。

馆配系统、网上书店或其他合法图书批发零售企业），销售渠道一层一层铺货下去，最终抵达读者手中。读者可以通过去实体书店或网上书店购买图书，也可以去图书馆或其他提供图书借阅的机构去借阅图书。读者通过阅读行为真正读了这部儿童读物，内化为自我精神的一部分，或者再把阅读之后产生的感受通过其他诸如口述或笔述的方式向其他人传播。概括来说，创作→加工→印刷→销售→阅读→推广这样六个环节构成一个完整的儿童读物的生命历程。

出版是连接作者和读者两端的中间环节，将作者的精神文化产品物质化、有形化，最终以产品的形式展现给读者，并将读者的需求反馈给作者，使作者的创作更好地贴近读者的需求，实现作者与读者之间的精神交流。儿童读物是出版的产物。中国少儿出版行业的繁荣发展给中国的儿童带来了前所未有、丰富多样的儿童读物。出于出版自身发展的需要，出版社也越来越重视儿童阅读推广工作。同时，优秀的儿童读物也吸引了大量成人，尤其是父母，使他们从不同角度投入到儿童阅读推广工作中。

第二节　儿童读物出版概况

"问渠那得清如许，为有源头活水来。"儿童读物出版就是儿童阅读推广的源头。没有图书，何来阅读？没有图书，用什么来推广阅读？没有好书，没有真正能引起儿童阅读兴趣的优秀图书，又怎么能实现阅读推广的目的呢？儿童读物出版指的就是儿童读物的生产、复制和传播。儿童阅读推广活动在进入21世纪以来蓬勃发展，这与中国的儿童读物出版的繁荣密不可分。

一、少儿出版的"黄金十年"

从2002年开始，中国的少儿出版连续十年保持两位数以上的增长，被业界称为"黄金十年"。2010年，少儿出版的市场规模达到49.95亿元，相较于2006年增长了近一倍。[①] 自2012年开始，少儿图书出版增速放缓。开卷的市场

[①] 张欣蓓. 浅析当前我国少儿出版市场的发展趋势 [J]. 青年与社会，2014，574（28）：294.

报告显示，2012年其增速从两位数降至4.71%，[1] 2013年实现6.65%的年度增长率。[2]虽然跌至两位数以下，但面对整个图书市场的增长困境，少儿图书却依然呈现出逆势上扬的蓬勃态势。2014年1月24日《中华读书报》发表中国少年儿童新闻出版总社社长李学谦的文章，题为《少儿出版迎下一黄金十年》[3]，其信心满满，最终也是得到了充分的验证。经过两年的调整，2014年少儿类图书的年度增长率再一次回归两位数，达到10.24%。[4]少儿出版进入新中国成立以来发展最快、整体规模最大的时期，已成为我国出版业成长性最好、活力最强的一个板块。每年出版的少儿图书品种已从10年前的1万多种增长到2013年的4万多种，约占全国年出书品种的10%。从品种规模上看，中国已成为当之无愧的少儿出版大国。

儿童读物市场规模连续十多年快速扩张，给专业少儿社带来良好回报的同时，也吸引了越来越多的非专业少儿出版社的加入。全国580多家出版社中，出版少儿图书的出版社已经达到了530多家，其中只有30多家是专业少儿出版社。1977年，专业少儿社出版的图书占全国少儿图书市场份额的74.6%，2007年则降到30.3%。[5]中国出版界形成了专业少儿社的中国专业少儿出版联盟和非少儿类出版单位的中国童书联盟两个少儿出版平台。与此同时，民营童书业也渐渐浮出水面，展示着巨大的发展潜力和发展前景。海飞先生在2011年预言的"童书出版的'三国'演义时代即将到来"[6]，如今已成为现实。

根据开卷公司《2014年中国图书零售市场报告》[7]，少儿类图书在实体书店

---

[1] 北京开卷信息技术有限公司.2012年中国图书零售市场年度报告[EB/OL].（2013-01-31）[2015-06-29]. http://www.openbook.com.cn/Information/2240/2431_0.html.

[2] 北京开卷信息技术有限公司.2013年中国图书零售市场报告[EB/OL].（2014-01-22）[2015-06-29]. http://www.openbook.com.cn/Information/2240/2906_0.html.

[3] 李学谦.少儿出版迎下一黄金十年[N/OL].中华读书报，2014-01-22（6）[2015-06-29].http://book.rmlt.com.cn/2014/0124/223039.shtml.

[4] 北京开卷信息技术有限公司2014年中国图书零售市场报告[EB/OL].（2015-01-30）[2015-06-29].http://www.openbook.com.cn/Information/2240/3391_0.html.

[5] 海飞.童书业六十正年轻：新中国少儿出版60年述评[J].编辑之友，2009（10）：28-34.

[6] 海飞.2010：中国童书出版的"强国元年"：2010年中国少儿出版述评[J].编辑之友，2011（3）：18-20.

[7] 北京开卷信息技术有限公司.2012年中国图书零售市场年度报告[EB/OL].（2013-01-31）[2015-06-29]. http://www.openbook.com.cn/Information/2240/2431_0.html.

渠道销售码洋占比17.7%，位居第三，仅次于教辅教材和社科类图书。在网络渠道，少儿类图书销售码洋占比22%，位居第二，仅次于社科类图书。可见，少儿类图书不仅是品种规模在增长，也是图书销售市场的主力军。

二、少儿出版的畅销书时代

也正是在少儿出版的"黄金十年"里，少儿类图书市场进入了畅销书时代。少儿科普类图书是20世纪末少儿类畅销书中最主要的部分，浙江教育出版社的《中国少年儿童百科全书》与少年儿童出版社的《十万个为什么》是那一阶段少儿类畅销书的代表。除科普图书以外，少儿艺术和低幼启蒙也是那段时期少儿类畅销书的主力，其中包括一些教孩子学习美术的图书和幼儿智力开发的图书。此外，少儿古典类中的"唐诗"类图书也占据排行榜的前列。学习知识、开发智力是当时少儿类图书的主要作用，而作为休闲阅读的卡通漫画、童话、少儿文学等，并不是少年儿童们最主要的阅读内容，此时能够畅销的优秀儿童文学作品也仅有《皮皮鲁传》《鲁西西传》《男生贾里全传》《女生贾梅全传》等少数几种。

图2-1 浙江教育出版社《中国少年儿童百科全书》

进入21世纪的前两年，少儿类畅销书中还是以少儿科普、唐诗、美术等图书占多数，但是领衔的已经是"哈利·波特"了。到了2002年，少儿类畅销书的格局又发生了变化，从国外引进的"鸡皮疙瘩"系列、"冒险小虎队"系列等图书纷纷进入了畅销书的行列。"哈利·波特"的出现，不仅让孩子们重新爱上了阅读，也让出版者们看到了畅销书的力量。

但是本土童书作家的成长速度却赶不上快速提高的阅读需求。因此在这种情况下，引进版童书便在少儿类图书市场中展现出了强大的实力，在畅销书中占据了主导地位。北京开卷信息技术有限公司[①]以其图书零售市场观测系统为基础发布的畅销书排行榜，是目前国内比较权威的图书销量排行榜。2002年，在开卷少儿类畅销书榜TOP10中，除《中国少年儿童百科全书》以外，均是引进版图书；在TOP30中，引进版品种更是占了23种，而此前TOP30中的引进版品种均不超过10种。与此同时，本土作家童书也在不断成长，有更多的本土少儿文学作品开始变得畅销，尤其是贴近孩子们生活的校园文学作品深受孩子们的喜爱。这当中的代表作包括秦文君的《男生贾里全传》《女生贾梅全传》，以及杨红樱的作品《五·三班的坏小子》《女生日记》《男生日记》等。到了2004年，我国本土畅销童书作家变得成熟，少儿类畅销书榜的格局也发生了变化。虽然"哈利·波特"和"冒险小虎队"等引进版少儿图书继续保持热销，但本土的少儿类畅销书已经迎头赶上了。这一年，最有代表性的本土少儿图书就是"淘气包马小跳"系列和"哪吒传奇"系列。"墨多多谜境冒险"系列2011年陆续出版，从2012年开始已经连续3年全面垄断了少儿类图书的畅销榜，是目前少儿类图书市场中最畅销的系列。开卷少儿类畅销书榜TOP30中，2012年该系列占13个，2013年该系列占20个，2014年该系列占22个，2015年4月该系列占20个。据开卷监测，2015年2月出版的《查理九世（24）：末日浮空城》，在短短不到半年时间，已经累计销

图2-2 《哈利·波特与火焰杯》

图2-3 《查理九世（24）：末日浮空城》

[①] 北京开卷信息技术有限公司成立于1998年，是一家专业提供图书行业咨询、研究与调查服务的商业机构，其网址为http://www.openbook.com.cn/。

售 263232 册。该系列的畅销直接导致原创少儿文学读物的市场占有率远远超过引进版同类产品的市场占有率。

国家新闻出版广电总局副局长吴尚之 2014 年 12 月 15 日在全国少儿出版工作会议上的情况通报称，曹文轩的《草房子》销售超过 1000 万册，郑渊洁的"皮皮鲁总动员"系列总销量超过 3000 万册，杨红樱的"笑猫日记"系列总销量超过 3000 万册，均进入世界 100 种畅销书之列。[①]

恰巧也是在 2002 年，绘本作为亲子阅读的主打图书品类，开始被儿童阅读推广人和阅读推广机构所推荐。其实早在 1997 年，湖南少儿出版社就出版了日本松居直的《我的图画书论》，这是国内较早专论绘本的著作。但由于当时的市场环境，并未引起人们的重视。直到 2002 年，三联书店从台湾城邦文化引进出版了一大批"几米作品"——《月亮忘记了》《地下铁》《听几米唱歌》《森林里的秘密》《向左走·向右走》等，有十余种。它们的畅销让"绘本"一词传遍了大陆。虽然几米创作的绘本并不是儿童视角，而且他的后期作品显然主要是为都市白领创作的，但人们发现这并不妨碍孩子们喜欢。可能正是因为成人接受了这种艺术形式，才有可能将其生产并推荐给孩子。并慢慢发现国外有很多真正为孩子创作的绘本，而且在欧美已经有了上百年的历史。2006 年彭懿的《图画书：阅读与经典》上篇介绍如何阅读图画书，下篇介绍一些经典的图画书及其出版信息。这本书可以说是承上启下，既建立在已有大量优秀国外绘本被国内引进出版的基础之上，又进一步培养了一大批热爱绘本的编辑、教师、家长，推动了绘本出版与绘本阅读、赏析的热潮。2007 年国内绘本出版的高潮开始出现，大量国外绘本被引进，绘

图 2-4　湖南少儿出版社 1997 年版《我的图画书论》

图 2-5　二十一世纪出版社 2006 年版《图画书：阅读与经典》

[①] 吴尚之.肩负使命　打造精品　为少儿提供更多更好精神食粮 [N/OL]. 中国新闻出版报，（2014-12-17）[2015-06-29]. http://www.gapp.gov.cn/govpublic/4577/235900.shtml.

本创作的本土尝试也开始了。绘本渐渐成为学龄前儿童读物中一个非常重要的门类，尤其成为亲子阅读的首选读物。开卷少儿图书的细分类别当中，在销品种数位居第二的就是卡通／漫画／绘本类，共23899种，[①]其中绘本的畅销是促使该门类规模激增的重要因素。当当网之类网上书店的童书频道，图画书也都是非常重要的门类。

三、少儿出版中的一些问题

儿童读物出版的快速增长也是一把双刃剑，少儿出版在实现跨越式发展的同时，也显现出了难以避免的负面效应。

（一）内容同质化现象严重

2013年全国581家出版社中，有515家向政府主管部门报送了少儿图书选题，市场参与度高达88.64%。[②]2013年，全国共出版少年儿童读物32400种（初版新书19968种）。[③]儿童读物的来源是作者的创作，试想，全国有多少作者能支撑每年近2万种图书的创作？因此，一些出版社就会将某一作者的图书进行各种方式的改造，一种变成了多种，比如改变开本大小，加上拼音，配上插图等等。还有的畅销书作家，在多家出版社出版其图书，以各种方式选编其作品，各种版本不下数十种。根据开卷公司的数据查询分析系统检索，以书名"唐诗三百首"检索，得出检索结果1213条。对于童书来说，一些经典著作或知名作家的某一作品有成百上千种选并不少见，这何尝不是一种资源浪费？也给读者的选择增加了负担。

（二）缺乏对儿童的了解和尊重

由于儿童读物有着双重属性——儿童阅读，家长购买，因此，出版社从销售角度考虑，会迎合家长"望子成龙"的心理与期待，在图书内容的策划与生产阶段忽视儿童的年龄特征，违背儿童的认知与成长规律，提供给孩子的儿童

---

① 该数据为2015年6月24日查询开卷系统的结果。
② 李学谦.时空压缩背景下少儿出版的困境与突破[J].出版发行研究，2013（10）：10-13.
③ 国家新闻出版广电总局.2013年全国新闻出版业基本情况[EB/OL].（2014-08-12）[2015-07-09]. http://www.gapp.gov.cn/govpublic/80/795.shtml.

读物存在很多超前的内容，比如幼儿园孩子读的书中就出现了拼音、数学计算以及作文等内容。另一方面也是因为，某些童书作者以及出版社的童书编辑，缺乏儿童发展心理学的理论知识，也没有长期与儿童生活、接触的经验，导致很多给儿童看的图书，实际上是成人思维，让孩子"说大人话""做大人事"。

（三）娱乐化、低俗化倾向过重

国外引进版童书在国内畅销，是对传统的太过于重视教育功能的中国童书市场的一大冲击，然而，有时却"矫枉过正"，走向了另一个极端，那就是迎合孩子的娱乐需求，什么搞笑、刺激就做什么，完全没有底线。对此，著名儿童文学作家金波强调说："孩子很好奇但是又缺少辨别的能力，当他们一旦沉溺在凶杀、恐怖、色情的内容当中，就会在宝贵的童年时代，失去纯真的品质，失去纯正的审美趣味，失去陶冶情操的大好年华。我们对待小树苗要格外的认真负责，不能把他们单纯作为赚钱的工具，他们不是'摇钱树'！"[1] 2010年和2013年国家有关部门组织开展了净化少儿出版物市场的行动，个别出版社因出版的图书质量低下、内容低俗，甚至含有色情、自杀等内容而受到行政处罚。

（四）图书低质化

某些出版社质量管理不严，导致很多儿童读物存在的差错比较多，属于不合格图书产品。这些不合格少儿图书，存在的主要差错包括：一般性字词差错，不符合相关标准的文字差错，知识性、逻辑性及语法性差错等。一般性字词差错最为常见，包括别字、错字、漏字、多字等。例如将"侵入"错成"侵人"，将"瞭（liào）望"错成"了（liǎo）望"。知识性差错方面，存在图片与文字不对应、历史知识错误、地理知识错误等。在语法方面，存在缺少句子成分、语法逻辑混乱、词性及字义误用等问题。

---

[1] 金波.金波谈少儿出版界乱象：爱护这片净土　孩子不是"摇钱树"[EB/OL].（2013-09-17）[2015-10-27].http://culture.people.com.cn/n/2013/0917/c87423-22942154.html.

第三节 儿童读物的主要类型

一、从读者年龄段来分

粗略来分，可以将儿童读物分为0~6岁的亲子读物和7~18岁的少儿读物。6岁以前的孩子大多数还不认识字，无法做到自主阅读，需要成人读或讲，孩子听和看。分得更细一点的话，通常还能再分成0~3岁的低幼读物和3~6岁的幼儿读物。这样区分与我国的教育体制有关，一般3~6岁正是读幼儿园的阶段，3岁以前主要是在家庭中养育。7~18岁的少儿读物也可以细分为7~12岁的小学生读物和12~18岁的中学生（包括初中和高中）读物。

一般网上书店的年龄划分是这样的：0~2岁、3~6岁、7~10岁、11~14岁。

二、从儿童读物的内容来分

（一）低幼启蒙类图书

"启蒙"就是指初级认知能力的开启，这类图书针对的读者年龄是0~2岁和3~6岁，基本是为了满足这一阶段孩子成长的需要。从形式上看，这类图书包括启蒙图书和卡片、挂图，以及一部分玩具书（如洗澡书、音乐书等）。这一阶段孩子主要的任务就是认识自我，熟悉周围的环境，获得最基本的知识。这类图书主要有以下四类。

一类是促进与激发婴幼儿的视觉、听觉、触觉等感官的，目前比较常见的是视觉激发卡。这些视觉激发卡分为黑白卡和彩色卡。这类图书宣称可以促进宝宝视觉发展，甚至可以促进全脑潜能开发。还有一些书包含各种材质，让孩子通过触摸来感知不同材料。另外，洞洞书、翻翻书等既可以增强孩子的兴趣，又能锻炼孩子的动手能力。

一类是帮助婴幼儿认识事物的，以纸板书、图画书、挂图、卡片为主要形式。内容一般是孩子在日常生活中看得见、摸得着的，如蔬菜、水果、日常用品、交通工具、植物、动物等。还包括一些认识身体部位的图书，认识颜色和形状的图书。

一类是生活能力训练的图书，包括如厕训练、吃饭、穿衣服等，以及养成好习惯、安全教育、礼仪教育等。

一类是功能性、目的性较强的知识型图书，如入园准备、幼小衔接等，包含认字、数学、拼音、描红等内容。

（二）图画书

图画书也称为绘本①，根据装帧形式分为精装图画书②和平装图画书。图画书是一种新兴而独特的儿童文学类型，它不同于我们平时所称的"图画读物""图画故事""连环画""小人书"，同一般带插图的书也不相同。日本图画书研究者松居直也曾用下列公式来说明带插图的书与图画书的区别：

文 + 画 = 带插图的书

文 × 画 = 图画书

这个公式说明图画书的文字和图画的关系更加紧密，两者是在不同的层面上交织、互动来诉说故事，而且在很大程度上，图画的重要性更甚于文字。在图画书中，图画是主体，具有讲述故事的功能，承担着叙事抒情、表情达意的任务。图画书的文字都不是很多，文字只是补充图画未能表达的部分内容，只要图画能表达的部分，则不需要文字重复表达。因此，无论拿走文字或图，这本书都不再完整。当然，有个例外就是"无字书"，它没有任何文字，但却能表达一个完整的故事。

而一般故事书中的插图，只是使故事更形象、直观的辅助手段。这种书的文字自成一体，单独讲述一个故事，插图只是将部分文字表达的内容重复用图画的方式再形象地表达出来，增强文字的直观性和趣味性；把插图拿走，丝毫不影响这本书的完整性。

1658年捷克教育家扬·阿姆司·夸美纽斯（Jan Amos Komenský）出版的《世界图绘》，被公认为是欧洲最早的带插图的儿童书。图画书的诞生则要归功于19世纪彩色印刷技术的发明及英国画家、出版家爱德蒙·埃文斯（Edmund Evans）的开拓。他不仅致力于将彩色印刷提升到艺术水准，还造就了3位图

---

① 最初日本的绘本也是从西方学来的，西方叫 Picture Book，日文译为"绘本"，这个词也就流传到中国。

② 精装指书籍装帧形式之一，与平装相对。一般用硬纸板做芯，外面包以硬纸、皮革、织物、塑料等做封面，工艺要求较高。精装图画书封面摸起来是硬的，定价也较平装图画书高出不少。

画书的先驱者。这3个人分别是：沃尔特·克雷恩（Walter Crane），伦道夫·凯迪克（Randolph Caldecott），凯特·格林纳威（Kate Greenaway）。此后英国作家比阿特丽克斯·波特（Beatrix Potter）在1902年创作了经典的《彼得兔的故事》，此书被称为现代绘本的开山之作。20世纪30年代图画书的主流转向了美国，自此，图画书迎来了黄金时代。[①]五六十年代，图画书开始在韩国、日本兴起。70年代，台湾地区也开始了图画书引进出版和阅读、创作的热潮。进入21世纪，中国大陆才大量引进国外图画书；近几年开始，国内原创图画书也慢慢摸索和发展，出现了一些还不错的作品，比如保冬妮的一系列非常有中国文化特色的图画书，《九色鹿》《水牛儿》《牡丹小仙人》等。还有浙江少儿出版社推出的一套"中国儿童原创绘本精品系列"，江苏少儿出版社出版的"中华原创绘本大系"等。当然，这些原创绘本中不乏特别优秀的作品，但与国际绘本大奖获奖作品还是有不小的差距。

图2-6 保冬妮文、刘巨德图，北京师范大学出版社《九色鹿》

相对于其他儿童读物，图画书页数较少，通常大约32~40页，定价却不菲。平装图画书定价大约在10~15元之间，精装图画书定价则在30元左右。按照家长的传统观念，会觉得性价比太低。但是随着大家对图画书认识的深入，大批的阅读推广人在推广图画书，使得家长慢慢接受了图画书这种形式，认识到文字多少不是衡量图书好坏、价值大小的标准。图画书主题丰富、类型多样，涵盖认知、亲情、生活能力与习惯、品格培养、生命教育、艺术、科普、励志等很多方面。除了讲故事外，图画书还大量融入了心理、教育、社会、文化等诸多学科的知识，对幼儿的想象能力、审美能力、认知能力等都有启发。[②]

（三）儿童文学图书

我国每年出版的少儿图书有4万多种，各类少儿文学读物占少儿图书总量

[①] 彭懿.图画书：阅读与经典[M].南昌：二十一世纪出版社，2006：6.
[②] 金德政.悦读宝贝：0~3岁亲子阅读手册.北京：国家图书馆出版社，2014：165.

的40%左右。开卷少儿图书的细分类别当中，在销品种数最大的是少儿文学，共41121种。[①]少儿文学读物已成为少儿出版的重点和亮点。儿童文学图书大体可分为儿歌（童谣）、儿童诗歌、儿童故事、童话、儿童散文、儿童小说、儿童戏剧等。但是，目前儿童文学图书出版有一种什么类别好卖跟风做什么类图书的情况，导致儿童诗歌、儿童戏剧、儿童散文品种过少，大量图书集中在儿童小说和童话这两个类别。

对学龄前和小学低年级的孩子来说，由于不认识字或者认字较少，且注意力能集中的时间比较短，他们所能阅读的图书应该篇幅较短。儿歌（童谣）语言简单、韵律感强，适合家长带着学龄前孩子一起亲子阅读。儿童诗歌篇幅也比较短，但是有些内容可能偏重想象和意境，需要具备一定的阅历和理解能力，因此家长要根据孩子的认知能力来选择合适的图书。

儿童故事包括成语故事、寓言故事、民间故事、神话传说、动物故事、睡前故事，或当代人创作的贴近当前儿童生活的故事等。

童话是文学体裁中的一种，主要面向儿童，是具有浓厚幻想色彩的虚构故事作品，通过丰富的想象、幻想、夸张、象征的手段来塑造形象，反映生活。其语言通俗生动，故事情节引人入胜。最有代表性的就是安徒生童话、格林童话、王尔德童话等。

儿童散文出现较晚，经冰心、郭风等前辈不懈的耕耘、提倡、示范，才成为儿童文学中一个单独的门类。该门类的作者有年长的樊发稼、张锦贻、赵郁秀、张寄寒，有中青年散文作家徐鲁、张洁、汤素兰、萧萍、陆梅、韩开春、毛芦芦、刘第红，以及年轻的孙卫卫、李姗姗、向迅等。其中，幼儿散文是指适宜于3~8岁幼儿听、读的短小、活泼的散文。早上开放、晚上睡觉的花朵，竹叶上的珍珠，小溪流里的鱼虾，天空的白云，海上的浪花，小猫的淘气，小鸟的歌唱……都会出现在作家笔下，成为一篇漂亮的幼儿散文。

儿童小说根据题材的不同可以分为校园小说、冒险小说、动物小说、侦探小说、科幻小说、魔幻小说等。儿童小说是在所有儿童读物的销售当中占比最大的一个板块，儿童图书的畅销品种绝大部分集中在儿童小说类。

儿童戏剧文学是指专门为儿童戏剧演出创作的文本，不仅可当作演出的脚

[①] 该数据为2015年6月24日查询开卷系统的结果。

本，也是可供儿童阅读的文学作品。当前有一些关于"儿童戏剧"的研究著作，如《儿童戏剧与学前教育》。像湖南少年儿童出版社出版的《世界经典戏剧故事精粹》和江苏少年儿童出版社出版的《中国戏剧故事》，可作为普及戏剧知识的读物，但仍然不是专为儿童创作的儿童戏剧文学作品。其实，历史上我们有一批作家曾专为儿童创作过适合他们的戏剧文学作品，如柯岩于1962年创作的童话诗《小熊拔牙》就很适合孩子，多家出版社以时下流行的配上插画的方式来出版，中国少年儿童出版社将其作为中国原创图画书来出版。中国流行音乐奠基人黎锦晖曾创作过儿童歌舞剧《麻雀与小孩》《葡萄仙子》《月明之夜》《小羊救母》等12部作品。可惜，这一类图书当前出版的还是太少了。

（四）智力游戏类图书

这类图书设计的游戏需要儿童建立基本的观察力和思考能力之后才能完成。这类书是传统教辅类图书改头换面的新形式产品，是将一些问题用图形、图像的方式设计得更加容易被孩子理解，目的是考察孩子的观察力和思维能力。虽然形式多样，但总的目的都是用游戏的方式促进儿童智力发展。主要产品类型有：视觉大发现（I SPY、找不同、图画捉迷藏等）、迷宫书、贴纸书、左右脑开发书、创意手工书（含折纸、剪纸、拼插纸模、彩泥等）、思维游戏书、数学学习方面的图书等。

图2-7　接力出版社《I SPY 视觉大发现》系列

（五）传统文化类图书

这类图书主要是将中华传统文化中相对容易被孩子接受的内容挑选出来，用适合孩子接受能力的现代语言重新予以解读，并配上插图，供孩子们学习。如《诗经》《论语》《三字经》《千字文》《弟子规》《百家姓》《唐诗三百首》《声律启蒙》《笠翁对韵》等。还

图2-8　中华书局《论语故事》

有些图书是从中华传统文化经典著作中选取一些有意思的故事进行改编，如《论语故事》《三字经故事》《孙子兵法故事》《红楼梦故事》《三国演义故事》等。

（六）科普类图书

最初级的科普书与早期的婴幼儿认知图书有类似之处，但是区别在于认知图书以名称学习为主，科普图书则加入了更多的知识性内容。科普书当中也有认识身体方面的图书，但是会提到不同器官是如何工作的，各自有什么样的功能。科普类图书大致有以下知识类型：人体、动物、植物、自然现象、地理、物理和化学、历史等。科普图书除纯知识性加精美图片这种类型之外，还有一类是科普文学，即用文学化的语言和表达方式来讲述科普知识，如《昆虫记》《万物简史》《西顿动物故事》《上下五千年》《森林报》等。

图2–9　人民文学出版社
《世界儿童文学经典美绘本：昆虫记》

百科全书也是科普类图书中非常重要的一种，如《中国少年儿童百科全书》《大英儿童百科全书》《DK儿童百科全书》《不列颠少儿百科全书》《牛津少年百科全书》。还有一些细分类的百科全书，如《世界动物百科全书》《DK儿童太空百科全书》《DK儿童地理百科全书》《DK儿童动物百科全书》《DK儿童人体百科全书》等。

（七）艺术类图书

儿童艺术类图书主要集中在音乐、美术这两个大方向，还包括书法、舞蹈、戏剧等。这个类别的图书有两大类，一类是侧重艺术素养培养

图2–10　中国大百科全书出版社
《DK儿童百科全书》

方面的，一类是侧重技术、技巧和应试型的。

从音乐角度来说，有《我的第一本古典音乐启蒙书》《儿童音乐之旅：世界上最美的儿童歌曲绘本》《小小音乐家》《从小爱音乐》《世界音乐大师系列套装》《美国经典音乐启蒙书》等一系列针对3~6岁孩子的音乐启蒙类图书，既有光盘可以欣赏音乐，又通过音乐绘本的方式讲述乐曲背后的故事，帮助孩子理解乐曲背后的情感。还有《趣味音乐启蒙教程》《动手动脑学音乐——节奏入门》《动手动脑学音乐——音符练习》《巴斯帝安幼儿钢琴教程》《快乐音乐——轻松学古筝》《少儿古筝演奏快速入门教程》等音乐基础知识和各种乐器教学方面的图书。

图2-11　北京科学技术出版社《我的第一本古典音乐启蒙书》

儿童美术类包含素养类和启蒙类图书，如《儿童创意美术》《和宝贝一起玩美术》《365个艺术创意》等，还有一些简笔画、涂色、手指画、素描、铅笔画、水粉画、油画、国画、卡通漫画等。

儿童读物中的书法图书以硬笔楷书字帖为主，以庞中华和田英章为代表，这类字帖一般结合儿童的常规教育教学目标，选取一些常用字、古诗词、名言警句、名家散文等为练习内容。

（八）卡通动漫图书

这类图书是将图书与影视动画对接，期望借由影视动画的广泛传播效应带来图书的畅销。比如根据动画片《喜羊羊与灰太狼》《熊出没》，以及更多的迪士尼经典动画片改编出来的各种类型的儿童读物。最新的还有根据电脑或手机游戏形象进行开发的儿童读物产品，如《植物大战僵尸》等。这类图书还包括《海贼王》《七龙珠》《名侦探柯南》《圣斗士星矢》等初中生最喜欢的漫画书。

图2-12　中国少年儿童出版社《植物大战僵尸极品爆笑漫画（1~5）》

51

（九）少儿英语图书

英语是国际通用的一种语言，也是我国教育体制内要考核孩子的一门功课，对孩子的学习、就业有很大影响。在全球化、国际化的大趋势下，让孩子从小打好外语基础，培养良好的语感，练就纯正的语音，保持浓厚的兴趣，建立高度的自信，积攒发展的后劲，几乎成为所有父母的共同心愿。家长的需求也催生了很多少儿英语培训机构，这种英语学习越来越呈现出低龄化的特征。2011年安妮鲜花出版《不能错过的英语启蒙——中国孩子的英语路线图》，她提出的"磨耳朵"以及国外普遍采用的自然拼读法被很多家长所接受。同期，还有台湾汪培珽《培养孩子的英文耳朵》出版，提倡给孩子读英文原版图画书。在这种思潮下，针对6岁以前儿童的大量的英文儿歌、童谣书和自然拼读的图书开始涌现。双语读物也是少儿英语类的一个重要品类。一般来说，家长比较认可国外大型出版社出版的英语学习类读物，比较知名的品牌有培生系列、朗文机灵狗故事乐园、芝麻街幼儿英语、兰登双语经典、贝贝熊双语阅读系列、哈考特儿童英语分级读物。国内比较知名的有北京师范大学"认知神经科学与学习"国家重点实验室攀登英语项目组研发的《攀登英语》等。其中，外研社是出版儿童英语类图书比较权威，规模也较大的出版社。

图2-13　外语教学与研究出版社《不能错过的英语启蒙——中国孩子的英语路线图》

三、从儿童读物的出版方式来分

在出版界，经常把图书分为本版书、自费图书和合作图书三类。

本版书是出版社自主策划、组稿的图书，出版社与作者签订出版合同，约定作者的著作权转让给出版社，期限一般为3年、5年或10年不等。相应地，出版社以稿酬的方式支付作者著作权转让费。出版社还要自行承担排版、设计、印装等过程中的一切费用。对印刷出来的图书，出版社承担全部的销售任务，销售收入全部归出版社。对出版社来说，本版书前期成本高，但一旦图书畅销，多次重印，出版社的利润也是非常高的。本版书又分为国内原创图书和国外引进图书两种。国内原创图书是指图书的著作权人为中国大陆公民；国外引进图书是指图书在国外已经出版，国内出版社与外国出版社或其委托的版权代理公司签订协议，获得图书在中国大陆（或含港澳台地区）的出版、翻译和销售权。引进国外成熟的少儿图书，对出版社而言，操作更为便利，更容易取得成功，取得可观的经济效益。虽然多了一项翻译费用，但在设计方面，可以沿用国外原有的设计。而且，这些图书的定价相对国内图书要高不少。据2006年的媒体报道称，人民文学出版社出版的少儿类图书中，90%是直接引进国外图书版本，10%是国内原创图书。而且引进版图书的销量都较好,最少的也可以卖一两万册，销量最高的，如《哈利·波特》系列书籍，可以达到150万册以上。2014年前5个月，尽管引进版儿童图画书品种只占总品种的53.35%，但码洋却占到了总码洋的68.06%。品种占据半壁江山的国产原创儿童图画书只占总码洋的1/3。

自费图书是指作者（个人或单位）向出版社提供原始稿件和运作资金（含排版、设计、纸张、印装等所需经费），印刷出来的图书全部返还给作者，由作者送人或自行销售。这种情况一般是作者急需出版图书为晋级或评职称用。这类图书的内容比较专、范围比较窄，市场销量不会很好，出版社并不看好其市场前景，但如果作者带来的资金能够支付其中花费的成本，并略有盈余，出版社也会认可这种自费出版的形式。

合作出版是指由文化公司或书商策划选题，并将已经排版设计好的稿件提交给出版社，出版社在内部走一个审稿的程序，并分配书号和封底的条码。由文化公司或书商支付印刷费用，印刷出来的图书由书商自主发行或与出版社联合发行；其中的主体是书商，图书的总发行权在书商手中。书商与出版社的合作主要目的是拿到书号，获得图书的合法身份。为此，书商要向出版社支付一定的费用。对出版社来说，虽然不需要支付前期的成本，但是因为没有主发行权，除了获得一笔合作经费之外，很难获得图书销售带来的利润。

对儿童读物来说，自费出书的形式极少，绝大多数是本版或合作两种方式。几乎所有的出版社都多多少少接纳各种形式的合作出版。低幼认知类图书，尤其是挂图、卡片，或者涂色书、简笔画等，基本上都是合作出版图书，"大苹果""小小孩""小红花"是其中的代表。益智游戏类很大部分也是合作出版图书。

还有半数以上的图画书也是合作出版图书。像新经典文化的"爱心树"品牌就是与南海出版公司和新星出版社合作,以这两个出版社的名义来出版图画书;蒲公英童书馆是与贵州人民出版社合作,等等。规模比较大的民营出版机构一般比较重视品牌宣传,常常会在图书的封面、封底或版权页上标明本公司的名称和LOGO,有些会在丛书名中有所体现,如"启发精选美国凯迪克大奖绘本系列"(北京启发世纪图书有限责任公司)、"信谊世界精选图画书(台湾信谊基金会)"。一些品牌知名度较高的民营出版机构,其无论是选题还是内容品质并不逊于出版社;而除此之外的大部分民营文化公司跟风炒作,什么书卖得好,马上拿出类似的选题,组织写手东拼西凑、剪刀加糨糊,就交给出版社出版。某些出版社把关不严,就让品质低劣的图书流向了市场。

第四节 儿童阅读推广该如何选择儿童读物

选择儿童读物,一定要"量体裁衣",还要适量、适度。再好看的衣服,如果尺寸不合适,穿出来一定不漂亮。再好吃的食物,也不能只吃这一种。在儿童阅读推广工作中,我们首先要做到了解孩子。要知道不同年龄的孩子,其运动能力、认知能力和思维能力差异较大。同一年龄段的孩子,男孩与女孩的特点不同,各自的性格与好恶也有差别。不同地区的孩子还存在一些地域文化的不同。对于父母来说,通过日常生活的观察,比较容易了解自己的孩子在某一阶段对什么感兴趣,因此可以根据孩子的兴趣点来选择相应的图书。作为儿童阅读推广人,如果我们自己有孩子,可以在自身经历的基础上获得一些经验性的积累,当作我们工作的一个基础。平时,也可以在工作中多观察,比如哪些孩子经常性地借阅什么类型的儿童读物,哪些儿童读物被借阅的频率比较高。也可以与孩子们多交流,问问他们为什么喜欢这些书,等等。另外,更为重要的是,我们要多学习一些儿童发展心理学的理论,掌握儿童发展的一些规律性的东西。这样,我们就大体知道多大的孩子,正处在哪个发展阶段,他们面临的主要问题是什么,哪些图书是适合他们阅读的,就可以引导他们向好的方向全面发展。要根据孩子来推荐图书,而不是单纯地选些书来推荐。儿童阅读推广要坚持一个重要目标——让阅读为孩子的发展而服务，否则，就变成了为了推广图书而推广阅读的行为了。

那么，在儿童阅读推广工作中，具体该怎么选择儿童读物呢？选择，有一个重要的前提，就是了解。我们需要知道有哪些儿童读物，下一步才能从中进行选择。

一、了解儿童读物信息的渠道

（一）出版社自媒体

出版社出版新书后一般会在一些渠道发布新书信息，具体来说有出版社官方网站、博客、微博、微信公众号、天猫商城等自有平台。儿童阅读推广人重点要关注一些市场占有率排名比较靠前、实力雄厚的专业少儿出版社，如浙江少年儿童出版社、二十一世纪出版社、长江少年儿童出版社、明天出版社、中国少年儿童出版社、童趣出版有限公司、接力出版社、安徽少年儿童出版社、江苏少年儿童出版社、湖南少年儿童出版社、新蕾出版社等；以及出版过不少优秀儿童读物的非专业少儿出版社，如南海出版公司、中国大百科全书出版社、河北教育出版社、吉林美术出版社、吉林摄影出版社、青岛出版社、外语教学与研究出版社、北京理工大学出版社等；还有一些知名的民营童书出版公司，如海豚传媒、新经典文化、蒲公英童书馆、步印童书馆、禹田文化传媒、双螺旋童书馆、耕林童书馆等。

（二）网络公共媒体

出版社的图书信息仅靠自有的渠道传播是远远不够的，它们经常借助的网络公共媒体有新浪、搜狐、网易、腾讯等门户网站读书频道和亲子论坛、豆瓣网读书频道等。

（三）传统纸媒体

一类是行业媒体，如《中华读书报》《中国出版传媒商报》（前身是《中国图书商报》）；

一类是报刊的读书版，如《光明日报·读书版》，或地区性报纸的读书版等；以上两类适合发布新书资讯或书评文章。

还有一类是少儿报刊，如《中国儿童报》《中国少年报》《儿童文学》《东方娃娃》《幼儿画报》《少年文摘》《童话世界》等；出版社的一些童书，尤其是绘本或儿童文学作品，适合在这类报刊部分转载或连载。

（四）网上书店

网上的图书，读者看不见、摸不着，网上书店就需要把图书的信息尽可能全面地放到网上，便于读者了解内容，从而实现销售。因此，网上书店一方面是图书的销售渠道，同时也是宣传渠道。像当当网、亚马逊、京东网是出版社常称的"三大电商"，比较新的还有天猫商城、文轩网、博库网等，也都在线销售图书。有些比较老的图书，在实体书店找不到，但网上书店仍然能够检索到。尤其是当当网，在童书出版界是非常重要的一个渠道，发展历史比较久，规模比较大，经常浏览其童书频道是了解儿童读物市场非常重要的一种方式。这些网上书店的销售排行榜也是业内的一个风向标。

（五）个人渠道

网络时代，信息是开放的。作者、编辑、阅读推广人都会通过博客、微博、微信等方式传播信息。儿童阅读推广人对于儿童读物的畅销作者可以加关注，了解其最新的创作及图书出版动态。在平时，随时关注这些作者、童书编辑和知名阅读推广人，不仅可以了解儿童读物的信息，还可以在时机恰当的时候，邀请他们成为图书馆儿童阅读推广活动的主讲人或志愿者。

（六）推荐书目

各种信息渠道都能看到不少的儿童读物推荐书目，这些书目的推荐要看推荐的机构和个人是什么立场，比如政府层面的一些童书推荐书目中，一定会有不少政治意味比较浓的图书，教师推荐的童书会比较侧重与当前的教育教学内容接轨，绘本馆推荐的童书会侧重于单一的绘本，搞传统文化的人推荐的童书势必侧重于一些经典读物。因此，虽然推荐书目是我们获取儿童读物信息的重要渠道，但也不可完全依赖于某些推荐书目。要根据每次儿童阅读推广活动的主题来选择适合的儿童读物。

以上六种渠道，前三类基本是以出版社的身份进行宣传的渠道，"王婆卖瓜，自卖自夸"。因此，对于其信息要多加甄别。第四类网上书店，大部分是"以销售论英雄"，但也不排除出版社的某些干预性做法，比如大量回购买榜，找人写好评等，或者通过与网上书店的某种协议获得比较明显的推广页面等。对于网上书店的排名也要综合考虑，尤其要看评论是否是真实的，这和在淘宝上买东西是一样的，看评论要有"火眼金睛"，方能鉴别好坏。第五类个人渠道，作者、编辑自然也是以宣传自己的书为主，难免有夸大、溢美之词。对于阅读推广人也要具体分析，看其是发自真心的推荐，还是应某些利益或人情而为之。总的来说，任何信息都要多种渠道综合分析，不能信其一面之词。

二、如何鉴别儿童读物的优劣

（一）增强专业知识储备

不同类型的儿童读物有其自身独特的评价标准，对于儿童阅读推广人来说，要想鉴别儿童读物的优劣，增强专业知识，站在专家的肩膀上是一种捷径。目前来说，研究比较多的还是儿童文学领域和图画书领域。1923年我国就出版了《儿童文学概论》一书，这么多年积累下来不少儿童文学的理论著作。国内设有儿童文学研究的高校有浙江师范大学、东北师范大学、北京师范大学、上海师范大学和中国海洋大学。知名的儿童文学研究者有蒋风、朱自强、刘绪源、方卫平、王泉根、陈晖等。阅读儿童文学领域的著作，储备一些儿童文学的知识，可以帮助我们了解国内外优秀儿童文学作家和作品的信息，更好地鉴别优秀儿童文学作品，还能提高我们的欣赏水平。图画书领域

图2-14　浙江少年儿童出版社方素珍著《绘本阅读时代》

有一些必读书，能帮助我们了解和欣赏图画书，比较有代表性的就是松居直著《我的图画书论》《打开绘本之眼》，彭懿著《图画书：阅读与经典》《世界图画书阅读与经典》《图画书应该这样读》，郝广才著《好绘本如何好》，朱自强译《绘本之力》，方卫平著《享受图画书——图画书的艺术与鉴赏》，方素珍著《绘本阅读时代》。

（二）考量作者的专业水准

作者是否是这一领域的专家或具备一定的专业素养是非常重要的。比如市面上有很多儿歌和童谣类图书，我们通过比较发现，福建少儿出版社的那套"亲子早读儿歌系列"（含《认知儿歌》《生活儿歌》《游戏儿歌》3种）比较好，其作者王玲毕业于东北师范大学，曾长期担任少儿出版社编辑，创作了大量的儿歌、童话、故事和儿童教育论文，她的第一本儿歌集就获得了冰心儿童图书奖。任何出版物都是有作者的，这个作者可以是特定的某个人，或者是某几个人，或者是某某编写组，还可以是某个公司或出版社的编辑部。一般来说，个人创作优于集体创作。另外，"著"优于"编""汇编"。拿到某本儿童读物，一定要先看这个作者和著作方式。就拿引进图画书来说，有一批译者是专业的儿童文学作家、评论家、编辑，以任溶溶、梅子涵、季颖、彭懿、漪然、朱自强、邢培健、漆仰平、敖德、王林等为代表；一批是阅读推广人或绘本发烧友，如阿甲、两小千金妈妈（范晓星）、艾斯苔儿等；另有部分是专业译者，如王星、赵静等。还有不少是台湾译者，其中有郝广才、余治莹、柯倩华、方素珍等。一般来说，这些译者所接稿的绘本质量不会太差。

图 2-15　任溶溶译《一片叶子落下来》

（三）市场表现和口碑

好书未必都畅销，但是图书畅销，基本上说明是受读者欢迎的，自有其好的理由。因此，关注少儿图书销售的排行榜也是鉴别儿童读物的一种方式。开卷是比较好的关注图书零售市场的渠道，某些实体大型书城或当当、亚马逊等网上书店的畅销榜也可以关注。除此之外，翻看图书版权页，看其版印次或印量也是判断畅销与否的一种方式。一本重印了10次以上的图书，其品质自然不在话下。

对出版社来说，出版的图书数量非常多，不可能本本去做宣传和推广，拿出来宣传的一定是出版社认为有畅销前景的图书。因此，对于出版社重点宣传的图书，我们可以去关注。至于是否如其宣传的那样好，还需要我们根据自己的专业素养来判断。

像那些读者口口相传、都觉得好的图书，也是优秀儿童读物的信息来源。

三、品牌是质量的保证

少儿出版这些年的大繁荣，沙里淘金，慢慢形成了不少知名的童书品牌。一类是品牌出版机构，一类是品牌图书，一类是品牌作者。这三者之间有千丝万缕的关系。品牌出版机构一定是拥有一些品牌作者或品牌图书的出版机构。

（一）品牌少儿出版机构

少儿图书的品牌机构以一些老牌的专业少儿出版社为主，如上海的少年儿童出版社、中国少年儿童出版社、浙江少年儿童出版社、二十一世纪出版社、明天出版社、接力出版社等。这些出版社不仅有品牌图书、畅销书和品牌作者，其大部分图书在选题立意上都是比较积极正面的，图书的文字编校质量、纸张的选用、印刷装订质量都比较考究，极少出现差错率超标的不合格图书。还有一些品牌机构虽然不是专业少儿出版社，但是由于专业性的积累，在某一类少儿图书中有较强的实力基础。如外研社在少儿英语类图书中就是比较专业的，中国大百科全书出版社在少儿百科全书类图书中也是相对专业的。除了专业少儿出版社，近些年一些专门出版少儿图书的民营出版机构也非常重视品牌经营，其出版理念和产品结构都非常好地切入童书出版市场，在少儿出版市场中慢慢站稳了脚跟，有了知名度和美誉度。如新经典文化、蒲公英童书馆、海豚传媒等。

下面介绍几家知名民营童书出版公司及品牌。

1. 北京启发世纪图书有限责任公司

由台湾麦克股份有限公司、河北教育出版社、北京汉霖文化有限公司、台湾艺术村书店国际股份有限公司共同打造。该公司出版的图书一般在河北教育出版社出版，比较有代表性的是一套"启发精选美国凯迪克大奖绘本"系列，包括：《大卫，不可以》《让路给小鸭子》《和我一起玩》《下雪了》《疯狂星期二》《菲菲生气了》《七只瞎老鼠》《狼婆婆》《玛德琳》等。

2. 新经典文化有限公司

成立于2002年，新经典在外国文学、华语文学、儿童绘本等领域的市场占有率和影响力，均居全国前列，旗下品牌分别是新经典文化、十月文化和爱心树。其中，爱心树是其童书品牌，于2003年8月在中国大规模引进出版精装绘本，中国的绘本出版热潮有其重要助推力。目前拥有谢尔·希尔弗斯坦、李欧·李奥尼等200多位重量级作家的近1000部作品的简体中文版权。代表性绘本作品有《爱心树》《可爱的鼠小弟》《勇气》《小房子》《鸭子骑车记》《小黑鱼》《石头汤》《拔萝卜》《田鼠阿佛》《一粒种子的旅行》等。儿童文学作品《窗边的小豆豆》连续8年雄踞全国童书畅销书排行榜第1名。在"墨多多谜境冒险"系列这几年"一统天下"的局面中，开卷2015年4月的全国少儿类畅销书排行榜上，《窗边的小豆豆》仍位居第5名。2015年5月15日晚间，证监会网站预披露6家企业的招股说明书，民营出版企业新经典文化股份有限公司（以下简称"新经典文化"）名列其中。若成功上市，将是大陆首个民营出版公司上市的案例。其出版图书多与南海出版公司和新星出版社合作。

3. 海豚传媒股份有限公司

成立于1999年，前身是湖北海豚卡通有限责任公司。2005年12月，海豚卡通和湖北长江出版传媒集团达成合作，由湖北长江出版传媒集团、湖北少年儿童出版社、湖北美术出版社注资1836万元，合资成立湖北海豚传媒有限责任公司，公司注册资本3600万元。这是国内出版业国有、民营合作的成功范例。该公司有海豚教育、海豚绘本花园、海豚低幼馆、海豚文学馆、海豚科学馆、海豚英语馆（美国培生）、乐易学、爱之礼、父母教练、美国芭比、美国巴布工程师、美国漫威、美国芝麻街、美国兔巴哥和崔弟、德国花袜子小乌鸦、德国百科（WAS IST WAS）等16条产品线，市场动销品种达6000余种，年出版新书近1000种。2014年海豚图书销售逾8亿码洋。2013年12月，海豚传媒与长江少年儿童出版社有限公司等共同组建国内第一个专业少儿出版集团——长江少年儿童出版集团。其出版图书早年曾以"广州出版社"名义出版，后期基本以"湖北美术出版社""湖北少年儿童出版社""长江少年儿童出版社"名义出版。其中，"海豚绘本花园"是一套平装绘本，从2006至2011年，已经出版了300多本优秀绘本，价格比较亲民，品质也都不错。

4. 禹田文化传媒

前身是禹田翰风图书有限责任公司，成立于1999年。目前已经形成一个包含禹田翰风图书有限责任公司和禹田文化艺术有限责任公司两家公司在内的中国少儿文化传媒机构。产品线包括金牌小说馆、儿童文学馆、经典文学馆、科普百科馆、暖房子绘本馆、低幼启蒙馆、加菲猫童书馆、励志成长馆、卡通动漫馆和综合馆等。品牌书系有秦文君的"小香咕全传"、"常青藤国际大奖小说书系"（其中有不少纽伯瑞儿童文学金奖和银奖作品）和"暖房子绘本馆"系列绘本。主要以晨光出版社、中央编译出版社、北京联合出版公司、同心出版社名义出版图书。

5. 蒲公英童书馆

是贵州人民出版社北京图书中心创立的一个品牌，诞生于2007年初，主编是颜小鹂女士。蒲公英童书馆按照内容的不同分为文学馆、图画书馆、科学馆和认知馆。先后出版了《斯凯瑞金色童书》《神奇校车》《蒲公英国际大奖小说》《中国优秀图画书典藏系列》等畅销童书。

6. 耕林童书馆

全称是北斗耕林文化传媒（北京）有限公司，是天域北斗的子公司，主营童书的策划编辑业务。总编辑敖德先生是一个十足的大书虫，资深童书策划人，2009年被搜狐网评为全国十大知名出版人。敖德先生成功策划编辑过畅销2700万册之多的《不一样的卡梅拉》，此系列图画书成为当当网终身五星级童书，耕林后续又推出《森林报》《月亮的味道》《三只小猪》《7号梦工厂》等图书，广受业内肯定和读者的欢迎。此后又相继推出一系列重磅图书，如《最美的科普·四季时钟》系列、《大师经典哲学绘本》、《金色童书名家精选》等。

7. 步印童书馆

是北京步印文化传播有限公司旗下童书品牌，目前已出版小牛顿系列、小小牛顿系列、彩色世界童话系列、我来贴系列、吴姐姐讲历史故事系列等。

8. 双螺旋童书馆

是北京双螺旋文化交流有限公司旗下童书品牌，公司成立于2005年。代表性的作品有"安徒生图画奖"大奖得主安野光雅代表作典藏版"美丽的数学"系列、英国Usborne出版集团的王牌书《让孩子痴迷的趣味科学游戏》和《365个艺术创意》，从韩国引进的《自然科学童话》和《幻想数学大战》系列等。

（二）获奖少儿图书

一般来说，获奖少儿图书都是经过层层审核、精心挑选出来的优秀图书，其品质是有保障的。儿童书的国际大奖有以下几个：

1. 凯迪克大奖（The Caldecott Medal）

由美国图书馆协会（American Library Association，ALA）于1938年创立的奖项，为了纪念19世纪英国最伟大的绘本插画家伦道夫·凯迪克（Randolph Caldecott，1846—1886）而设立。每年由美国图书馆协会邀请教育学者、专业人士和图书馆员组成评审委员会，就这一年出版的数万本图书，选出一名首奖和二至三名佳作，颁赠"凯迪克"金奖和银奖。

2. 凯特·格林纳威奖（The CILIP Kate Greenaway Medal）

由英国图书馆协会（The Library Association）于1955年为儿童绘本创立的奖项，主要是为了纪念19世纪伟大的童书插画家凯特·格林纳威女士（Kate Greenaway）所创设。

3. 德国绘本大奖

指的是"德国青少年文学奖"（Deutsche Jugendliteraturpreis）中的绘本奖项，是欧洲相当重要且最具权威的绘本大奖。"德国青少年文学奖"是德国自1956年以来，唯一定期颁发的国家文学奖。该奖项的评选单位是"德国青少年文学协会"。奖项分为文学类（含绘本大奖、儿童小说大奖、青少年小说大奖）以及非文学类。

4. 国际安徒生大奖（Hans Christian Andersen Awards）

是为了纪念丹麦著名童话作家汉斯·安徒生（Hans Christian Andersen），于1955年设立，是全球儿童文学界的最高荣耀，素有"小诺贝尔奖"之称，每两年由国际青少年图书委员会（The International Board on Books for Young People，简称 IBBY）颁发，授予获奖者一枚金质奖章和一张奖状。"国际安徒生大奖"最初只设有颁给作家的奖项，到了1966年才增设插画家的奖项。至今尚未有中国作家获奖，但曾有中国作家和画家孙幼军/裘兆明(1990)、金波/杨永青(1992)、秦文君/吴带生（2002）、曹文轩/王晓（2004）、张之路/陶文杰（2006）获得过该奖项的提名。

5. 纽伯瑞儿童文学奖（The Newbery Medal）

又称纽伯瑞奖。1922年，由美国图书馆学会的分支机构——美国图书馆儿童服务学会（Association for Library Service to Children，ALSC）创设了纽伯瑞儿童文学奖（The Newbery Medal for Best Children's Book）。每年颁发一次，专门奖励上一年度出版的英语儿童文学优秀作品。

国内设立的儿童读物的重大奖项有：

1. 中国国家图书奖

经国务院批准，由原国家新闻出版总署于1992年设立，每两年举办一届。该奖分哲学社会科学、文学、艺术、科学技术（含科普读物）、古籍整理、少儿、教育、辞书工具书和民族文版图书等九大门类，设国家图书奖荣誉奖、国家图书奖和国家图书奖提名奖三种奖项。获此奖的儿童读物有《365夜故事》(鲁兵主编，少年儿童出版社）、《大地的儿子——周恩来的故事》(苏叔阳著，中国少年儿童出版社)、《幼学启蒙丛书》(赵镇琬主编,明天出版社)、《小鳄鱼丛书》(孙幼军等著，海燕出版社）等。

2. 向全国青少年推荐百种优秀图书

原国家新闻出版总署于2004年设立，每年向全国青少年推荐100种优秀图书。

3. 冰心儿童图书奖

创立于1990年，为祝贺冰心老人九十大寿，纪念冰心老人一生为孩子们创作众多受欢迎的作品而创设。是我国唯一的国际华人儿童文学艺术大奖，全世界华文文章都可参与评比，获奖者遍布全世界。分为冰心儿童图书奖、冰心儿童文学新作奖、冰心艺术奖、冰心作文奖、冰心摄影文学奖5个奖项。其中，冰心儿童文学新作奖与宋庆龄儿童文学奖、陈伯吹儿童文学奖、全国儿童文学奖并称国内四大儿童文学奖，分小说、散文、童话、幼儿文学等类别，并设置新作奖和大奖两个等级，大奖为最高奖，一般每届每个类别只评选出一篇大奖作品。

图画书有丰子恺儿童图画书奖和信谊图画书奖。

这些获奖图书在某种意义上是品质的象征，是我们在儿童阅读推广工作中可以重点关注的图书。然而，对儿童阅读推广人来说，任何好书都要自己真正阅读过、觉得好，才可以拿来推荐给儿童，切不可随便找一些推荐书目或获奖图书的书单，原封不动作为自身推广活动的推荐书单。

四、结语

儿童阅读推广是"点灯"，点燃孩子们对图书的热爱，使之真正能够享受阅读。同时，儿童阅读推广还可以"指路"，一旦孩子们阅读了好书，自然而然就会具备出一种欣赏能力和鉴别能力，就能够自主去选择自己喜欢的优秀的图书，便不容易被一些低俗、低劣的图书带入歧途。儿童阅读推广不需要也不可能把所有的好书都推荐给孩子，孩子们自己才是真正要去挖掘"宝藏"的人。

参考文献

[1] 海飞. 童书业六十正年轻：新中国少儿出版60年述评[J]. 编辑之友，2009（10）：28-34.

[2] 王化兵. 剖析2009民营少儿出版：访北京禹田翰风图书有限责任公司总经理安洪民[J]. 出版参考，2009（16）：4.

[3] 海飞.2010：中国童书出版的"强国元年"：2010年中国少儿出版述评[J]. 编辑之友，2011（3）：18-20.

[4] 赵彦华. "十一五"全国少儿图书出版情况分析[J]. 出版参考，2012（34）：8-11.

[5] 李学谦. 时空压缩背景下少儿出版的困境与突破 [J]. 出版发行研究，2013 （10）：10-13.

[6] 余人，袁玲. 少儿出版面临的矛盾与挑战 [J]. 出版发行研究，2014（12）：12-16.

[7] 余人，袁玲. 为孩子撑起一片蓝天 [J]. 现代出版，2014（2）：14-16.

思考题

1. 儿童读物的生命历程是怎样的？
2. 请列举 10 种你认为的畅销儿童读物，并说出判断的依据是什么。
3. 找出一本儿童读物，判断它是出版社的本版书还是合作图书。如果是合作图书，请找出与出版社合作的是哪家民营出版机构。
4. 读一读本讲提到的有助于提高图画书鉴赏水平的书，说说学习之后你对某些图画书是不是有了不同的观点。

第三讲

国外儿童阅读推广理论与实践

张曼玲　曾玉琴[*]

第一节　国外儿童阅读推广的历史回顾

国外对于儿童阅读的认识远远早于我国。不仅如此,儿童阅读推广所涉及的相关领域,比如世界范围内儿童图画书、儿童阅读教学研究、儿童图书馆的诞生也首先是在国外,并深刻影响了我国的儿童阅读推广与教学、儿童图画书理论与创作实践、儿童图书馆的发展等方面。

早在 1658 年,世界上第一本儿童图画书 *The Orbis Pictus* [①]就在德国纽伦堡面世。[②] 而在这本书的前言中,第一次提到了"全语言"(Whole Language)这一旨在强调意义的全词教学方法。但在后来美国的儿童阅读教学中,这一名词并没有被延续使用。直到 20 世纪 70 年代后期,"全语言"这一名词才开始出现在美国教育界,之后的八九十年代,美国儿童阅读教学的"全语言"运动达到巅峰。可见,儿童图画书的诞生,与儿童阅读教学的研究密不可分。

---

[*] 张曼玲,北京大学管理学博士,现任中国农业大学人文与发展学院媒体传播系副教授,兼任中国图书馆学会推荐书目委员会委员。主持教育部人文社科基金项目"全民阅读背景下流动儿童的阅读现状与保障体系建设研究"。

曾玉琴,高级政工师,重庆市巴南区图书馆馆长。热心基层公共图书馆阅读推广,尤其关注青少年儿童阅读推广实践、服务,已发表相关论文5篇。

① The Orbis Pictus,又名 Orbis Sensualium Pictus(Visible World in Pictures),译作《世界图绘》,由捷克教育家夸美纽斯著于 1658 年,类似于儿童百科全书。

② 史大胜. 美国儿童早期阅读教学研究:以康州大哈特福德地区为个案 [D]. 长春:东北师范大学,2010.

在儿童教育学领域，西方国家对儿童早期阅读教学的研究一直非常重视，在儿童早期阅读教学的理论和实践方面也进行了很多探索。有关早期阅读的研究始于20世纪50年代，当时研究的重点是早期阅读教育的价值，即探讨是否有必要进行早期阅读教育。到了八九十年代，早期阅读问题成为美国儿童早期教育界关注和研究的重点，并涌现出了大量的研究成果。Journal of Educational Psychology（《教育心理学杂志》）于1910年在美国创刊后，有关阅读教学的研究大量涌现，这些研究直接影响了美国儿童早期阅读教学的发展变化。[①]儿童阅读教学的理论研究和实践主要应用于国外的幼儿园、中小学的教学环节。早期阅读的培养、阅读困难和障碍的克服、阅读素养的培养和测定、阅读效果的评价等，都成为主要的研究课题。

儿童图画书的创作和出版方面，欧洲国家尤其是英、法、德等国，一直处于世界前列。美国于20世纪30年代成为图画书创作的主流国家，如今可说是图画书生产的大国与强国。[②]英美国家的图画书市场非常成熟，作品数量庞大，风格多样，优秀图画书作家和画家人才辈出，出现了诸多"大师"级人物。而且这些图画书的国际影响很大，获得诸多国际知名奖项，版权输出到世界各地。英美国家的图画书创作影响了我国的近邻日本，带动了日本国内的图画书（又称绘本）创作高潮。"绘本"的概念随后传到了我国，由于两国具有相似的文化背景，日本绘本的创作理念和儿童阅读推广理论，均对我国产生了很大的影响。

而儿童图书馆的诞生远可追溯至1861年，英国曼彻斯特公共图书馆设置儿童部；到了1865年，英国伯明翰公共图书馆开始对儿童开放借阅服务；同年，巴梗黑德首创了英国的儿童图书馆。随后，全英各地纷纷仿效。至1929年，英国的儿童图书馆数量已达百余所。随着儿童图书馆的发展，1947年，英国图书馆协会青少年图书馆部成立。美国儿童图书馆的正式兴起始于19世纪20年代。[③]从1827年麻省创设非正式的儿童图书馆开始，美国儿童图书馆事业得以不断发展。1838年，麻省创设的非正式儿童图书馆并入纳克敦社会图书馆内。1885年，哈诺耶女士（首先提出创办儿童图书室理念）成立儿童图书分馆，该馆后

---

① 史大胜.美国儿童早期阅读教学研究：以康州大哈特福德地区为个案[D].长春：东北师范大学，2010.
② 姜洪伟.美国绘本题材对我国绘本生产的启发及思考[J].中国出版，2013（15）.
③ 江山.近代世界儿童图书馆的发展及其对中国的影响[J].图书与情报，2011（1）.

来成为纽约公共图书馆的儿童部。1890年，布鲁克林公共图书馆设立儿童阅览室。至此，儿童图书阅览室已成为美国公共图书馆的重要部分。

儿童图书馆的诞生和发展历程，也是国外儿童阅读推广产生和发展的过程。作为儿童阅读推广活动的主要支撑者和参与者，国外的儿童图书馆从产生之日起就担负着重要的促进当地儿童阅读的重任；图书馆的业务设置、读者服务和理论探讨也都围绕着这一任务而展开。

除了学校等教育机构、图书馆等公共服务机构在儿童阅读推广中责任重大，每一个家庭，每一个家长，都是儿童阅读推广中的重要环节。家庭日常生活中的亲子阅读一直以来受到社会各界的重视和提倡；长期以来，西方国家中产阶级家庭孩子睡前的二十分钟亲子阅读，成为一种标志和惯例。西方国家的政府也大力提倡家庭阅读和亲子共读的方式，以此培养孩子的阅读兴趣和习惯；"使阅读成为生活的一部分"，成为很多推广活动的目标和口号。

第二节 国外儿童阅读推广理论研究

按照以上对国外儿童阅读推广发展的历史总结，对国外儿童阅读推广方面的理论研究，也大致可以分成学校、图书馆、家庭、团体等不同方面的研究领域。

一、国外教育机构的儿童阅读推广理论与研究

有关儿童早期阅读方面的研究，包括早期阅读学习过程、儿童阅读困难、阅读成功或失败的影响因素、预防和干预阅读困难、阅读教学等领域。而"什么是最好的儿童早期阅读教学理论与方法"成为美国的专家、学者和一线教师一直以来讨论和争辩的焦点。不同的早期阅读理论和教学方法，对美国早期阅读的教育教学实践都产生了重要的影响，对早期阅读教学的种种争论和反思至今没有停止。[①]

1964—1967年，美国教育办公室实施了"一年级阅读教学联合研究项目"

---

① 史大胜. 美国儿童早期阅读教学研究：以康州大哈特福德地区为个案[D]. 长春：东北师范大学，2010.

（The Cooperative Research Program of Reading Teaching for First Grade）计划，对早期阅读的教学方法进行了评估。内容包括系统化语音教学、有意义连贯性阅读等教学方法等。同在 1967 年，吉尼·夏尔（Jeanne Chall）推出了《学习阅读：大辩论》一书，指出系统化语音教学法要优于其他早期阅读教学方法。20 世纪 70 年代，美国开始实施"追踪到底"（Follow Though）计划，目的是通过对各种阅读教学方法的长期效果进行比较，以确定哪些教学方法和模式对小学阶段的劣势生最有效果。

1997 年，美国国家研究院成立早期教育委员会（The Committee of Early Childhood Pedagogy）。其重要职责就是要解决对儿童来说什么是阅读，如何才能进行积极有效的阅读教学，如何避免和预防阅读困难的发生等问题。1998 年该机构出版了研究报告《预防阅读困难：早期阅读教育策略》（*Preventing Reading Difficulties in Young Children*）。该报告以预防阅读困难为出发点，在综合考察了已有阅读教学理论和实践的基础上，针对不同年龄阶段的儿童特点提

图 3-1 《预防阅读困难：早期阅读教育策略》

出了不同的阅读方法。1999 年又推出了《正确开始：提升儿童阅读成就指引》（*Starting Out Right: A Guide to Promoting Children's Reading Success*）的研究报告。该报告标志着早期阅读教学的相关问题在美国受到前所未有的重视。联邦政府和各州相续出台了相关的政策和法规对早期阅读进行规范和推动。同时，相关的研究也不断深入，涌现出了一批在该领域具有较大影响力的专家、学者。

2002 年 1 月，布什总统签署《不让一个孩子掉队》（No Child Left Behind）的教育改革法案，该法案以提高学生的阅读能力为核心，强调重视儿童早期语言能力的培养，用科学的研究成果提高课堂指导的质量。随后，布什又签署了国会通过的《阅读优先计划法案》（Reading First Program），每年资助 10 亿美金给各州政府，摸索最有效益的阅读教学方法。从一开始，拼音教学就主导了

"阅读优先计划"，这项计划的联邦官员希望以科学的角度将教学的研究转换为实际的教学计划。他们主张，只有定期及系统的拼音教学才是"科学性"的阅读研究，拼音教学、相关阅读技巧、词汇的掌握、阅读的流畅度及阅读的理解能力是有效阅读的基础。

除此之外，国外还有一些从事阅读素养评价和测试的研究。"国际阅读素养进步研究"（Progress in International Reading Literacy Study，简称 PIRLS），是由国际教育成就评价协会（International Association for the Evaluation of Educational Achievement，简称 IEA，主要目的是建立大规模的比较研究，深入理解教育系统中的教学策略及教学实践）主持的、对四年级学生（9~10 岁的儿童）阅读素养进行评价的国际比较研究项目。[①] 这一探讨约 9 岁儿童学业成就的国际性阅读测试，同样关注儿童在家庭和学校中阅读经验以及阅读能力获得的影响因素。[②]

图 3-2 《正确开始：提升儿童阅读成就指引》

而作为联合国经济与合作组织（OECD）开发的一个国际性合作项目，"国际学生评价项目"（The Programm of International Student Assessment，简称 PISA），从创立之初就很重视对阅读素养的研究，并将它作为首次测评的重点内容。如何让学生不仅学到知识，还能更好地丰富思维空间，提高阅读质量，具备运用知识的技能，一直是 PISA 关注的热点。因此，阅读素养作为 PISA 测评的三个素养之一，从一开始就受到了重视。从 2000 年开始，PISA 测评首次在世界范围内展开评估，并以阅读素养作为测试重点。亚洲地区的日本、韩国，中国的台湾、香港地区，甚至大陆的一些城市，都曾多次接受过 PISA 的测评实验。

同样，目前美国的"全国教育进展评估"（National Assessment of

---

① 张超.基于PISA的阅读素养发展研究：以对广西某中学百名初中生的调查和实验为例[D].南宁：广西大学，2013.
② 江山.近代世界儿童图书馆的发展及其对中国的影响[J].图书与情报，2011（1）.

Educational Progress，简称 NAEP），是美国国内唯一长期连续的中小学生学业成绩测量项目，具有较高的国际影响与学术价值。2000 年，NAEP 提出了《教孩子阅读：一个对阅读的科学研究文献及其对阅读教育启示的证据本位评估》的报告，对各类研究进行综合评估后认为，有效的阅读教学包括 5 个重要的必备条件，分别是音位意识（Phonemic Awareness）、拼音（Phonics）、词汇（Vocabulary）、流畅性（Fluency）和理解

图 3-3 美国"全国教育进展评估"项目 LOGO

（Comprehension），而音位意识教学是教儿童阅读的最有效方法。这份报告对美国早期阅读教学产生了重大影响，在《不让一个孩子掉队法案》中的"阅读优先计划"，即以该报告的研究成果为基础。

二、国外图书馆对儿童阅读推广的相关研究

国外图书馆领域对儿童阅读推广的研究主要集中在图书馆尤其是儿童图书馆如何发挥自身的服务职能、更好地服务儿童读者方面。例如，Thomas（1982）的论文梳理了美国少儿服务在 19 世纪末 20 世纪初之间如何诞生的历史过程。提出少儿服务有 5 个组成要素：专门馆藏、专门空间、专业人员、针对少年儿童的服务与活动、合作网络。通过这 5 个要素可以看出，美国少儿图书馆界如何抓住少儿读者的特点，迎合他们的需求，尽可能吸引少儿用户，提高图书馆资源使用率，为少年儿童的健康成长、教育需求和信息需求做出最大的贡献。[①]

目前国外儿童图书馆研究的领域主要集中在儿童图书馆服务、新技术在儿童图书馆中的应用和儿童信息检索行为。在宏观层面，国外儿童图书馆研究涉及图书馆服务、数字图书馆、国际儿童数字图书馆等；在微观层面，则涉及儿童信息认知和检索行为、在线信息系统设计、检索工具、任务类型等影响儿童

---

① 陈敏捷，方瑛. 美国公共图书馆少年儿童服务现状概述 [J]. 图书馆研究与工作，2007（1）.

检索效果的维度。在传统图书馆研究视角的基础上,目前更加注重从儿童用户群体视角出发,在儿童信息空间、阅读环境、阅读体验、信息需求、信息教育、检索行为差异等方面纵深开展调查研究,为构建适合儿童发展规律的图书馆提供翔实的数据参考。[①]

在图书馆服务方面,国外儿童图书馆尤其重视馆员的自身素养、专业知识背景和面对儿童读者的服务能力。在图书馆专业教育方面,美国的图书馆专业不设本科部。考入图书馆研究生院的学生,来自不同的专业领域,如英语语言文学、外语、历史、哲学、人类学、心理学、生物、医学、工程、计算机、金融、工商管理、音乐、美术等。任何一门专业都可能和图书馆工作、少儿服务发生联系,成为每个馆员独特的优势。[②]这样,也使得馆员们拥有各自不同的学科背景,更有利于保证其服务质量。而且,美国大多数图书馆在招募少儿服务专业人员时,要求应聘者从美国图书馆协会认可的图书馆研究生院硕士毕业,具备儿童文学素养,能开展包括讲故事在内的各类少儿服务活动。中小学校图书馆的要求比公共馆更高,要求馆员同时具有图书馆系和教育系的背景,并和其他教师一样持证上岗。因此学校图书馆员与教师同级,享受同等待遇。

在学校图书馆的服务保证方面,国际图联、联合国教科文组织出台了一系列的服务指南。《儿童图书馆服务发展指南》论述了儿童图书馆的使命:通过提供大量的资料和举办各种活动,为儿童提供一个体验阅读的乐趣、探索知识的激情和丰富他们想象力的机会。公共图书馆应培养孩子和家长们充分利用图书馆的能力以及使用纸质和电子载体资源的技能。公共图书馆负有支持儿童学会阅读、为他们推荐书籍和其他载体资料的特殊责任。公共图书馆必须为儿童开展如讲故事之类的一些特别活动,以及开展与图书馆服务和资源相关的其他活动。应该鼓励孩子们从小使用图书馆,因为这样就更有可能使他们日后一直成为图书馆的忠实读者。在使用多种语言的国家,应该为儿童提供他们母语的图书和视听资料。[③]《学校图书馆服务指南》指出,为了促进学校图书馆的服务,学校图书馆与公共图书馆合作将是一个好办法。指南还简要列举了合作协议所

[①] 徐文哲,郑建明,毕建新.国外儿童图书馆研究述评[J].图书情报工作,2013(9).
[②] 陈敏捷,方瑛.美国公共图书馆少年儿童服务现状概述[J].图书馆研究与工作,2007(1).
[③] 见国际图联、联合国教科文组织颁布的《儿童图书馆服务发展指南》(2001年修订版)。

应包括的内容以及合作领域。于2010年8月举行的第76届国际图联大会，最初计划时共有14个卫星会议，其中一个卫星会议的主题即为儿童阅读权利的实现构建桥梁：儿童图书馆与学校图书馆间的有效合作。可惜最终该卫星会议因故取消。美国、英国、加拿大等国家在公共图书馆与中小学图书馆合作方面，已经进行了比较深入的探索和实践，研究涉及合作的方方面面，其中包括大量关于合作模式的研究，如加拿大一份长达144页的调查报告《公共图书馆与学校图书馆合作：评估列表》；还有关于学校图书馆与公共图书馆合作的成功条件的研究，如Ken Haycock认为，合作需要"信任、眼光、意愿、尊重以及充分认可合作与协作的价值和智慧"，等等。[①]

三、国外对家庭阅读的阅读推广研究

家庭和父母对儿童阅读的影响一直以来都得到了很多人的重视，"大声为孩子读书吧"成为很多阅读推广活动的宣传语，也被称为最简单易学的亲子阅读的方式。美国的畅销书《朗读手册》中，作者吉姆·崔利斯通篇给出的建议，归纳成一句话，也是大声读给孩子听。而且这一做法不仅仅适用于家庭，学校、图书馆等场所同样需要如此。此类面对家长、教师和图书馆员的阅读方法指导和阅读推广策略的图书，也不在少数。

美国学者在研究中发现，在小学低年级阶段容易产生阅读困难的儿童常常是那些入学时在某些领域缺乏学前知识和技能的儿童，在字母知识、语音的敏感性和对阅读基础目标的熟悉程度以及语言能力方面表现尤其明显。并且研究者也证实，婴儿及学步期儿童所生活的不同环境对他们阅读能力的发展具有很大影响。

同样，有关预防和干预阅读困难的研究也表明，父母和家庭对儿童阅读影响重大。De Baryshe（1995）等人的研究表明，父母对有关读写技能尤其是阅读的看法和态度，会对儿童读写技能的提高产生很大影响，父母对读写技能的态度和期望，甚至对儿童学习阅读的态度有长期影响。在对影响儿童阅读的父母行为的研究中发现，问答的形式是父母与孩子就文本内容进行互动的重要形

---

① 史拓. 美国公共图书馆与中小学图书馆合作促进机制研究 [J]. 图书馆工作与研究，2012（3）.

式。父母与孩子之间的影响是相互的，孩子能够影响大人对待他们的方式，大人也会影响到孩子的学习经验和机会。父母应把读写活动当作一种娱乐的方式，激发儿童积极参与的热情。研究证明，阅读流畅并且对阅读持肯定态度的儿童，都是来自将阅读视为乐趣的家庭。

以父母为导向的预防和干预为儿童语言和读写技能的开发提供了积极的途径。1996年，美国实施了"父母当老师计划"（Parent as Teachers），该计划为怀孕3个月到孩子3岁的父母设计。对这项计划的追踪研究显示，参与计划的3岁儿童的语言表现明显好于对照组儿童。美国开展的另一项对父母进行指导的计划是"学前儿童家庭指导计划"，该计划为儿童提供学前预备技能，并使阅读成为父母和儿童共同参与的一项活动。此外，Whitehurst（1994）还进行了对话阅读培训计划，即父母鼓励儿童成为故事的讲述者，对儿童的反应进行评价并通过复述和增加信息扩展儿童的反应内容。①

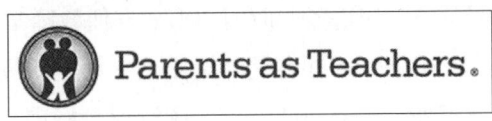

图3-4 美国"父母当老师计划"LOGO

四、国外对特殊儿童的阅读推广研究

国外对特殊儿童的阅读的相关研究也比较丰富，主要集中在对各种特殊儿童的阅读辅导，以及对阅读障碍或困难的改善和矫正方面。相关的研究认为，对阅读困难的干预措施主要有3类：对有困难的儿童实行改善疾病和预防并发症的干预措施，利用早期检测设备来识别可能发生的问题，对所有家庭进行预期指导。此外，对患有残疾和认知障碍儿童的研究也是一个重点，主要包括对有听觉障碍的儿童的研究、对有语言障碍儿童的研究和对有认知缺陷儿童的研究。比如，有些学者认为，失聪儿童在阅读中的严重障碍是他们不具备阅读所普遍需要的言语基础，此外他们也受到阅读经验少的限制，因此对有听力障碍儿童的早期筛查和对符号语言的学习的早期干预，对他们今后的阅读、学

---

① 史大胜. 美国儿童早期阅读教学研究：以康州大哈特福德地区为个案[D]. 长春：东北师范大学，2010.

习极其重要。相关著作很多，比如 Lexington School[①] 编写了针对听觉障碍孩子的系列教程，包括 Teaching Reading to Deaf Children（聋哑儿童的阅读教学）、Teaching Arithmetic to Deaf Children（聋哑儿童的算术教学）、A Parents Program in a School for a Deaf（校内针对聋哑儿童的家长项目）等，从阅读、算术、单词学习、演讲各方面的图书，方便教师学习和应用。

当然，国外有关儿童阅读方面的研究肯定不仅仅限于以上所列。除了阅读障碍外，有关阅读治疗、阅读评价标准、阅读理解考试、阅读网站的研究内容与成果，也值得我们借鉴或参考。

第三节 国外儿童阅读推广实践

国外儿童阅读推广的实践活动非常丰富，已经形成了上自政府下至每个社会个体，从出版界到图书馆界，从各级学校等教育机构到各种文化团体的、全方位的综合推广体系。这些来自各方面的推广实践，能够带给我们一些启发，方便我们借鉴。

一、各国或地区政府支持下的阅读推广实践

世界各国政府均充分认识到了儿童阅读的重要性，不遗余力地借助各种方法促进儿童阅读推广活动的开展。为了加大推广力度，各国元首除了自己以身作则、定期参与阅读推广活动之外，还通过立法等方式，从国家的高度，推动儿童阅读推广的发展。

（一）美国政府的阅读推广举措

美国政府从 20 世纪 80 年代起就开始持续关注儿童阅读。1983 年，美国教育部组织"教育质量委员会"调查中小学教育现状，发表了著名的《国家在危险中：

[①] Lexington School，即列克星敦聋哑学校，建于 1865 年，是美国历史最悠久的聋哑学校。其采用的口语教学与当时美国其他聋哑学校主要依赖于符号语言的教学方式不同，美国《特殊教育百科全书》称其为"口语教育的先行者""特殊教育的全球引领者"。

教育改革势在必行》(*A Nation at Risk: The Imperative for Educational Reform*)的调查报告,[1]形成了以强调"阅读、计算、写作"为特色的教育改革的大趋势,对美国甚至全世界儿童阅读推广活动影响深远。

克林顿时期,美国掀起了名为"美国阅读挑战"的教育运动,动员全社会的力量来帮助儿童阅读,以实现所有美国儿童在三年级末能够独立、有效地阅读的目标。当时的教育部发布了《怎样支持美国阅读挑战》,号召每一个美国人通过个人的或专业的努力帮助孩子阅读,并对各阶层、各团体提出了具体要求。2002年,美国总统布什签署了名为《不让一个孩子掉队》的教育改革法案。布什总统在该法案中说,"今天,将近70%的城区四年级学生在国家阅读测验中未达到基本的阅读水平",他还进一步指出,"我们的国家正在逐渐地被分为两个'国家',一个'国家'的公民具备阅读能力,而另一个'国家'的公民则不具备这种能力;一个'国家'的公民心怀理想,而另一个'国家'的公民则没有理想。"[2]为了使每一个孩子到三年级时都可以进行熟练阅读,该法案设立了"阅读第一"项目(Reading First Program),为儿童的早期阅读提供适当的指导,帮助儿童消除阅读方面的障碍,运用阅读策略训练来提高学生的阅读能力。

之后的6年时间中,布什总统多次提议加强儿童阅读项目的实施。教育部网站常年报道有关"不让一个孩子掉队"这一项目实施过程中的各项统计数据。在该网站的部长角(Secretary's Corner)栏目中,"不让一个孩子掉队"的内容甚至置于高等教育(Higher Education)之前,足见对该项目的重视程度。而且,2008年1月7日,美国教育部网站的头版头条新闻报道布什总统在芝加哥Horace Greeley(贺拉斯·格里利)小学与师生们讨论阅读问题,并作专题发言。[3]

历届总统夫人也经常在节假日参加各种儿童阅读活动,比如在白宫举办读书会,第一夫人亲自给孩子们读书,或到图书馆参与阅读活动等。最值得称道的是劳拉·布什(Laura Bush),她毕业于得克萨斯大学儿童图书馆系,对图书

---

[1] 杨丹丹. 日英美儿童阅读推广举措及对我国的启示 [J]. 出版发行研究,2013(11).

[2] 史大胜. 美国儿童早期阅读教学研究:以康州大哈特福德地区为个案 [D]. 长春:东北师范大学,2010.

[3] 华薇娜. 美国儿童阅读扫描 [J]. 山东图书馆季刊,2008(2).

馆儿童阅读有深刻认识。她认为："一个人的阅读习惯是从小养成的，若错过了儿童时期的培养，则将很难在成年后再培养。"劳拉·布什自从入住白宫后，就以热心倡导阅读而出名。她致力于推进美国的儿童阅读活动，尤其是积极推荐儿童阅读图画书。她举办了白宫有史以来的第一届"国际合作鼓励阅读会议"，并促使国会图书馆发起了美国第一届"全国图书节"，掀起全国促进阅读活动的新高潮。[1]在总统及夫人的亲历亲为下，在政府的政策扶持下，美国的儿童阅读得到了全社会的支持。

除《不让一个孩子掉队法案》之外，联邦政府出台的多项法律如《国防教育法》《初等与中等教育法》等，都将阅读作为重要条款单独列出，从国家立法的高度推动阅读教学的发展，对美国早期阅读教育产生了重大影响。[2]

而且，在联邦政府和总统的推动下，美国各州政府也高度重视早期阅读教育，出台各自的阅读推广政策，各行政区建立图书中心，广泛开展阅读推广活动，致力于儿童阅读推广工作的普及和提高。比如1995年，由保德信基金会（Prudential Foundation）资助，儿童图书馆服务学会（Association for Library Service to Children）管理的"为阅读而生：如何培养爱学习的宝宝计划"（Born to Read：How to Nurture a Baby's Love of learning Project），最早在北卡罗来纳州H.莱斯利佩里（H.Leslie Perry）纪念图书馆、宾夕法尼亚州匹兹堡市卡内基图书馆（Carnegie library of Pittsburgh）及犹他州普洛佛市立图书馆（Provo City Library）共同展开，后来逐步扩展到美国各州。这是基金会、图书馆、医疗照护机构携手合作的项目，目的是为读写能力较差的父母、未成年人的父母提供儿童读写能力相关知识与有关资料，以提升儿童读写能力，减少可能出现的文盲数量，使父母认识和了解家长在儿童早期阅读与读写能力发展进程中所扮演的重要角色和关键作用，做好孩子的第一任老师。[3]

---

[1] 李慧敏.婴幼儿（0~6岁）阅读推广案例特色研究：以英国、美国、德国为例[J].图书馆工作与研究，2011（8）.

[2] 史大胜.美国儿童早期阅读教学研究：以康州大哈特福德地区为个案[D].长春：东北师范大学，2010.

[3] 李慧敏.婴幼儿（0~6岁）阅读推广案例特色研究：以英国、美国、德国为例[J].图书馆工作与研究，2011（8）.

（二）英国政府的阅读推广举措

作为世界上国民阅读率最高的国家，英国政府对儿童阅读的重视不亚于美国。政府和国家元首对儿童阅读推广活动都非常重视，最典型、影响最大的则是众所周知、享誉全球的"阅读起跑线"计划。

该计划最初在1992年由慈善机构——图书信托基金会（Book Trust）、伯明翰图书馆服务部（Birmingham Library Service）和基层医护服务信托基金会（Primary Care Trust）联合发起的。[①] 该计划免费为每个儿童提供市值60英镑的资料，这些资料分装在不同款式的帆布包里，根据儿童成长的实际需要，分年龄段以不同的方式分发。图书信托基金会的网站（www.booktrust.org.uk）上有非常详细的有关此计划的具体介绍和指导。

图 3-5 英国图书信托基金会 LOGO

作为世界上第一个专为学龄前儿童提供阅读指导服务的全球性计划，该计划所提供的服务礼包包括："阅读起跑线"婴儿包（Bookstart Baby Pack）、"阅读起跑线"高级包（Bookstart Plus Pack）、"阅读起跑线"百宝箱（My Bookstart Treasure Box）、"触摸图书包"（Booktouch Pack）、"蹒跚起步来看书活动"（Bookstart Book Crawl）、"儿歌时间"（Bookstart Rhymetimes）、"双语资料"（Dual Language Materials）7类面对不同年龄段、不同阅读层次，甚至不同语言背景的儿童所提供的、适合各自需要的阅读内容。通过礼包赠送活动，力图让每一个英国儿童都能够在早期阅读中受益，并享受阅读的乐趣，培养对阅读的终身爱好。在后来的推广效果评估调查中，也被证明确实收到了良好的效果。目前，参加该计划的国家包括：英国（发起国）、日本、韩国、泰国、澳大利亚、美国、智利、意大利、墨西哥、波兰、南非和印度等，我国部分城市也开展了类似的

图 3-6 阅读起跑线 LOGO

[①] 陈永娴. 阅读, 从娃娃抓起: 英国阅读起跑线（Bookstart）计划. 图书馆理论与实践, 2008（1）.

儿童阅读大礼包赠送活动。①

除了"阅读起跑线"（Bookstart）计划外，图书信托基金会还开展了"一起写作"（Writing Together）计划和"国际儿童图书周"（National Children's Book Week）等活动，都是比较有特色的阅读推广活动。

（三）日本政府的儿童阅读推广举措

日本政府出台的有关儿童阅读推广举措由来已久，从1947年制定了《教育基本法》和《学校教育法》，并于该年11月举办了第一届"读书周"活动开始，②有关儿童阅读方面的法律法令出台了不少。尤其在2000年"儿童读书年"后，日本全国掀起了儿童阅读推广活动的热潮。同年1月，国际儿童图书馆创立并于5月实现部分开馆。2001年"儿童读书推进会"成立，在全国推广"绘本世界"活动。同年4月，"Bookstart支援中心"成立，推行针对0~12个月婴幼儿的阅读活动。2001年3月，文部科学省制定了《21世纪日本教育新生计划》，并将2001年定为"教育新生元年"。2001年12月颁布了《儿童读书活动推进法》，确定了儿童读书活动的基本理念及必要事项。2002年，文部科学省又发表了"关于推进儿童读书活动的基本计划"（即"第一次基本计划"），确定每年的4月23日为"儿童读书日"。③

2008年3月，日本确定了少儿阅读推广的"第二次基本计划"。2008年6月，《图书馆法》修订。2008年7月，日本内阁会议做出了《关于国民读书年的决议》，将2010年定为"国民读书年"；并采取了一系列措施推广儿童阅读，包括提高学校和家庭的藏书量、促进学校开展读书活动、对读书活动的有效性进行调查和向联合国提议确定"国际儿童读书年"等。文部科学省《关于推进儿童读书活动的基本计划》（2008年）详细规划了2008年以后的五年间促进全日本儿童读书的活动。该文件从家庭、地区、学校、社会团体和宣传等五个方面做了具体安排。2013年3月，日本文部科学省公布第三次《儿童阅读推广基本计划》草案），面向社会公开征求意见。该草案明确了今后五年（2013—2017年）制定政策的基本方针和具体实施办法。2013年2月，日本青少年教育振兴机构发布了

---

① 陈永娴.阅读,从娃娃抓起:英国阅读起跑线（Bookstart）计划.图书馆理论与实践,2008（1）.
② 王薇.日本儿童阅读状况和推广活动考察[J].图书馆杂志,2013（3）.
③ 万亚平.日本"儿童读书推进活动"评析[J].新世纪图书馆,2010（1）.

《关于儿童阅读现状及其影响、效果的调研报告》。此份报告通过对20~60岁共计5258名成年人和20岁以下21168名初、高中生进行的问卷调查，首次研究论证了"儿童时期的阅读活动，对其成年后意识、能力的影响和效果"。①

除了立法和行政工作之外，日本政府还设立了支持儿童阅读推广的基金。"孩子的梦想"基金成立于2001年4月，主要用于支持各种儿童成长体验活动、儿童阅读活动和儿童教材开发普及活动。可以看出，新世纪以来，日本政府几乎每年在儿童阅读推广上都有新举措，以加强国内的儿童阅读推广力度，并多次借助法律或法令的方式对这些活动给予政策上的积极支持。

二、国外图书馆领域的阅读推广实践

国外的图书馆系统在儿童阅读推广中占有十分重要的地位，也发挥着不可替代的作用。

（一）美国以国会图书馆为代表的图书馆儿童阅读推广活动简介

从1965年起，由美国图书馆协会或美国国会图书馆图书中心发起的"图书馆——'启智'计划合作"、"出生即阅读"、"图书馆里每个孩子都做好了阅读准备"等项目②给美国的儿童阅读带来了一定的影响。1977年，美国图书馆协会下属的青少年服务部（Young Adult Services Division，YASD后更名为Young Adult Library Services Association，即青少年图书馆服务协会，简称YALSA）第一次出版了《图书馆青少年服务指南》（*Directions for Library Service to Young Adults*），通过实例的形式对图书馆的青少年服务提供指导。2008年3月，YALSA发布《图书馆12~18岁青少年服务指南》，对图书馆青少年服务进行总体的规定，认为图书馆青少年服务应当与图书馆的整体计划、预算和项目融为一体。2012年5月，YALSA发布《国家青少年空间指南》，为图书馆青少年服务虚拟和实体空间的构建提供了指导性意见，并提供了若干个青少年空间构建的成功范例，供少儿馆参考借鉴。③

---

① 周樱格.日本图书馆阅读推广动向研究：案例分析与启迪[J].新世纪图书馆，2013（5）.
② 张丽，王东文.学前儿童早期阅读活动的实践探索：以西安图书馆为例[J].当代图书馆，2014（2）.
③ 黄如花，邱春艳.美国公共图书馆未成年人服务的特点[J].中国图书馆学报，2013（7）.

而美国国会图书馆里专门负责推动全民阅读的单位是图书中心（The Center for the Book in the Library of Congress），由第 12 任国会图书馆馆长丹尼尔·J. 布尔斯廷（Daniel J. Boorstin）于 1977 年依据公共法案成立，目的是利用国会图书馆的资源和威望刺激人们的阅读兴趣，以促进图书、阅读、文学、图书馆的发展和图书的学术研究。[①]

国会图书馆图书中心的活动经费来自企业或其他部门的捐助，活动组织则由馆内专职人员负责。自成立以来，图书中心开展了一系列全国性的阅读推广活动，不仅成为美国阅读推广活动的"总部"，而且对全世界的阅读推广活动都产生了很大影响。

成立伊始的 1977 年 10 月 22 日，国会图书馆的专家和作家、学者、出版商以及中心咨询委员会就举行会议，讨论如何刺激阅读。1979 年 11 月 14 日，哥伦比亚广播公司（CBS）电台《西线无战事》播放了"读多一点点"阅读推广的节目，由明星推荐图书，鼓励读者"读多一点点"关于第一次世界大战的图书。1983 年 5 月 19 日，图书中心举行全国"广播和阅读"会议，探索广播、口语、阅读和图书融汇的新途径，同年 9 月与 ABC 少儿电视台合作推出《O.G. 船长读书多》节目，故事主角是一只书念得多因而很聪明的猫。1987 年该中心发布《国家阅读推广主题》，1988 年 12 月 5 日，里根总统签署公告《青少年读者年》，作为次年的阅读推广主题。1989 年 1 月 30 日，当时的第一夫人芭芭拉·布什（Barbara Bush）出任"青少年读者年"读书营荣誉主席。1992 年 1 月 26 日，美式橄榄球电视节目向 7000 万观众播送了"读多一点点"的信息。1996 年 9 月 10 日，由探索传播公司学习频道和图书中心合作开发的"伟大的图书"电视系列节目，在国会图书馆大堂举行开播三周年庆典。1998 年 6 月 27 日，公共电视阅读和文学推广项目"在名人之间"首播，图书中心是该项目几个教育合作伙伴之一。2001 年初第八次国家阅读推广运动"讲述美国故事"启动，当时的第一夫人劳拉·布什出任荣誉主席，通过组织讲故事和传说，鼓励阅读，宣传使用图书馆和其他美国文化遗产。2007 年"文学书信"项目打破纪录，有 5.9 万青少年给他们喜欢的作家写了信。图书中心还和"儿童图书委员会"（Children's Book Council）合作，巡回全国选拔"全美青少年文学大使"

[①] 郎杰斌，吴蜀红. 美国国会图书馆阅读推广活动考察分析 [J]. 图书与情报，2011（5）.

（National Ambassador for Young People's Literature），协助各地青少年阅读活动的推广。2008年1月3日，著名儿童文学作家约翰·席斯卡（Jon Scieszka）担任首届儿童文学大使，第二任大使是荣获纽伯瑞文学奖、林格伦纪念奖和国际安徒生大奖的凯瑟琳·派特森（Katherine Paterson）。

2009年国会图书馆青少年读者中心正式向公众开放，这是该馆209年历史上第一次专门为青少年开辟领地、提供阅读空间。除了建立青少年读者中心，图书中心也建立了自己的阅读网站（www.read.gov），并委托"全国童书阅读素养联盟"（National Children's Book and Literacy Alliance）代为管理，为成人、教育工作者、家长，尤其是青少年，提供各类阅读资源。[1]

综上所述，国会图书馆图书中心通过广播、电视、网络等大众媒体，以明星、第一夫人、知名作家为活动带头人，扩大阅读推广活动的影响力和号召力的做法，不仅收到了良好的传播效果，还为我们提供了阅读推广的范本。而且，图书中心还在1987年发起"国家阅读推广伙伴"计划，至今已吸收超过90个机构成员，包括民间和政府组织，并每年召开会议，促进项目和招募新合作伙伴。图书中心还发展了广泛的、国内和国际的非正式阅读推广网络，对每项阅读运动都鼓励在社区、州、国家以及国际层面上进行经验交流，并在几个国家促成了阅读推广中心的成立，且已推广到南非和俄罗斯。2007年国际图书节由俄罗斯第一夫人柳德米拉·普京（Ludmila Putin）主持，2007年10月9日—11日在莫斯科举行。图书中心通过政府和私人机构的合作，在过去30年取得基金、个人和公司对项目、出版物和阅读推广项目的资助和支持。此外，一些联邦机构也偶尔对特定项目进行拨款。[2]

如今，全美50个州都建立了各自的州立的图书中心，作为国会图书馆在各州的隶属机构。这些阅读推广伙伴和州立图书中心成员根据各自情况也发起和执行了许多项目。而且，依据地方性公共图书馆未成年人服务的相关标准，美国各州州立图书馆或图书馆联盟纷纷颁布或修订公共图书馆相关标准，加大力度推进儿童阅读推广活动的发展。

同时，为了促进不同图书馆的合作与交流，美国政府、各州政府、行业协

---

[1] 郎杰斌，吴蜀红.美国国会图书馆阅读推广活动考察分析[J].图书与情报，2011（5）.
[2] 陈颖仪.美国阅读推广活动的实践经验分析及启示[J].图书馆理论与实践，2009（5）.

会等各方都大力支持和促进公共图书馆和中小学图书馆建立长期有效的合作促进机制。[1]在各种教育法案的支持下，公共馆和中小学馆的阅读推广合作对中小学生阅读起到了较好的影响作用。

（二）英国图书馆的儿童阅读推广活动

英国公共图书馆从维多利亚时代起就主张自己是教育机构，不仅支持自学者阅读，还作为社区信息集散中心，为人们提供更正式的集中教育机会。到20世纪60年代，"社区信息服务"（Community Information Service，简称CIS）的理论概念在西方国家得到了广泛采纳，图书馆的角色逐渐定位为"为读者提供各类性质的信息服务的社区信息服务中心"。英国的公共图书馆也在20世纪60年代之后加入了社区信息服务提供机构的行列，并做出了卓越的成绩。如在英国东部的剑桥郡，布雷顿区市民建议局的工作人员和社区卫生委员会的代表相互合作，在布雷顿区图书馆内为当地市民提供"布雷顿援助计划"，并在之后发展成为专门的社区信息服务项目（PIG）。此外，伦敦市的分区图书馆还与一些义务咨询中心合作，为各分区的市民提供相关的社区信息服务项目（LUG）。[2]这一定位使公立图书馆不仅成为图书的集散地，还是社区居民获取所有生活信息和服务的便利场所，这可算是对公共图书馆职能和作用的一种全新定位和理解，也大大拓展了公共馆的生存和服务空间，使社区居民与图书馆的关系更加密切。

而遍及全英国的图书馆阅读推广活动，则发端于20世纪80年代末期，兴起于20世纪90年代，2000年后走向成熟和兴盛。20世纪80年代末期，一些图书馆获得了公共图书馆发展激励计划的基金支持，开始举办一些文学作品的推广活动，如英国北部的儿童图书节，赫里福郡和伍斯特市图书馆的现代诗歌推广活动等。

1992年，一个主题为"阅读未来：公共图书馆中的文学场所"的重要会议召开，研讨了3个主题：图书馆的角色、阅读推广、合作伙伴的工作。会上，艺术委员会发布了第一笔图书馆基金，提供10万英镑的合作伙伴基金以促进图

---

[1] 史拓.美国公共图书馆与中小学图书馆合作促进机制研究[J].图书馆工作与研究，2012（3）.
[2] 鞠英杰.英国公共图书馆事业[J].图书馆建设，2004（6）.

书馆在推广文学作品方面的新实践。同时，英国政府为鼓励作家创作和公众读书，多年来推行了一项"公共出借权利计划"（The Public Lending Right Scheme）。根据该计划，经议会通过发布了《公共出借权利法案》，规定凡登记注册的作家，都可根据其著作在公共图书馆出借的次数，从中央基金获得一定比例的收入。一个作家最高可获得6000英镑，从1995年至1998年，中央财政每年为此项计划拨款均超过490万英镑。①

除了前面提到的十分系统的"阅读起跑线"计划之外，"夏季阅读挑战"（Summer Reading Challenge）也是英国阅读社（The Reading Agency）针对儿童举行的一项长期阅读推广活动，由阅读社负责协调，至今已有十几年的历史。②该活动在每年暑假七八月份开展，鼓励4~11岁的儿童在这两个月里至少阅读6本书，每年的主题由图书馆选定并推荐相关的图书。比如2014年是魔幻主题，牛津市中心的儿童图书馆内设置专门的推荐书目书架，每本推荐图书封面都贴有该活动的标识，方便孩子们选择借阅。为了鼓励孩子们阅读，图书馆还为完成一定阅读任务的孩子们提供小奖品，孩子们每完成一个阶段，比如读够3本、5本、6本书或更多，可以到图书馆员那里领取一个小奖品。活动期间，图书馆馆员会为来馆借阅的每一个孩子详细介绍这次活动，包括活动主题、推荐书目等；并赠送本次活动的相关材料：活动介绍，活动奖品情况介绍，精心绘制的阅读地图、阅读记录表等。该活动在英国97%的公共图书馆中开展，得到了英国广播公司（BBC）等多家主流媒体的襄助，是目前英国最大的儿童阅读推广活动。

（三）日本图书馆的儿童阅读推广举措

日本文部科学省公布的第三次《儿童阅读推广基本计划》（草案）中，将逐渐盛行的趣味阅读活动"书评汇"列为近年来颇受瞩目的阅读推广方式之一。"书评汇"的基本规则为：①参与者各带一本自己喜欢的书；②按顺序对各自携带的书进行5分钟的书评介绍，各人介绍完毕后，可同其他参与者就此书进行交流，时长为2~3分钟；③所有内容介绍完后，按多数人的意见评选出最值得一读的图书。趣味阅读活动"书评汇"给孩子们带来了游戏般的读书体验，旨在"以

---

① 秦鸿.英国的阅读推广活动考察[J].图书与情报，2011（5）.
② 周樱格.日本图书馆阅读推广动向研究：案例分析与启迪[J].新世纪图书馆，2013（5）.

书为媒,拉近人与人、人与知识的距离",在锻炼孩子们的图书甄选、语言表达能力等方面,都起到了很好的作用。日本国内很多家公共图书馆都举办了"书评汇"活动,收到了一定的效果。

对于中小学图书馆,日本文部科学省还采取推介阅读示范区的方式,向全国推广示范区的儿童阅读推广活动。被选取的10个阅读推广示范区,各区的学校图书馆与当地中小学、幼儿园及多家机构密切合作,开展了丰富多彩的阅读推广活动。比如北海道惠庭市开展了图书再利用、幼儿园阅读活动;茨城县大子町以推广家庭阅读等方式促使孩子自幼养成良好的阅读习惯;群马县伊势崎市提倡每天20分钟的亲子共读、晨间阅读;千叶县袖之浦市选编了含100册图书的推荐阅读书目,鼓励儿童利用图书馆资源进行学习竞赛;岐阜县飞驒市的学校图书馆在休息日对外开放、鼓励学生制作创意绘本及阅读记录本;爱知县吉良町将每月20日定为该町"无电视·无游戏日"并策划实施阅读推广活动;大阪府高槻市以培养阅读能力为目的,定期举办书话会;鸟取县大山町在面向新生儿实施"阅读起跑线"计划的同时,以3岁幼儿为对象,幼儿可从5册绘本中任意挑选一本带回家,同时也将获得绘本阅读书单,这种名为"阅读新起点"的计划深受孩子们的喜爱。①

(四)德国图书馆的儿童阅读推广活动

德国图书馆的儿童阅读推广活动中,最著名且有代表性的是德国布里隆市图书馆乌特·哈赫曼馆长设计的"阅读测量尺"。根据不同成长阶段孩子的特点,"阅读测量尺"分成赤、橙、黄、绿、青、蓝、紫以及粉红、桃红、橘红10段,分别对应0~10岁的儿童,诠释了该年龄段儿童的阅读需求,正确引导儿童阅读书籍。近年来简明方便的"阅读测量尺"由公立图书馆在孩子出生后赠送,为孩子们提供最佳阅读和语言提高的信息指导。②从根本上说,这种"阅读测量尺"类似于我们的分级阅读,可以为不同年龄段的孩子提供适合他们的读物,满足儿童的阅读需求。

除此之外,德国公共图书馆和学校教育机构联合实施的青少年儿童阅读推

---

① 周樱格.日本图书馆阅读推广动向研究:案例分析与启迪[J].新世纪图书馆,2013(5).
② 宫丽颖,祁迪.德国公共图书馆的青少年儿童阅读推广[J].出版参考,2014(7).

广网络项目 ANTOLIN 也值得一提。在该项目网站上，按青少年儿童的不同年龄段，列出了相应的阅读书目和启发思考的问题。有意愿参加 ANTOLIN 项目的学生，通过学校班主任老师报名，在网页上进行阅读账号注册、参与活动。该项目实施阅读积分奖励活动，即每阅读完老师或网页上的推荐图书后，就可以在网上回答关于该书的由浅入深的各种提问；回答正确便会得到相应的网络打分并自动积累分数。年终达到一定阅读积分的学生，将得到 ANTOLIN 项目机构颁发的阅读证书；达到"资深"级别的读者还可以得到阅读基金会的邀请，参加多种有趣、有益的大型阅读推广活动并可获得丰厚的奖励。ANTOLIN 项目在德国青少年儿童中广泛流行，据统计，截至 2013 年 5 月，德国、奥地利和瑞士三个德语系国家中一共有约 210 万中小学生参加了 ANTOLIN 项目，共阅读了项目提供的 5 万多册青少年儿童读物。该项目不仅有效地促进了青少年儿童阅读兴趣的提升，学校班主任老师也可以借助该阅读推广项目的平台，掌握学生的阅读状况，家长也可以了解孩子的阅读与理解能力，进行有针对性的辅导。[1]

德国联邦家庭事务、老年、妇女及青年部设有德国少儿图书工作委员会。从 2008 年开始，委员会和德国图书馆协会共同启动了"阅读起航"行动。图书馆也和出版社合作，定期向出版社提供青少年阅读需求内容，使出版社在出版图书时能突出各年龄段孩子的特点。[2] 图书馆的阅读推广活动，集中了社会各界的力量。

三、各种团体组织的阅读推广活动

在儿童阅读推广的过程中，各级各类社会团体组织也发挥了很大的积极作用。

（一）联合国教科文组织的阅读推广活动

1946 年 11 月正式成立的联合国教育、科学及文化组织（United Nations Educational, Scientific and Cultural Organization, UNESCO, 简称联合国教科文

---

[1] 宫丽颖，祁迪. 德国公共图书馆的青少年儿童阅读推广 [J]. 出版参考，2014（7）.
[2] 王永丹. 德国公共图书馆少儿服务见闻 [J]. 图书馆界，2015（2）.

组织），其使命在于通过教育、科学、文化、传播与信息，促进建设和平、消除贫困、可持续发展和文化间对话。联合国教科文组织倡导和组织了关于和包含阅读推广的很多活动：如很多以阅读推广为主题的各项活动，又如扫除文盲、全民教育（Education for All）、终生学习（Lifelong Learning）等活动，实质上也是阅读推广。

联合国教科文组织的阅读推广活动主要是由联合国教科文组织提出理念、计划，向成员国发起号召，然后各国家和地区自主地由有关政府部门、图书馆、学校、非政府组织、企业和媒体等机构具体组织和实施，联合国教科文组织提供支持和帮助。20世纪70年代，联合国教科文组织实施了"国际图书十年"（1970~1980：International Book Decade）和"国际图书年"（International Book Year, 1972）的活动计划，且以1972年的"国际图书年"最为显著，该年的口号为"全民阅读"（Books for All）。联合国半数以上的成员国为"国际图书年"成立了国家图书委员会，超过400个非政府组织参与了该项活动。各国和地区响应"国际图书年"活动所开展的活动概括起来有：发展出版和印刷能力，向儿童和成人捐赠图书，鼓励翻译，保护本地文学，举办书展，评选文学奖，发展图书馆，组织阅读协会和俱乐部，举办有关阅读的讲座和读书会，通过多种媒体宣传读书理念，等等。

20世纪80年代的目标则为"走向阅读社会"（Towards a Reading Society: Targets for the 1980s），1997年3月5日联合国教科文组织总干事和埃及文化部长签署了关于发起国际"全民阅读"（Reading for All）项目的备忘录，同年7月24日—25日第一届国际"全民阅读"专门委员会会议在埃及城市阿斯旺举行，"发出了国际社会进一步开展阅读推广努力的讯号"。1995年10月25日至11月16日召开的联合国教科文组织第二十八次大会通过28C/3.18号决议，正式确定每年的4月23日为"世界图书与版权日"（World Book and Copyright Day）。

2001年，依据"世界图书与版权日"的成功经验，联合国教科文组织发起"世界图书之都"（World Book Capital）计划，每年由联合国教科文组织与国际出版商联合会（IPA）、国际书商联合会（IBF）和国际图书馆协会联合会（简称"国际图联"，IFLA）共同评选出一个城市，以"世界图书之都"的名义庆祝和传扬人类的图书事业和阅读活动，任期始于当年的4月23日，终于翌年的4月

23日。当选"图书之都"的城市必须已有效果显著的众多阅读推广活动，并在担任"图书之都"那一年实施为该年特别制订的阅读推广计划。[①]

表3-1 历年"世界图书之都"分布图

时间	所属国家	"世界图书之都"
2001年	西班牙	马德里
2002年	埃及	亚历山大
2003年	印度	新德里
2004年	比利时	安特卫普
2005年	加拿大	蒙特利尔
2006年	意大利	杜林
2007年	哥伦比亚	波哥大
2008年	荷兰	阿姆斯特丹
2009年	黎巴嫩	贝鲁特
2010年	斯洛文尼亚	卢布尔雅那
2011年	阿根廷	布宜诺斯艾利斯
2012年	亚美尼亚	埃里温
2013年	泰国	曼谷
2014年	尼日利亚	哈科特港
2015年	韩国	仁川

（二）美国RIF阅读推广组织

RIF（Reading Is Fundamental）始于一位名为玛格丽特·麦克纳玛拉（Margaret Mcnamara）的辅导老师将自己孩子阅读过的图书拿出来，送给那些没有图书的学生，并鼓励孩子自主选择图书。基于这种经验，1966年11月3日，玛格丽特与华盛顿的一批老师以及学校志愿者发起了一项分发图书、推广阅读的活动，也即RIF。1975年，美国国会开始关注RIF这项卓有成效的活动，并且创立"廉价图书发行计划"（Inexpensive Book Distribution Program，IBDP），该活动为RIF全国性的图书分发计划提供

图3-7 RIF LOGO

[①] 刘亮.联合国教科文组织的阅读推广活动与图书馆[J].图书与情报，2011（5）.

专项资金。RIF 的使命是通过促进儿童与其父母及社区成员共同进行阅读，从而使得阅读成为一种乐趣并融入儿童的生活之中，成为其生活中有益的一部分。在儿童群体中，RIF 最为关注的是 0~8 岁儿童中的弱势群体，通过向那些需要书籍的儿童分发各种适合的读写资料，唤起儿童的阅读意识。随着该项活动的不断发展，RIF 成为一项由美国联邦政府支持的国家级项目，后来成为美国建立时间最早、覆盖范围最大的非营利性质的儿童教育机构。在联邦政府的支持下，RIF 以燎原之势在美国迅猛发展，1977 年该活动已经惠及全美 50 个州的 100 多万儿童。2004 年，美国现存历史最长的大学生女性互助会"卡帕卡帕伽玛"(Kappa Kappa Gamma)与 RIF 合作，发起了"阅读是关键（Reading Is Key）"计划。该计划由遍及美国的 140 个卡帕分会通过各种慈善活动募集资金和图书，以支持 RIF。

除了为生活贫困的弱势儿童提供免费的新书、举办各种趣味性的阅读活动以激发儿童的阅读兴趣之外，RIF 还致力于吸纳社会上热心于从事儿童阅读推广服务的志愿者，并为其提供从事该项活动的培训和资料。在总部的整体统筹指导下，RIF 所有的项目均要遵守为儿童提供免费的新书供儿童自主选择并拥有的准则。RIF 所吸纳的社区志愿者也要融入儿童的阅读之中，从儿童的角度出发，举办各种既有激发性又有趣味性的阅读推广活动，唤起儿童的阅读意识，指引儿童的阅读方向。

具体来说，RIF 下有 3 个项目：Book for Ownership（BFO）、Care to Read（CTR）和 Family of Reader（FOR）。BFO 的服务目标有 3 个：①为儿童及其所在的家庭提供免费的新书和各种获取知识的资料；②推动儿童阅读；③推动社区对儿童阅读活动的支持。BFO 项目的开展包括挑选、采购图书、编制执行图书分发计划、处理文件档案工作、开展并提升阅读推广活动的趣味性、吸纳热心于公益事业的志愿者加入 RIF。BFO 这些活动的开展都是由当地志愿者所完成的。除此以外，BFO 项目的开展必须与社区挂钩，社区需要为该项目提供不少于整个项目资金比例 25% 的财力以支持图书的购置。对于那些生活贫困的弱势儿童而言，自主选择一本图书并能够拥有这本图书的机会，为其提供了一次运用个人权利、保持个人尊严的有益尝试。这些看似平常的机会，却能够激发出儿童更大的潜能，有助于其独立自主地做出各种选择。

CTR 项目的目标有 3 个：①通过培训儿童看护人员、创造知识氛围浓厚的环境，提升托儿所和儿童看护家庭的育儿质量；②促使儿童看护人员及家长为儿童阅读儿童书籍，并提升其甄别童书质量的能力；③促进儿童看护人员在其看护过程中养成为儿童阅读书籍的习惯，对于儿童家长亦是如此。CTR 项目的宗旨是为托儿所及家庭中的儿童看护人员提供有益于儿童成长的必备知识。

FOR 项目的目标则是：①提升家长的阅读技巧，通过家长与孩子分享书籍以增进家庭成员之间的互动关系；②提升家长在孩子教育过程中作为一名引导者的自信心；③培养家长与家长之间对于儿童阅读教育的互助关系。④鼓励项目顾问尽可能满足家长在儿童阅读方面的需求。"当你将阅读的权利授予孩子的父母，你已将阅读的权利授予给父母的孩子。"这句写在 Family of Reader 项目下的第一句话阐释了该项目的目标。[①]

（三）国际儿童读物联盟

The International Board on Books for Young People，简称 IBBY，于 1953 年成立于瑞士苏黎世，在全世界 69 个国家成立了分会。它是与联合国教科文组织、联合国儿童基金会有正式咨商关系的国际非营利政府组织，其宗旨是通过儿童图书促进国际间了解，使世界各地儿童都有机会接触到具有高文学水准和高艺术水准的图书；鼓励并支持各国尤其是发展中国家的高品质图书的出版和发行；对那些致力于儿童和儿童文学事业的人提供援助和培训；激励儿童文学领域的研究和学术事业。

近年来，国际儿童读物联盟与许多政府组织、非政府组织和个人合作，募集物资，进行了各种形式的阅读推广：通过设立安徒生奖，奖励儿童作家；通过设立"朝日阅读推广奖"，奖励那些为阅读推广做出贡献的团体；开展"海啸恢复计划"推广阅读，帮助受灾地区恢复教育；发起国际儿童图书日，唤起人们对于读书的热爱和对儿童图书的关注；设立 IBBY 残疾青少年图书文献中心，为残疾儿童提供阅读场所；主持了许多关于童书写作、插图绘画、出版、推广及发行工作的专题讨论会；出版儿童文学季刊《书鸟》，促进了儿童文学的发展。IBBY 通过各种阅读推广活动引导世界各地儿童阅读书籍、培养良好的阅读习惯，

---

① 刘燕，王峰.美国RIF组织考察及对我国儿童阅读推广活动的启示[J].图书馆论坛，2013（5）.

为全世界儿童阅读启蒙做出了重大贡献。

IBBY 阅读推广形式多样，内容丰富多彩，概括为以下 4 个方面。一是设立奖励机制，鼓励各团体进行阅读推广。二是募集资金，组织图书与资金捐赠，建立摩托车图书馆和移动图书馆。三是实地深入交流活动：工作人员与儿童面对面交流，为他们讲故事、表演木偶剧、指导绘画等。四是对儿童教育工作者进行培训，传授一些教育经验和技巧；组织研讨会，共同探讨有关图书推广的一些问题，互相交流经验。IBBY 的阅读推广活动具有以下 4 个特点。一是非常关注阅读贫瘠儿童和图书缺乏地区的需求。二是注重交流与合作，发挥民间阅读组织的作用；IBBY 组织的阅读推广活动大部分都与相关组织合作，活动涉及内容广泛，注重发展阅读文化。三是从图书制作、图书编辑到地方文化推广等，IBBY 从多角度出发，开展的活动涉及出版的各个环节。最后，IBBY 的阅读推广注重推广活动的延续性：对于每个项目不是一蹴而就，而是定期在活动地点持续开展活动，在不同阶段有不同的规划。比如在"海啸恢复计划"中，摩托车图书馆在灾后重建完成后，即交给当地的组织负责运营，使摩托车图书馆长期发挥作用。"授人以鱼，不如授人以渔"，对于灾后恢复计划，他们不仅仅是捐款和捐赠书本，还对教师进行了各方面的培训，从硬件和软件两方面为灾区提供帮助。[①]

四、国外学校等教育机构的阅读推广活动

英美国家的人们普遍认为，儿童的阅读能力是学校教育的重要组成部分，阅读能力的培养是学校教学的重要内容。从幼儿园开始，教师就带领孩子们大量阅读。阅读的内容，不是故事片段，更多的是一本完整的图画书，或是连续几天读完一本多章节的书。课余时间，老师也鼓励孩子们阅读，鼓励孩子们使用学校图书馆。除了学校图书馆外，每个班级都有一个自己的图书角，孩子们不仅在课余时间可以自由选取阅读，也可以借一本带回家，和父母一起阅读。老师会给每个孩子一个阅读记录本，要求孩子记录下每天回家阅读的情况，要求填写的表格包括阅读内容、阅读评价、阅读中碰到的新词、自己认为比较好

---

① 张亚飞，赵俊玲，王婧. IBBY 国际儿童读物联盟阅读推广活动的考察和分析[J]. 山东图书馆学刊，2013（4）.

的词汇或描写等内容。这个习惯，从学前班开始，一直持续到小学各年级。

一般来说，英美学生的语文课以阅读教学为主。有的地区有的学校甚至没有语文教材，而代之以阅读书单。阅读、数学和写作往往成为同等级别的考核项目。学生的成绩单中包括数学、写作、阅读成绩，还会附上具体的所阅读图书的考核内容和考核结果。目前在美国，有一种标准阅读考试软件"Star Reading Test"被许多小学校所采用，甚至在我国的一些国际学校里也采用这一软件检测学生的阅读情况。这一软件拥有大量题库，被试学生可以在网上进行计时阅读测试，包括填空、选择正确答案、选择匹配词等。类似一种统考的方法，许多学校以这一考试的结果来进行阅读成绩的统计和考核。这个软件的开发得到联邦政府"不让一个孩子掉队"项目的资助。[1]

制定阅读书目也是学校语文教学的一个重要方面，教育工作者往往要根据学生的能力和潜力，确定一个合适的阅读范围。这项工作一般由教学人员和图书馆员合作进行。有许多学校依据几十年前由一位俄罗斯学者利乌·维果茨基（Lev Vygotsky）提出的"Zone of Proximal Development"（最近发展区）理论和框架，制作适合每个孩子自己的、循序渐进的阅读书目。

同样，日本的各级学校也非常重视学生阅读能力的培养。其中，加大学校图书馆建设投入和在学校大力提倡"晨读"活动是其采取的有代表性的举措。"晨读"活动最早于1988年在千叶县发起，并迅速在全国范围内推广开来。1993年3月，文部省颁布了《学校图书馆图书整备标准》，设定了与实施义务教育的中小学校规模相对应的藏书配备目标。同年颁布的《学校图书馆图书整备五年计划》中规定，地方财政支出500亿日元用于将中小学图书馆的藏书量提高1.5倍，1996年召开了"学校图书馆整备推进会议"来推行此项工作。1997年6月《学校图书馆法》进行了部分修订，规定学校规模只要超过12个班，都必须指派司书教谕[2]。[3]学校图书馆馆藏量的增加，客观上为学生的阅读提供了有力保障。

---

[1] 华薇娜. 美国儿童阅读扫描 [J]. 山东图书馆季刊，2008（2）.
[2] 根据日本学校图书馆法的规定，日本全国的所有公立小学在对图书馆进行管理时，必须安排持有"司书教谕"证书的教员来管理。
[3] 王薇. 日本儿童阅读状况和推广活动考察 [J]. 图书馆杂志，2013（3）.

五、家庭的亲子阅读实践

日本一年一度的"儿童读书周"活动，旨在鼓励孩子们从小亲近书本、感受阅读乐趣、养成良好的读书习惯，促进其各项能力发展。2013年第55届"儿童读书周"活动于4月23日至5月12日举行。同时，围绕"如何推广家庭、地区阅读"这一课题制订了一系列方案，例如建立家庭儿童文库、鼓励父母陪伴孩子读书等。还对如何营造家庭读阅读环境提出了三点建议：一是让孩子知道父母也喜欢读书，读书有益身心健康；二是在孩子所能接触到的地方都放上一本书，即使每天只读一页也要表扬孩子，让他们觉得读书是件有乐趣的事；三是父母要和孩子一起读书。①

国外对家庭中亲子阅读的重视和推广由来已久，从"大声读给孩子听"的宣传口号，到学校鼓励孩子们借书回家、和父母一起阅读的具体行为，从发端自英国、推广至世界许多国家的"阅读起跑线"计划，到日本"儿童读书周"上"建立家庭儿童文库，鼓励父母陪伴孩子读书"的各种活动，无不渗透着对家庭阅读的提倡和推崇。

在著名的吉姆·崔利斯的《朗读手册》一书的绪论开头，就引用了史斯克兰·吉利兰（Strickland Gillilan）所著《阅读的妈妈》（*The Reading Mother*）一书的文字（见第一讲附文）。

拥有一个每天读书给孩子听的妈妈，是孩子一生最大的财富，从中可见家庭亲子阅读对孩子的重要性。其实，参与亲子阅读的不应该单单是妈妈，父亲也应该参与到亲子阅读的行列中。几个世纪以来，英美国家的中产阶级家庭，孩子睡前二十分钟的读书时间已成为惯例。孩子阅读习惯的养成，是从小慢慢浸润的过程，让阅读成为孩子生活中不可或缺的一部分，让阅读成为孩子从小习得的习惯，可使孩子受益终生。

六、出版社的儿童阅读推广实践

英美国家的出版社作为儿童阅读产品的提供商和生产者，在儿童阅读推广方面更是不遗余力。

---

① 周樱格.日本图书馆阅读推广动向研究：案例分析与启迪[J].新世纪图书馆，2013（5）.

为儿童提供品种多样、形态各异的图书产品，满足儿童的阅读需求并引领儿童阅读的新趋势，是出版社的基本和重要职能。国外的儿童读物呈现多样化、系列化、数字化的特质。出版商为婴幼儿、儿童、青少年等各个年龄段的少儿用户准备了形式丰富的儿童读物。[1] 刚出生不久的婴儿就拥有适合此阶段阅读的硬纸板书、撕不烂的书、不会湿的防水书、洗澡书、玩具书、布书，等等，家长可以从孩子摇篮期就开始培养其阅读兴趣。很多儿童读物与玩具配套，阅读与游戏配套，书与手工配套，形式不拘一格，创意无穷，能激发少儿无限的想象力和创造力。

同时，作为出版机构，国外的很多出版社也会推出针对不同儿童年龄段的分级读物，比如牛津大学的牛津阅读树系列，是在充分研究儿童阅读规律和阅读行为的基础上，针对不同年龄段的儿童读者创作、设计的适合他们学习和阅读需求的出版物，封面采用不同的颜色来区别不同年龄段和阅读级别。

很多国家的政府、阅读推广机构、各种社会组织也会通过设立各种图书奖、出版奖来鼓励出版商及童书创作者不断致力于优秀儿童出版物的研发、创作和出版。比如我们比较熟悉的美国纽伯瑞奖、凯迪克大奖、英国凯特·格林纳威奖、国际安徒生大奖等。这些大奖图书，也常常成为读者选书时候的标准和参考，起到了很好的宣传推广作用。

有时候，国外的出版社也会和图书馆、学校合作，进行儿童阅读方面的推广活动。比如在世界读书日开展图书展览活动、图书义卖活动等，既宣传了自己的图书，使自己的图书能够进入学校，被孩子们所了解，提升了自己的知名度，又和图书馆、学校一起进行了阅读理念的推广。

当然，国外的儿童阅读推广动员了方方面面的力量，是全社会共同作用的合力。不仅如此，阅读已经渗透进每一个普通人的日常生活。在国外，日常生活中与阅读相关的产品也比比皆是，尤其在面向妇女、儿童的产品中，如书型的耳坠、书架图案的围巾、文字的手链、眼镜造型的挂件等，有关阅读和图书的元素已经成为人们生活中日用品的一部分，这也是发达国家整个社会从上到下、从总统到普通百姓都关注阅读的现实反映。[2]

---

[1] 杨丹丹. 日英美儿童阅读推广举措及对我国的启示 [J]. 出版发行研究，2013（11）.
[2] 华薇娜. 美国儿童阅读扫描. 山东图书馆季刊，2008（2）.

参考文献

[1] 史大胜.美国儿童早期阅读教学研究:以康州大哈特福德地区为个案[D].长春:东北师范大学,2010.

[2] 姜洪伟.美国绘本题材对我国绘本生产的启发及思考[J].中国出版,2013(15).

[3] 江山.近代世界儿童图书馆的发展及其对中国的影响[J].图书与情报,2011(1).

[4] 张超.基于PISA的阅读素养发展研究:以对广西某中学百名初中生的调查和实验为例[D].南宁:广西大学,2013.

[5] 职雪雯.从PIRLS项目看阅读素养的测评与培养[M].上海:上海师范大学,2012.

[6] 陈敏捷,方瑛.美国公共图书馆少年儿童服务现状概述[J].图书馆研究与工作,2007(1).

[7] 徐文哲,郑建明,毕建新.国外儿童图书馆研究述评[J].图书情报工作,2013(9).

[8] 国际图联,联合国教科文组织.《儿童图书馆服务发展指南》2001年修订版.

[9] 史拓.美国公共图书馆与中小学图书馆合作促进机制研究[J].图书馆工作与研究,2012(3).

[10] 杨丹丹.日英美儿童阅读推广举措及对我国的启示[J].出版发行研究,2013(11).

[11] 华薇娜.美国儿童阅读扫描[J].山东图书馆季刊,2008(2).

[12] 李慧敏.婴幼儿童(0—6岁)阅读推广案例特色研究:以英国、美国、德国为例[J].图书馆工作与研究,2011(8).

[13] 陈永娴.阅读,从娃娃抓起:英国阅读起跑线(Bookstart)计划[J].图书馆理论与实践,2008(1).

[14] 王薇.日本儿童阅读状况和推广活动考察[J].图书馆杂志,2013(3).

[15] 万亚平.日本"儿童读书推进活动"评析[J].新世纪图书馆,2010(1).

[16] 周樱格.日本图书馆阅读推广动向研究:案例分析与启迪[J].新世纪图书

馆，2013（5）.

[17] 张华姿.台湾地区儿童阅读推广活动介绍及启示[J].四川图书馆学报，2012（6）.

[18] 张海翎.中国台湾地区少儿阅读推广方略对祖国大陆的影响[J].图书馆学研究，2012（4）.

[19] 张丽，王东文.学前儿童早期阅读活动的实践探索：以西安图书馆为例[J].当代图书馆，2014（2）.

[20] 黄如花，邱春艳.美国公共图书馆未成年人服务的特点[J].中国图书馆学报，2013（7）.

[21] 郎杰斌，吴蜀红.美国国会图书馆阅读推广活动考察分析[J].图书与情报，2011（5）.

[22] 陈颖仪.美国阅读推广活动的实践经验分析及启示[J].图书馆理论与实践，2009（5）.

[23] 鞠英杰.英国公共图书馆事业[J].图书馆建设，2004（6）.

[24] 秦鸿.英国的阅读推广活动考察[J].图书与情报，2011（5）.

[25] 宫丽颖，祁迪.德国公共图书馆的青少年儿童阅读推广[J].出版参考，2014（7）.

[26] 王永丹.德国公共图书馆少儿服务见闻[J].图书馆界，2015（2）.

[27] 刘亮.联合国教科文组织的阅读推广活动与图书馆[J].图书与情报，2011（5）.

[28] 刘燕，王峰.美国RIF组织考察及对我国儿童阅读推广活动的启示[J].图书馆论坛，2013（5）.

[29] 张亚飞，赵俊玲，王婧.IBBY国际儿童读物联盟阅读推广活动的考察和分析[J].山东图书馆学刊，2013（4）.

[30] 〔美〕吉姆·崔利斯.朗读手册：大声为孩子读书吧[M].沙永玲，麦奇美，麦倩宜，译.天津：天津教育出版社，2006.

[31] 邱凤莲.大声读给孩子听[M].北京：北京师范大学出版社，2007.

思考题

1. 国外的儿童阅读推广实践中，你认为最重要和最有效的因素是什么？
2. 国外的儿童阅读推广实践中，图书馆是如何发挥作用的？
3. 国外的儿童阅读推广对我们有什么启示？

第四讲

中国儿童阅读推广理论与实践

程秀丽[*]

儿童阅读推广在我国兴起是21世纪初的事，在此之前，我国的儿童阅读是贫乏的。一方面，整个社会的教育理念导向，主要强调应试教育，孩子们可自主阅读的时间和精力有限；另一方面，受有限的社会资源限制，儿童与书籍接触的渠道少，阅读一般局限在家庭范围内。父母如果有心或者本身有阅读的习惯，会影响孩子，仅此而已，全社会范围内对阅读以及儿童阅读的关注很少，儿童可以接触的与阅读相关的活动更是寥寥无几。与此相对应，关于儿童阅读推广的实践和理论研究也很少。

从20世纪末21世纪初开始，儿童阅读推广逐渐兴起，仿佛一夜间唤醒了沉睡的各方力量。从语文课程改革开始，到零星"点灯人"的出现，政府、学校、民间组织、出版机构、图书馆、儿童阅读推广人都不约而同地开始发力，从不同层面推动儿童阅读。在风起云涌的活动中，儿童阅读推广的形式、内容日趋多样化，效果也日渐明显。儿童是一个国家的未来、民族的希望，少年强则国强。阅读是提升民族素质的有效方式，要让孩子从小养成阅读的习惯：通过阅读获取知识，开启智慧；通过阅读提升精神素质，培育思想尊严，拥有追求真理的勇气和独立思考的能力；通过阅读培育爱心、良心、社会责任心，做一个有道德有信仰的人；通过阅读培养诗意和创造情怀，拥有丰富的感受力和想象力。阅读让孩子变得美好，阅读让整个社会朝向积极的方向，促进民族的振兴。

十余年来，我国的儿童阅读推广走过了一条摸索、探究之路，从星星点灯

---

[*] 程秀丽，北京师范大学信息系本科毕业，北京大学情报学硕士，中科院心理所儿童发展与教育心理学硕士课程结业，国家三级心理咨询师，《妈咪宝贝》杂志撰稿人。关注儿童阅读和推广实践，志愿做一名阅读推广"点灯人"。

到星火燎原，重视儿童阅读成为全社会的普遍共识。理念引领实践，我国的阅读推广积累了丰富的实践案例。本节将主要介绍我国儿童阅读推广发展历程以及全社会各个层面在儿童阅读推广中所付出的努力以及获得的成效。

第一节　儿童阅读推广发展的历史条件

一、儿童阅读成为一项国家战略

随着知识经济社会的来临，英美等发达国家从政府机构到民间组织在儿童阅读方面投入了大量经费与资源，着力培养合格的阅读推广人才。阅读对于个体的成长、社会的发展、人类的进步所起的作用举足轻重。国家之间的竞争，归根到底是人的竞争、教育的竞争、儿童的竞争。阅读决定着国民的素质和国家的未来，因此，培养爱阅读、会阅读的儿童在当今时代成为各国比拼的教育抓手。顺应时代的发展，学习发达国家的先进经验，我国已经逐渐把阅读当成一项国家战略。

在倡导读书风尚方面，2000年我国开始倡导"全民读书月"；2004年在全国范围内组织"世界读书日"活动；2007年，国际儿童读物联盟中国分会、中国儿童读物促进会在教育部和团中央的共同支持下，将"国际儿童读书日"引进中国，并将每年的4月2日设立为"中国儿童阅读日"，以此促进中国儿童阅读。

在推进出版方面，从1994年开始，中宣部与新闻出版署连续开了5年的全国少儿出版工作会议。中国出版史上，连续5年召开某一类型的出版工作会议，尚属首例。少年儿童出版事业的发展，与党和政府寄予厚望息息相关。

我国在经历改革开放、经济繁荣后，社会发展加快，民族文化走向全面复兴，儿童阅读成为国家战略重点发展领域，从点到面逐步推进。

二、新课程改革的引领

20世纪末的语文教学大讨论后，2001年，我国开始进行语文课程改革。这是新中国成立以来的第八次课程改革，也是力度最大的一次。新颁布的《语文课程标准》成为指导语文教学的纲领性文件。《语文课程标准》比较重视儿童阅读，对课外阅读的总量做出了明确的规定。《语文课程标准》要求学生九年课外阅读总量达到400万字以上，阅读材料包括适合学生阅读的各类图书和报刊，并对课外阅读作品提出了推荐建议。在"教学建议"部分，《语文课程标准》提出："培养学生广泛的阅读兴趣，扩大阅读面，增加阅读量，提倡少做题，多读书，好读书，读好书，读整本的书。鼓励学生自主选择阅读材料。"

《语文课程标准》中明确课外阅读量，说明课外阅读不是可有可无的事情，而是必须要落实好的学习任务，反映了我国语文课程改革中提倡阅读的导向。如何才能确保儿童阅读的量和质？过去语文教育倡导技术主义，把总结段落大意、中心思想作为一种技能来训练，而不是让儿童多去理解文字之美、意蕴之美，着实是舍本逐末。新课程改革的要求体现了语文教学改革的诉求，同时也在一定程度上强调了阅读的重要性，广泛的阅读、深入的阅读是学习语文最重要的方法。对语文教育的反思，对中小学语文教材的批判，对国际儿童阅读推广活动的吸收和借鉴——在这样的背景下，儿童阅读逐渐兴起。

三、"点灯人"的出现

"点灯人"，是儿童阅读推广人的代名词。

从1998年开始，儿童文学作家梅子涵开始在《中国图书商报》上陆续发表一些文章，把一些经典的儿童文学作品用精湛的文笔娓娓道来，介绍给读者。2000年7月开始，梅子涵正式在《中国图书商报》开设《子涵讲童书》的专栏，而后相继在《儿童时代》《少年文艺》《文汇读书周报》和上海东方广播电台等媒体开设相似专栏，重点推荐少儿经典作品。这些作品后来结集成两本书——《阅读儿童文学》和《相信童话》，2013年由少年儿童出版社出版。梅子涵，作为一个儿童文学的作家、评论者、研究者，成

图4-1　梅子涵作品
《阅读儿童文学》和《相信童话》

为中国大陆儿童阅读推广的重要推手,可称之为点灯人。[①]

此后,曹文轩、朱自强、方卫平、彭懿等儿童文学作家也以不同的方式参与到儿童阅读推广中来。除此之外,母语教育研究者徐冬梅尽心尽力投入到少儿阅读推广工作中,再后来越来越多的儿童阅读推广人参与进来。他们身份不同,各自有着自己的专业背景和职业,有的是儿童文学作家,有些是理论研究者,有些是童书编辑,有些是媒体从业者,有些是图书馆员,有些是校长,甚至是教育行政官员,但更多的是老师和家长。他们凭着对童书的热爱,对儿童的关怀,通过各种途径,在自己的班级、校园、网络、杂志和一个个的会议、论坛等平台,用不同的方式,发出自己的声音,播撒阅读的种子,探讨儿童阅读深入发展的可能性。

四、童书出版界的繁荣

儿童阅读推广,推什么,必须有相应的载体对象,即各类儿童读物。可以说,儿童读物的出版和阅读推广是相辅相成的,阅读推广促进了更多的儿童出版物的出版发行,而儿童出版物的出版发行又促进了阅读推广。

如果说2007年以前儿童阅读推广只是在儿童文学工作者以及"点灯人"等专家范围内比较活跃的话,那么2007年以后,儿童阅读推广范围开始扩大。这一点,从儿童出版物的销售量也可看出些端倪。

在2007年以前,一本儿童文学图书卖到1万册以上就算非常不错了,图画书的销售更是难上加难。2007年以后,大量优秀的图画书和儿童文学被引进,原创儿童文学出现了前所未有的好形势,儿童科普读物的出版也逐渐呈现出活跃的态势。2007年,较早被引进的图画书,如《爱心树》《猜猜我有多爱你》等获得较好的市场效应,《不一样的卡梅拉》2007年在当当网销售达10万套。

图4-2 美国图书馆协会年度最佳童书《猜猜我有多爱你》

目前全国580多家出版社中,有530多家出版

[①] 徐冬梅.大陆儿童阅读推广发展报告(2000—2008)[EB/OL].(2012-05-15)[2015-06-12].http://blog.sina.com.cn/s/blog_5d252e3701014xod.html.

少儿书，可谓是"举国体制"。

据开卷资料显示，2012年少儿类图书占整体市场的码洋比重为15.08%，比2007年的11.33%上升3.75个百分点，比2002年的8.82%更是提高6个百分点。2012年，图书市场中的少儿类图书动销品种超过12万种，占到10.39%。不得不说，我国已是名副其实的童书出版大国。

五、专业论坛的交流促进

"中国儿童阅读论坛"是在大陆和华语地区最有影响的、以促进儿童阅读推广为目标的研究和推广平台，被称为"点灯人的聚会"、中国儿童阅读的"奥林匹克"。论坛参与者为国内相关领域的先行者和引领者，主体为热心开展儿童阅读的学校的校长、园长和小学语文老师。论坛受到儿童文学作家、儿童文学评论家、儿童阅读推广界的专家学者以及童书出版人士和教育专家的广泛关注。该论坛自2005年启动，到2015年4月已经举办了11届。

图4-3 第十届中国儿童阅读论坛暨亲近母语教育研讨会

自2007年起，各地以儿童阅读推广为主题的论坛和聚会达到了前所未有的密集度。仅2007一年，就有多个论坛举办。4月，第三届中国儿童阅读论坛暨亲近母语教育研讨会在浙江杭州举办，大陆第一套儿童阅读指导丛书——《班级读书会ABC》由北京师范大学出版社出版。7月，新教育第七届年会在山西运城召开，展示了"毛虫和蝴蝶"项目一年的研究成果。8月，《超级宝宝》杂志社在北京主办了第一届中国本土原创绘本研讨交流会，当月"中国儿童阅读6人谈"也在北戴河召开研讨会。10月，第一届21世纪儿童阅读推广人论坛在江西南昌举行。11月，由上海师范大学儿童文学研究所、二十一世纪出版社和三之三国际教育机构共同举办的首届海峡两岸图画书论坛在上海召开。11月底，中央教育科学研究所深圳培训中心邀请各领域的儿童阅读推广人共聚一堂，举办了"儿童阅读文化国际论坛"。[①]

儿童阅读主题论坛活动的活跃，从侧面反映了这一领域的欣欣向荣，众人参与，众志成城，全民重视。

六、图书馆与民间机构组织的活跃

儿童阅读推广需要依托于组织和资源。与家庭和学校相比，图书馆以及各类民间阅读推广组织能够提供更加宽泛的阅读资源，提供宽松舒适的阅读氛围，而且可以组织各类互动活动，提高儿童的阅读兴趣。

2013年，我国共有独立建制的少儿图书馆105所，从业人员2170人。总藏书3165.01万册，其中电子图书775.73万册。实际使用公用房屋建筑面积29.61万平方米，其中阅览室面积9.75万平方米。阅览室坐席数26642个，其中少儿阅览室坐席数21917个，盲人阅览室坐席数980个。[②]还有一些省市级公共图书馆在新馆建成后将旧馆改造成为少儿分馆，乡镇社区等其他类型的少年儿童图书馆也崭露头角。

各类民间机构如雨后春笋般出现，它们组织的阅读推广活动主要集中在校园和亲子两个场域。主要在校园场域推广的有亲近母语课题组、毛虫和蝴蝶项目组、萤火虫读书会；在亲子场域推广的有红泥巴、蓝袋鼠、小贝壳、悠贝、三叶草故事家族等。

---

① 徐冬梅.大陆儿童阅读推广发展报告（2000—2008）[EB/OL].（2012-05-15）[2015-06-12].http://blog.sina.com.cn/s/blog_5d252e3701014xod.html.

② 中国图书馆学会，国家图书馆.中国图书馆年鉴2014[M].北京：国家图书馆出版社，2015：460-467.

七、家长群体的迫切需求

儿童阅读推广活动为什么会如此蓬勃发展？除了由上而下的政府层面的引导，真正的决定力量是自下而上的需求。新的时代，父母具有了不同以往的儿童观，特别是 80 后成为家长群体，他们的观念也有了很大的改变。从前的阅读一般都从小学识字开始，而现在的家长开始重视早期教育，他们从宝宝出生时就有了引导孩子阅读的冲动与需求。有的家长自身喜欢交朋友、注重自我感觉，他们也希望孩子能够在与人相处时游刃有余，而很多图画书有这样在情绪或情商培养上的功能，因此受到家长喜爱。另外，近年来都市女性白领阶层社会身份的提升，一定程度上促进了图画书市场的发展。无论是在职场竞争、社会交往方面，还是消费理念、购买能力上，这一阶层的特点决定她们更加注重生活品质，同时她们又有足够的资金支持。有些家长自己没有时间阅读，但却希望孩子能够喜欢阅读，养成读书的习惯，所以他们对孩子的购书要求一般都会满足。而且随着大量阅读推广者坚持不懈地讲述阅读图画书对孩子的重要性，以及如何阅读等，新时代的父母已逐渐接受并掌握了这些先进的教育理念。正如王泉根所说，经济基础、教育理念、消费观念和鉴赏能力等外部环境，已经能够满足图画书发展的需求。[①]

第二节 政府层面的儿童阅读推广

一、国家层面对阅读非常重视

（一）把"全民阅读"写入政府工作报告

2015 年 3 月，李克强总理在回答《人民日报》记者有关书的问题时说，"我希望全民阅读能够形成一种氛围，无处不在。我们国家全民的阅读量能够逐年增加，这也是我们社会进步、文明程度提高的十分重要的标志。把阅读作为一

---

① 李雅宁.图画书市场发展推进上游出版[N].中国图书商报，2008–05–23（10）.

种生活方式,把它与工作方式相结合,不仅会增加发展的创新力量,而且会增强社会的道德力量。这也就是为什么我两次把'全民阅读'这几个字写入政府工作报告的原因,明年还会继续。"[1]

政府工作报告两次写入"全民阅读",并且明年"还会继续",反映了在国家层面对阅读的重视。儿童阅读推广作为"全民阅读"之根,也包含在其中。

(二)在儿童出版层面的国家规划

原新闻出版总署(现国家新闻出版广电总局)在儿童出版物层面实施了多项举措。

(1)在每个五年规划中都专门设定了未成年读物出版子计划,将少儿出版列入国家重点出版规划中统筹考虑。在书号资源配置、出版物评奖、国家出版基金资助等方面,对优秀的少儿出版单位和出版物给予政策支持,鼓励优质的少儿出版单位做大做强。

(2)鼓励原创,举办了两届"三个一百"原创出版工程表彰活动,对少儿读物的出版实施倾斜政策,鼓励更多优秀原创作品的出版。

(3)抓阅读推广,从 2004 年起,总署每年向全国青少年推荐 100 种优秀图书。经过 11 年的发展,此项活动已成为全民阅读活动的重要组成部分,并且已建立为一种长效机制,产生了良好的品牌效应和社会影响力。

二、制定相关的法律与政策

在发达国家,阅读已普遍入法。

有些人可能会误解,阅读就是个人的选择而已,需要立法来规范吗?阅读立法并不是要强迫大家读书,而是要促使、要求政府构建全民阅读的良好外在环境。国家新闻出版广电总局相关负责人表示,"全民阅读工作中需要立法推动解决的主要问题包括:需要采取推进保障措施,提高我国国民阅读率和阅读水平;改善未成年人阅读状况;需要改变国民阅读公共资源和设施不足、不均衡;阅读内容良莠不齐,需要积极引导和扶持;全民阅读工作需要统一规划、组织保

---

[1] 李克强.阅读是一种享受,也是拥有财富[EB/OL].(2015-03-15)[2015-06-12]. http://news.xinhuanet.com/politics/2015-03/15/c_1114643571.htm.

障和经费支持。"[①]

我国阅读立法的动议源自 2013 年全国两会期间 115 位政协委员联名签署并提交的《关于制定实施国家全民阅读战略的提案》。2015 年 1 月 1 日起，我国首部地方全民阅读法规《江苏省人民代表大会常务委员会关于促进全民阅读的决定》正式实施。2015 年 3 月 1 日起，《湖北省全民阅读促进办法》施行。2015 年 4 月，《深圳经济特区全民阅读促进条例（草案）》进入二审。目前，国家层面的阅读立法工作也在稳步推进。

三、各级政府组织的阅读推广活动

政府作为社会的管理者，掌握着一定的权力与资源；同时，政府具有极强的权威性和广泛的社会影响力，应该也可以成为推动儿童阅读的主导力量。

1997 年 1 月，中共中央宣传部、文化部、新闻出版署等 9 个部委联合下发了《关于在全国组织实施"知识工程"的通知》，提出了实施"倡导全民读书，建设阅读社会"的"知识工程"。2000 年，全国知识工程领导小组将每年的 12 月定为"全民读书月"。2004 年 4 月 23 日，全国知识工程领导小组、文化部、中国图书馆学会、国家图书馆等组织的"世界读书日"活动在全国开展起来，由此开始，国家相关部门连续多年倡导各地继续开展丰富多彩的全民阅读活动。2009 年在中宣部、中央文明办、新闻出版总署、文化部、教育部、广电总局、总政宣传部、全国总工会、全国妇联、共青团中央、全国知识工程领导小组等部门的指导下，"全国少年儿童阅读年"活动开展；2011 年，中央下达通知要求全国各级各类美术馆、公共图书馆及文化站全部向公众免费开放。2014 年 4 月 11 日，"书香中国万里行"首站在北京启动……

各级地方政府也开展了多种阅读推广活动。

浙江省未成年人读书节自 2005 年举办以来，历经 4 届，先后推出了系列讲座、咨询、竞赛、征文、展览、"读书游园"、图书漂流、经典诵读、图书捐赠、"书香家庭"评选、优秀阅读书目推荐等读书节活动，数十万少年儿童参与了读书节活动，从中汲取了丰富的精神营养。

[①] 周丹. 阅读立法进行时 [J]. 出版人，2015（5）：15.

深圳读书月是政府搭台、企业唱戏的美好融合。从 2000 年 11 月开始的深圳读书月，至今已成功举办了 14 届，已经成为深圳的文化名片和实现市民文化权利的重要载体，其开创的"政府倡导、专家指导、社会参与、媒体支持、企业承办"的"深圳模式"也受到各方肯定。①

福建省福州市，从 2007 年至今已经成功举办 8 届"书香八闽"全民阅读月活动。

2015 年，河南省文化厅主办了"河南省少年儿童阅读年"系列活动，举办了读书征文、少儿绘画大赛、少儿经典诵读大赛、未成年人阅读服务培训等活动。

第三节 图书馆的儿童阅读推广

一、早期教育儿童阅读推广实践

中国公共图书馆对少儿早期（0~6 岁）阅读的认识和了解从 21 世纪初才开始起步。相对于图书馆的其他少儿阅读推广活动，早期阅读推广发展较为缓慢，形式较为简单，多以家庭氛围培养和间接阅读引导为主。

要培养一个从小就热爱阅读的孩子，首先要让家长认识到孩子阅读的意义，因此公共图书馆必须对家长进行指导，为此很多图书馆邀请教育专家、儿童阅读专家等面向家长举办讲座和进行现场辅导，也有的通过家长教育沙龙、参与阅读起跑线计划等，让家长认识到阅读的重要性，从而带领孩子进入阅读的世界。

（一）举办亲子阅读、亲子教育、儿童发展等主题的讲座

案例："知心姐姐"卢勤做客国家图书馆"文津少儿讲坛"②

2011 年 12 月 22 日上午，在国家图书馆学津堂内，"文津少儿讲坛"特邀

---

① 蔡晓丹. 欧美、港台、大陆青少年阅读推广比较分析 [J]. 图书馆理论与实践，2011（6）：31-34.
② [佚名]."知心姐姐"卢勤做客国家图书馆"文津少儿讲坛"[EB/OL].（2011-12-22）[2015-06-15]. http://www.nlc.gov.cn/newsyzt/gtxw/201112/t20111222_57442.htm.

少年儿童教育专家卢勤女士进行了题为"长大不容易,成长有规律"的公益讲座。一些家长和小读者很早就来到讲座现场,与作家面对面交流,聆听"知心姐姐"卢勤传授家庭教育方法,分享阅读的快乐。在讲座中,卢勤老师通过自己的亲身经历和数百个生动、鲜活的家教实例,让家长深刻体味到"长大不容易";同时,结合当今时代背景下家庭教育面临的各种问题,知心姐姐告诉大家:"孩子成长是有规律的,该什么时间就做什么事情,家长们不必焦虑,但一定要学习。"她引出关于"在孩子的成长过程中,什么才是最重要"的思考,并告诉大家,归根结底,快乐的童年才是父母给予孩子的最好礼物。卢勤老师将一堂精彩纷呈的"成长之课"奉献给了在场的所有家长朋友,感染着每一位到场聆听讲座的读者朋友,赢得了家长和小读者热烈的掌声。

(二)举办家庭教育讨论会、沙龙及其他相关活动

案例:苏州图书馆家长沙龙[①]

苏州图书馆"家长沙龙"邀请儿童教育专家、心理咨询师和成功家长,通过讲座与互动的形式,在家长之间、家长与专家之间建立一个面对面交流的平台,帮助大家解决家庭教育中遇到的困惑和难题,让更多的家庭分享成功的亲子阅读经验和科学的育儿方法,帮助孩子轻松、愉快地迈出人生的第一步。苏图同时还建立了"家长沙龙"网上讨论平台。

(三)举办低幼阅读会或故事会

案例:国图低幼悦读会

2013年9月,国图少儿馆开设低幼阅读区,6岁以下的孩子也可以进来读书。每周五下午,低幼悦读会面向3~6岁的小朋友,采用电话报名方式,由国图"故事哥哥""故事姐姐"或者志愿者妈妈进行故事讲述。五次预约并参与故事会的小朋友将得到"悦读宝宝"的称号。

---

① [佚名]. 苏州图书馆家长沙龙. [EB/OL]. [2015-06-15]. http://www.szlib.com/child/ParentsSalon/a.aspx.

二、中小学生阅读推广活动

中小学生是以学业为主的阶段，这个阶段的阅读主要分为课内阅读和课外阅读两个部分。课内阅读是指中小学生在课堂时间内进行阅读，或者阅读与课堂学习内容相关的参考材料、辅导材料，这部分的阅读主要由学校老师进行培养和引导。课外阅读是指中小学生在课余时间，根据自己的兴趣爱好而进行的阅读。

我国图书馆针对中小学生的阅读推广活动，主要是通过建立阅读兴趣小组，让图书馆走进学校，开展阅读创作比赛或为孩子推荐读物等丰富多样的形式引导孩子亲近阅读，喜欢阅读。

（一）读书会、阅读兴趣小组

案例：苏州独墅湖图书馆班级读书会 [1]

2009年9月，38个孩子相聚在一个取名"彩虹花"的班级。从此在班主任顾老师的带领下，"彩虹花"班的孩子们踏上了幸福的阅读之旅。一、二年级每一周读一本绘本，6年来从未间断。从《可爱的鼠小弟》到《温情的狮子》，从《小绿狼》到《咕噜牛》，从《我妈妈》到《我的爸爸叫焦尼》，孩子们读了一本又一本。孩子们沉浸在书海中，快乐无比。当然孩子们最感兴趣的是班级读书会。在读书会上，"彩虹花"班的孩子们排练了一个又一个童话剧：《一百条裙子》《绿野仙踪》《了不起的狐狸爸爸》《封神演义》《丛林故事》……孩子们自己制作头饰、服装，自带道具，自编自练，快乐得像天使一样。

（二）阅读创作比赛

案例："4·23世界阅读日"创作比赛

一年一度的"4·23世界阅读日"，香港公共图书馆面向在校儿童、青少年举办阅读创作比赛。每场比赛都有不同的主题。2015年，深圳图书馆、深圳少年儿童图书馆、深圳市教育科学研究院和香港中央图书馆以"阅读看世界"为主题，联合举办"2015年度4·23世界读书日创作比赛"及"深港获奖作品联展"活动，鼓励少年儿童扩阔阅读领域，通过阅读认识和了解世界，建立多角度思考，

---

[1] [佚名].独墅湖图书馆7月活动信息[EB/OL].[2015-06-15].http://news.sipac.gov.cn/sipnews/hdxx/201307/t20130702_221773.htm.

让生活更具智慧，为美好的未来而努力。

（三）好书互换、图书展、图书评选等活动

案例：温州市少年儿童图书馆好书互换活动 ①

好书互换是温州市少年儿童图书馆组织的常规活动，地址在四楼中学借阅室，每月的第三个星期的星期六下午两点定时举办。"好书互换"旨在传递环保理念，节约资源，通过书籍互换流通，传递更多的知识，为我们的绿色世界添砖加瓦；让孩子们读到更多好书，学会分享，学到更多的智慧。

案例：走进图画的魔法——凯迪克奖及获奖图书展

2014年12月30日至2015年2月7日，由中国图书馆学会未成年人图书馆服务专业委员会、国家图书馆少年儿童馆主办，广东省立中山图书馆承办了"图画的魔法——凯迪克奖及获奖图书展"。展览除了详细介绍凯迪克大奖的由来及凯迪克的图画书作品外，还专门展出了100多种、近300册获凯迪克金奖和银奖的中文版及英文版作品。

案例："我最喜欢的童书"评选 ②

2014年深圳读书月，深圳少年儿童图书馆举办了"我最喜爱的童书"50强校园阅读活动。活动期间，在深圳市31所小学校内设置活动专用书架，同学们可以自行选取、借阅候选图书，并参与12月中旬开启的投票评选。积极参与活动的小读者，将有机会获得证书、图书礼包、读者证积分、精美礼品等奖励。

（四）好书推介、图书推荐

优秀书目推荐是图书馆引导读者阅读的一种有效方法，是根据不同类别书籍的特点，结合其内容和意义从中择优选出一些代表作，分类推荐给读者——这不仅为那些面对浩瀚书海感到无从下手的读者带来了便利，也起到了推广阅

---

① 温州市少年儿童图书馆中学借阅室.2015年好书互换 播撒书香种子，传递阅读梦想[EB/OL].（2015-03-25）[2015-06-15]. http://www.wzst.cn/Art/Art_13/Art_13_27410.aspx.
② [佚名]."我最喜爱的童书"50强校园阅读活动启动[EB/OL].（2014-11-21）[2015-06-15]. http://www.szclib.org.cn/hdzx/zthd/10dats2014/201411/t20141121_12764.htm.

读、引领阅读的作用，让好书走进人们的视野，让阅读成为享受、成为习惯。

案例：合肥市少儿图书馆编制《2014年度好书分类推荐书目》[①]

合肥市少儿图书馆根据馆藏图书的借阅情况及书籍内容的精彩程度，制作了《2014年度好书分类推荐书目》，为读者推荐优秀的书籍，方便读者借阅。书目囊括了儿童文学、家庭教育、哲学、自然科学、历史、人物传记、港台绘本、拼音读物等在内的17种不同类型的书籍，共计168本。同时，每本书都详细地标注了索取号，方便读者进行精确的书目查询，迅速找到心仪的书籍，大大节约了借阅时间。

（五）儿童志愿服务

案例：国图少儿馆"少年馆员培养计划"

"少年馆员培养计划"是国图少儿馆面向10~15岁少年儿童的图书馆体验活动，通过课程培训、岗位实习、考核奖励等环节，为参加活动的少年儿童提供参与图书馆管理和服务的机会，增强孩子们对图书馆员角色的认知。

案例：合肥市少儿图书馆"义务小馆员"活动

"义务小馆员"社会实践活动是合肥市少儿图书馆的品牌活动之一，创始于2003年，在馆读者皆可免费报名参加。经过统一培训后，小馆员将亲身从事一些图书馆日常借阅和读者服务工作，体验劳动的辛勤与快乐。该活动开展12年来，得到了小读者及家长们的广泛好评和，报名情况火爆，参与读者近万名。

图4-4 "义务小馆员"在合肥市少儿图书馆图书外借处内整理书架

[①] [佚名].市少儿图书馆《2014年度好书分类推荐书目》新鲜出炉[EB/OL].（2014-11-05）[2015-06-15].http://www.hefei.gov.cn/n1105/n32675/n175376/n176440/36376816.html.

案例：合肥市少儿图书馆"小馆员亲子图书采购团"活动

少儿读者是少儿图书馆服务的对象，图书馆的馆藏资源建设是为儿童服务的，如何让这些馆藏更加贴合读者的需求，是少儿图书馆非常关心的话题。合肥市少儿图书馆自2003年起组织"小馆员亲子图书采购团"活动，截至2015年已连续开展了12年，成为该馆的一项品牌活动，深受小读者及家长的喜爱。每年寒暑假期间，本馆读者皆可免费报名参加，采购团报名最多时达500人。活动当天，报名的小馆员和家长组成"亲子采购团"，在图书馆工作人员带领下走进图书卖场，亲身体验采购的乐趣，并可优先借阅自己采购的书籍，真正实现了"我的图书我做主"，也让图书馆馆藏更加贴近读者的借阅需求。

图 4-5 2010年暑假，小馆员采购团在安徽省图书城前合影

三、乡村、欠发达地区及特殊儿童群体阅读推广

（一）建设农村图书馆分馆

案例：天津市少年儿童图书馆筹建高村乡分馆[①]

天津市武清区高村乡共有16个行政村，近2万人，其中中小学在校生

---

① 天津市少年儿童图书馆高村乡分馆筹建情况介绍 [EB/OL].（2009-09-07）[2015-06-15]. http://www.lsc.org.cn/c/cn/news/2009-09-07/news_3786.html.

1633人。但是由于该乡地处偏远、经济困难，一方面乡村原有图书室图书匮乏、更新缓慢、管理混乱，几乎无人问津；另一方面，当地的少年儿童，特别是家庭较困难的农户子女，又普遍反映无书可读。了解到这些情况后，天津市少儿图书馆一方面积极组织外借处配备图书，另一方面动员全市社会各界捐书出力，筹备在高乡村设立天津市少儿图书馆分馆。

2009年9月，天津市少儿图书馆高村乡分馆举行了开馆仪式，14150册适合小学生和低幼儿童阅读的图书，被分送到武清区高村乡所属的4个阳光书屋。2012年3月，天津市少年儿童图书馆又与5所乡村学校少年宫签署了对口建设协议，计划建立分馆。市少儿馆为农村儿童送去关爱，充分体现了少儿阅读的公益性、均等性原则。

案例：北京首都图书馆在远郊区县构建少儿科普阅览服务体系

北京首都图书馆在昌平、密云、房山等8个远郊区县建立了少儿科普阅览分中心，改善了当地科普资源相对短缺的状况，让边远山区的少年儿童能够和城区的孩子一样享受丰富的科普文献资源，是一种较好的满足需求、深化服务的运行模式。

（二）流动图书馆

案例：石景山流动图书馆

在北京市石景山区，经常能看到一辆黄色的车穿梭于大街小巷、街道社区、边远学校甚至部队驻地，车身上印着几个醒目的大字：流动图书车。这是石景山区少儿图书馆为该区少年儿童开通的"流动图书馆"。流动图书车上有图书2000多册，图书种类涵盖文化、科学、文学、语言等方面共22大类，种类齐全。图书车采用定点停靠方式，车内装有"智慧2000小型版"管理系统，孩子们先在现场办理借书证，选好书，办完借还手续，就可以把自己喜欢看的书带回家了。

案例：合肥汽车图书馆

2007年11月，合肥市少儿图书馆建立了全省首家汽车图书馆，用于服务偏远社区和学校的少年儿童。除了开展常规的送书上门服务外，汽车图书馆还为当地的孩子们带来了各种精彩的阅读辅导活动，如绘本故事会、手工小课堂、教你学绘画、家长阅读指导等。8年来，汽车图书馆共服务馆外读者数万人次，得到了《人民日报》《光明日报》《江淮晨报》《合肥日报》等媒体的广泛报道，也让广大市民享受到了便利的公共文化服务。

图 4-6　汽车图书馆在合肥郊区农村开展图书借阅服务

（三）民工子弟图书馆

案例：合肥民工子弟图书馆

由合肥市少儿图书馆与合肥市三里街街道于2006年6月联合建立，是全国首个专为民工子女创办的图书馆，位于进城务工人员相对集中的小区内，藏有图书约2000册。外来务工人员子女可以来此免费领取图书证并借阅图书，还可以凭证到合肥市少儿图书馆阅览书刊及参加各种读书活动。该分馆的建立，改善了当地民工子弟受教育难、看书难的局面，为这些社会弱势少年儿童提供了一个课外阅读学习的新场所，受到了社会各界的广泛关注，也得到了《人民日报》、《光明日报》、《中国文化报》、新华社等中央媒体的竞相报道和好评。

图 4-7 合肥民工子弟图书馆外景

（四）关爱活动组织

案例："我为盲童读经典"公益活动 ①

2015年5月28日，在"六一"国际儿童节来临之际，河北省图书馆举办了"最美声音 最美经典——我为盲童读经典"公益活动。活动现场，河北传媒学院语言艺术工作室的大学生为特教学校的孩子们朗读了《让太阳长上翅膀》《包拯断牛》《格林童话》等13部经典文学作品，特教学校的学生也朗读了自己的作品。此外，河北省图书馆还在"六一"前夕增添了10台最新的有声读物听读机，首次外借给盲校的孩子们。有声读物听读机中存储有大量的儿童喜闻乐见的文学经典，内容可以不断增添、更新。

第四节 学校层面的儿童阅读推广

阅读技能需要从小培养，而幼儿园、学校是儿童活动时间较长的重要场所，

---

① [佚名]."我为盲童读经典"公益活动在河北省图书馆举行[EB/OL].(2015-05-28)[2015-06-15]. http://www.nlc.gov.cn/newtsgj/yjdt/2015n/5y_11623/201506/t20150601_101646.htm.

因此，提高阅读能力、倡导阅读氛围是各类教育机构义不容辞的责任。随着课程改革方案的提出，以及儿童阅读理念的深入，近些年来我国各级各类幼儿园、学校，对培养儿童阅读能力做出了积极的尝试和探索，通过阅读环境创设、读书组织建立、阅读活动开展、师资力量培训、发动家长参与、阅读效果展示、学生激励等措施，全方位推动阅读，提升儿童的阅读能力，培养儿童的阅读兴趣。

一、阅读环境塑造

在校园里打造适合儿童的阅读环境是一项系统庞大、事务烦琐的系统工程，在《帮助孩子爱上阅读》一书中，阿甲提出了阅读环境中的"最小因素"原则，提炼出三个基本点：书、时间与人。阅读环境里需要有充足的图书资源，让儿童触手可得，在书的海洋中遨游；时间应该是"浸泡式"的，而不是仅仅开展阅读课或者组织活动的时间；不仅仅包括儿童，还包括在校园里活动的成人。

案例："图书馆中的学校"

深圳市后海小学虽然规模很小，但校园环境非常美。教学楼的周边都被高大的绿叶植物覆盖，环校的矮墙上，爬满了藤状的植物，火红的花朵，掩映在绿叶之中，分外好看。在操场边小花园的长廊里，很多图书被拴在一根根细绳子上，随风飘荡。学生们可以坐在长廊里，随意翻看任何一本书。

一进学校的教学楼，可以看见在楼梯的每一节台阶上，都贴有学生们简短的阅读体会，这是后海小学"童心童语话阅读"的展示。

一进教学楼，就仿佛走进了书的海洋。天花板上挂着书，墙上贴着书，走廊上放着书……生态阅览室、快乐书吧、梦想中心，等等。在这里，书籍都是开架取阅，"好书交换站""图书漂流"——书籍"流动"着，童年与众多的好书不断相遇。

在后海小学，图书馆像孩子们的家一样温暖舒适，窗帘是"书页"，讲述着孩子们在图书馆的故事，规范着孩子们的言行。许许多多的书在那神奇的"芝麻开门"的门上争奇斗艳，爱读书的孩子往那扇门走去，门就自动为他（她）开启。能舒舒服服靠着、躺着的沙发和垫子，让孩子们可以边读书边做梦。"爱心树""愿望树""播撒美丽种子的花婆婆"陪伴着孩子美美地阅读。读完就可以动手DIY的小型工具，让孩子们快乐地播种希望，幸福地放飞梦想。在后海小学，书籍不会整整齐齐端坐在架子上成为"文物"，而是展示出它们迷人的风采——让书脸绽开，按各种需要陈列，内容包括新书快递、主题阅读推介、作家专题推介等。那些七彩花瓣似的小桌子上，那些掀起来就可以展示的小凳子，都能让孩子们的笑脸与书的"笑脸"相遇。

墙上，是学生们自己画的快乐阅读生活画，画幅巨大，占满了好几面墙。墙下，高低不等的各式书柜顺墙摆放，一直到尽头。

每个书柜的格子里，都摆上了各种适合小学生阅读的图书，学生们可以随时拿取阅读。在后海小学的学生自创图书展示架上，《小老鼠如意》《我爱阅读》《美美和呼噜》等一大批学生自创的、已经公开出版的图书，让参观者目不暇接。这是孩子们读书后的创造成果。[①]

二、阅读课程设计

（一）与语文教学结合

儿童阅读和语文教学结缘，是使儿童阅读健康发展的重要一步。通过班级读书会、图画书的教学和讲述、语文课程改革、语文教学方式的变革等探索，儿童阅读被更多的语文教师所关注，并不断地被推向深入。这些教师中的代表人物是周益民、窦桂梅、薛瑞萍、岳乃红、余耀、蒋军晶等。儿童阅读从课程建设、教材编写、教学方法的改进、教师培训和专业发展的途径和模式等方面，对语文教学产生了很深远的影响。

案例：窦桂梅的语文主题教学

窦桂梅，从2004年开始探索借鉴西方课程统整理论，尝试将教材中单篇课文碎片化的教学内容以主题加以统整，并形成主题教学模式，通过主题来整合课内课外读物，引导学生的阅读实践。主题阅读模式在多种课例中皆有实践。

---

① 顾雪林.这是一所图书馆中的学校：深圳市南山区后海小学阅读活动侧记[N/OL].中国教育报，2010–03–18（5）[2015–06–12].http://paper.jyb.cn/zgjyb/html/2010–03/18/cont ent_26457.htm.

如在古典诗词《村居》的吟诵中体味"居安思危"主题，带动相同主题诗词诵读。或者由单篇课文引发整本书阅读，如由《三打白骨精》导读《西游记》，由《丑小鸭》导读《安徒生童话》等。窦桂梅把阅读课纳入课程体系，实现了"课外阅读课内化，课内阅读教学化"。[①]

（二）不同年龄段的灵活课程设计

阅读要顺应儿童的认知发展规律，根据不同年龄儿童的认知特点，设置适合的课程。如幼儿园的课程，可以根据幼儿的具体形象思维特点，选择符合孩子认知经验的图画书。而小学阶段的阅读课程，则要根据儿童思维从具体到抽象转化的特点，适量选择可以引发儿童思考的图书。很多幼儿园、小学老师发挥了自身的主观能动性与创造性，设计了诸多可操作的阅读课程，在实践中灵活应用。

案例：后海小学的"快乐阅读"课程

后海小学把"快乐阅读"课程拆成可操作的、可选用的、简洁明了的、易推广的一个个"迷你"课程："图画书阅读"课程、"儿童诗阅读"课程、"科学阅读"课程、"大声朗读"课程、"合作思考阅读"课程、"课内外结合阅读"课程、"儿童创作"课程、"手制书"课程、"亲子阅读"课程和"快乐书吧"课程等。低年级以"图画书阅读"开始快乐的阅读旅程，中年级以"合作思考阅读"为成熟阅读奠基，高年级以"阅读策略研究"来促进儿童做成熟的阅读者。

三、阅读活动组织

（一）常规阅读活动

在学校开展阅读推广常规活动，要求活动具有一定的规律性。因为，只有借助有规律的阅读，儿童才容易养成阅读习惯。例如，有的学校组织晨诵、午默和暮省，在固定时间引导孩子阅读，对孩子的阅读情况进行记录和反馈，激

[①] 百度百科. 窦桂梅 [EB/OL]. [2015–06–12] .http://baike.baidu.com/link?url=uaisKKtFQT_q7YJhz7SHsS4bl7gOqj7lrX6kZwcLzvw_VYtu-UwME4BDTYBgRW2BEeWaA_P7js1FXpq0WMPVtK .

励孩子阅读。

案例：杭州市萧山区银河实验小学的阅读推广

杭州市萧山区银河实验小学每周确保15%的拓展性课程时间，把阅读排进了课表，每天学生一到校，便是20分钟的自由阅读；每周两个早上进行晨诵；每周三中午30分钟为整书共读时间。此外，放学后的阅读作业，要求每天至少30分钟。每学期末，学校都会把全校学生的阅读清单存入档案室加以保存，各班还把学生的阅读情况做成电子成长档案，被家长誉为"值得珍藏一生的礼物"。

几年来，该校教师们都做起了阅读推广的"点灯人"，研发并实施了儿歌、童谣、绘本、电影等一系列阅读课程，举办读书节，让热爱学习、坚持梦想、宽容乐观等美好品性，成为孩子们生命中的一部分。2015年4月17日，在南京举行的2015年度"阅读改变中国"颁奖典礼上，银河实验小学获"书香校园"殊荣。[1]

（二）非常规阅读活动

非常规阅读活动组织形式更为灵活，各个学校和幼儿园结合各自的特点，灵活开展各类主题阅读活动，实践成果非常丰富。

1. 引入家长的力量

福州广厦幼儿园家园共建的"故事妈妈团"已拥有近50名成员。按照广厦幼儿园园长的说法，这些家长几乎成了"编外教师"。

福州市钱塘小学"蒲公英故事家族"是福州最早把儿童阅读和学校体制接轨的尝试。坚持了4年的"家长为主，故事带入课堂，孩子带到户外"的丰富阅读活动，突破了现行课程体制。[2]

---

[1] 银河小学. 银河小学：获2015年度"阅读改变中国"书香校园 [EB/OL].（2015-04-18）[2015-06-12] http://www.xsedu.zj.cn/sites/main/template/detail.aspx?id=104143. http://www.chinanews.com/edu/2013/12-09/5596121.shtml.

[2] 中国新闻网. 鼓励"亲子共读"福建儿童阅读推广显成效 [EB/OL].[2013-12-09].http://www.chinanews.com/edu/2013/12-09/5596121.shtml.

2. 校域范围内的"读书节"活动

在学校范围内，选择某一特定的时间段，组织一系列与阅读相关的活动成为各学校促进阅读的非常规方式。

案例：南京莫愁新寓小学 2015 年"校园读书节"活动

南京莫愁新寓小学每年组织校园读书节活动，旨在营造积极向上、清新高雅、健康文明的校园文化氛围，激发师生读书的兴趣，丰富知识，开阔视野。读书节活动引导教师、学生、家长共同参与，促进学生素质和谐发展，努力创建书香校园。

以 2015 年读书节活动为例，主要活动内容包括：

教师读书活动：

全体老师分两批次分别于第 8 周周一、周二下午前往先锋书店自由阅读 1 个半小时。活动结束后填写、上交阅读推荐卡。

学生读书活动：

第一阶段：启动阶段

1. 营造书香浓郁的读书氛围。做好环境布置，让整个校园和教室充满浓郁的书香味。

2. 完善班级图书角建设。以班级为单位，每个学生在读书节期间把自己喜欢的课外书带到班级，由班级图书管理员统一管理、借阅，形成"好书都来读，我来读好书"的读书氛围。

第二阶段：活动阶段

1. 全校层面主题活动

（1）4 月 23 日"世界读书日"活动安排（第 8 周）

① 读书节开幕

西校区晨会、东校区集体午会时间分别介绍世界读书日及学校活动。

② 一~四年级开展"大手拉小手"读书分享会。（三、四年级学生带上课外书到一、二年级相应教室，读书给小同学听）。

③五、六年级开展"让书动起来"年级换书阅读行动。

学生将自己已经看过的书和同年级同学进行交换,自由选择交换对象。地点:大操场。时间12:25—13:40。

交换后、全体安静读书40分钟,师生共同静静享受阅读。地点:各班教室。时间:12:40—13:20

(2)第9周开启午习时光全校阅读模式(每天中午读书不少于20分钟)。

(3)第10周开展"读书小明星"评比活动和"藏书小博士"评比活动。

"读书小明星"评比标准:读书量大,知识面广,积极参加读书节各类活动并成绩优异;有良好的阅读习惯和较深厚的阅读兴趣;能在全班起"读书活动"的模范带头作用。

"藏书小博士"评比标准:要达到"4个有":有良好的读书环境(有书房或书柜、书架;有书桌、台灯等);有一定的藏书数量(有适合孩子阅读的课外读物50册以上,每年购买新书不少于5册,至少订阅一种报刊);有明确的读书计划(家长和孩子能共同拟订读书计划,按计划读书,家长能教育并引导孩子多读书、读好书、读整本的书);有一定的阅读时间("亲子共读"达到每周至少2个小时的时间或孩子每天的阅读时间不少于半小时)。

评比办法:语文老师组织全班根据学生申报和学生实际情况进行评选,各班评选出"读书小明星"3名、"藏书小博士"2名。"藏书小博士"评选时,需配有学生书房读书照一张和藏书情况文字稿一份。

2.年级层面主题活动

(1)第8周进行好书推介。各年级根据推介书目,有选择地向学生推荐好书。(推荐书目见学校网站)。

(2)第9—10周以年级为单位开展读书特色活动。

一年级亲子阅读周:成果展示——亲子阅读图片。

二年级趣查字典比赛:成果展示——读书卡。

三年级成语故事大比拼:成果展示——读书小报。

四年级看图作文竞赛：成果展示——优秀读后感。

五、六年级"思维导图"读书交流活动：成果展示——优秀"思维导图"读书卡。

第三阶段：总结阶段

各年级组总结活动情况，撰写活动报道（各年级组上交一篇），语文老师组织颁发学生获奖证书，各班完成一面橱窗展示（第10周周五检查）。

3. 校际间读书交流活动

通过校际之间的沟通交流、经验分享、合作探讨，进一步推进阅读实践。

案例：杭州市胜利小学与保俶塔实验学校开展校际阅读交流活动[①]

2015年9月17日，杭州市胜利小学低段数学绘本团队前往保俶塔实验学校开展数学绘本校际交流活动。此次校际交流，主题是数学绘本的阅读与教学。活动分为两个环节。

在第一环节，首先以师生共读的方式阅读绘本，理解"对称轴"的概念，接着组织学生自主阅读，并通过"阅读单"督促学生细致地阅读绘本，反馈阅读信息，再次加深对"对称"的理解。然后，老师根据绘本内容组织学生利用白纸动手操作，使之直观地感知"对称"。最后回顾总结，梳理阅读方法。

在第二环节，教师代表分享了数学绘本导读课的实践与思考，包括如何收集相关研究情况、建立数学绘本电子阅读资源库、撰写阅读课导读设计、开展数学绘本研讨课等。

最后两校老师互动提问交流，共同思考如何推进数学绘本导读课。

第五节　民间机构的阅读推广

纵观世界上全民阅读率较高的国家和地区，阅读社会的实现，往往伴随着

[①] 边聪. 走进数学绘本，探寻阅读奥秘：与保俶塔实验学校开展校际交流活动 [EB/OL].(2015-09-17) [2015-11-17]. http://www.shengli.net.cn/Components/NewsShow.aspx?newsid=12383.

一大批有影响力的民间阅读团体与组织的成长与壮大。在我国台湾地区，阅读推广特别是儿童阅读运动，首先就是从民间开始的。从21世纪初开始的儿童阅读推广理念的普及，不断丰富的童书，各种阅读书目，阅读推广实践的大量积累，儿童阅读专业机构和团队的形成，为民间机构介入儿童阅读创造了充分的条件。

一、民间公益阅读推广机构

2008年以来，我国民间公益阅读推广组织发展迅速，重点从事儿童阅读推广的公益机构有200多家。其中比较活跃的有60~80家。[①]而且2008年以来，民间公益组织不约而同选择儿童阅读（主要在3~12岁阶段，有些覆盖到初、高中阶段）作为资助和策划项目的重点。这是21世纪以来儿童阅读推广事业发展的必然结果，是公益发展和儿童阅读的自然融合。

下面选取几个有代表性的儿童阅读推广公益组织代表予以介绍。

（一）公益小书房

公益小书房，是一个为儿童阅读推广而存在的公益团队，成员来自广大的儿童文学爱好者。小书房的前身是于2004年2月27日由儿童文学作家漪然制作的一个儿童文学主页，后来由阅读推广人艾斯苔尔参与建设，又在儿童文学作家流火等人的帮助下建立起了互动社区，并注册了dreamkidland的正式域名，形成一个正规的网站。在莫音等一批网上义工的帮助下，网站内容渐渐丰富起来。2007年7月1日，漪然提出"阅读童年，收获梦想"的公益小书房阅读推广活动的倡议书发出，众多网友积极响应，纷纷报名成为公益小书房的志愿者。由此，小书房渐渐形成了自己的公益团队，并一直在线上线下，为儿童阅读推广奉献着一份力量。如今的小书房，是为儿童文学爱好者搭建的一个公益性平台，它通过网络读书社区和网下读书会的形式，为儿童文学爱好者提供自由评论、自主交流、自发组织阅读活动的机会，方便他们分享阅读的快乐。

如今，小书房拥有数百万经典儿童图书、上万会员，线下阅读推广站遍布21个城市，志愿者近千人。

---

① 徐冬梅.2008年以来大陆民间阅读公益组织发展报告（一）[EB/OL].（2013-11-13）[2015-06-12]. http://blog.sina.com.cn/s/blog_6d67db1b0101iq1u.html.

（二）三叶草故事家族[①]

三叶草故事家族，是一个致力于推进亲子阅读进入家庭的民间公益组织。2011年5月11日，三叶草阅读文化发展中心正式获准注册成立。三叶草故事家族立足深圳本土，并开始向外扩展影响，论坛上线两年时间，已涵括全国一万多个家庭。三叶草故事家族通过线上网站（www.3yecao.org）和线下举办的活动，积极推进亲子阅读。三叶草故事家族通过故事妈妈培训、专家阅读讲座、社区故事会、主题文化沙龙、新书试读会、年度讲述大赛、故事剧团等不同方式组织各类阅读活动，谋求更多关注亲子阅读的组织或个人的热心支持，让更多的家庭溢满书香，让阅读丰盈孩子的童年。

（三）蒲公英乡村图书馆

爱心传递慈善基金会（PLCF）由中国留学生杜可名和玄伟剑在美国密歇根州正式注册成立。2008年开始致力于为中国贫困地区创建优质的乡村图书馆，目的是以此为载体，使乡村儿童受到公平、适宜、人性化的教育。爱心传递慈善基金会蒲公英乡村图书馆的理念是："Don't pay it back to me, pay it forward"，即建议每一个得到别人帮助的人，不是去回报给帮助过他们的人，而是要"将爱心传递"，去帮助其他需要帮助的人。

据不完全统计，从2008年至今，蒲公英乡村图书馆在全国建立了72所小学图书馆和4所中学图书馆。[②]

（四）心教育社区青少年发展中心

心教育社区青少年教育发展中心是一家专注于青少年素质养成的非营利机构，以经验学习圈为核心理念、体验式活动为主要活动方式，帮助青少年培养自尊心、自信心、成就感及领导能力，并向处于危机边缘的青少年提供心理学团体辅导，协助其自信地融入社会。

中心启动了"智慧之舟"项目，主要通过发动社会力量，募集社会资源，为贫困的乡村学校和孩子们建立"智慧之舟"图书室，并开展多样的读书活动，

[①] [佚名]. 三叶草故事家族[EB/OL].[2015-06-12].http://www.3yecao.org.
[②] 已建蒲公英乡村图书馆一览[EB/OL].（2008-03-05）[2015-06-12].http://passlove.org/bbs/read.php?tid=1629.

让每个孩子都有走进图书馆的机会，体验课外阅读的乐趣，培养起良好的阅读习惯和自学能力。"智慧之舟"项目的理念是"以书籍为舟，传递爱心；以知识为舟，引航智慧"。据不完全统计，该项目已建图书室31所，捐赠书籍超过26000册。[①] 通过支援乡村学校，"智慧之舟"项目形成了完善的运作机制，每一个图书推广项目通过博客向外界公布活动情况，具体包括项目内容、项目成效以及项目的经验反思等。

（五）快乐小陶子教育公益工作室

快乐小陶子教育公益工作室于2010年1月4日成立于北京，同年6月工作室挂靠于北京天下溪教育咨询中心，目前运营4个项目：

（1）快乐小陶子流动儿童图书馆

简称快乐小陶子，是一个招募志愿者，给0~14岁儿童读书的公益项目。该项目是一个以绘本为载体、以阅读为手段、以促进全民阅读为目标的志愿者成长支持服务体系，致力于为每一个（城乡）社区培养一位专业的亲子阅读老师（妈妈）。方式非常简单，就是志愿者随身携带经典的绘本或玩具书，给偶遇的孩子读书。志愿者在哪里，快乐小陶子流动儿童图书馆就在哪里。

（2）儿童阅读导航

为中国父母提供全方位儿童阅读信息，同时推动全国社区少儿图书馆联盟的建设发展。

（3）亲子阅读倡导

采用一系列工作方法，推动亲子阅读，将亲子阅读实践引入中国千家万户。

（4）淘宝店

主要作为项目装备预订、采购、发放的图书的仓库功能而存在，同时售卖项目纪念品等，利润全部用于反哺公益项目。

二、私营儿童图书推广机构

与公益推广组织不同，私营阅读推广机构是主要以营利为目的的阅读推广

---

① wisdomboat.智慧之舟项目点分布[EB/OL].[2015–06–12].http://wisdomboat.blog.163.com/blog/static/151118 1612010101491448164/.

组织。一类是图书出版机构和书商，主要为了扩大经营业绩；另一类是非图书出版机构，以收取会员会费为主要方式的、专门的经营性阅读机构。

（一）少儿图书出版机构

少儿图书出版机构也是重要的儿童阅读推广者。2003年以后，尤其是以二十一世纪出版社、接力出版社、台湾信谊基金会等为代表的少儿出版机构，以自己的力量深度参与和介入儿童阅读推广。2006年以后，在图书出版机构的努力下，各类图画书、儿童文学、儿童科普读物、儿童人文读物等各种童书出版量大增，为民间公益组织采购更有质量的童书提供了物质基础。同时，出版机构结合各自的实际，以公益或营利性质的活动开展图书推广活动，间接促进了阅读活动的推广。下面试举两例。

1. 启发童书馆

北京启发世纪图书有限责任公司是一家国际化的文化传播公司，所做的阅读推广属于公益性质，包括：捐赠童书参加各种公益活动；成立了儿童阅读推广公益队伍，通过阅读学堂、绘本学堂和亲子读书会的方式，组织阅读推广活动。另一方面，通过陆续引进、出版一系列国际著名的环保主题、科学主题儿童教育绘本，成立了"启发·小小读书人俱乐部"，并与天下溪乡村图书馆、美味书斋和新浪亲子频道等机构一起，联合西城区青少年儿童图书馆、朝阳区图书馆、石景山区少儿图书馆、丰台区少儿图书馆等，以及若干民间童书馆，共同举办阅读推广活动，向儿童、家长和教师普及儿童阅读知识和技能、推荐优质童书，推动儿童阅读进程。[1]

2. 蒲蒲兰绘本馆[2]

蒲蒲兰绘本馆（Poplar Kid's Republic）是北京蒲蒲兰文化发展有限公司在中国开设的第一家儿童书店。北京蒲蒲兰文化发展有限公司由日本著名的儿童读物出版社白杨社于2004年7月在中国投资设立，注册资金500万元，定位为"儿童文化企业"，主要经营经典儿童读物，策划、执行儿童早期阅读活动，开发版权交易市场与项目代理，设计制作益智类玩具等。

---

[1] 新浪读书.2010民营书业"阅读推广奖"参选者：启发世纪图书[EB/OL].[2015–06–12].http://book.sina.com.cn/compose/2010–12–05/0101280990.shtml.

[2] 蒲蒲兰绘本馆[EB/OL].[2015–06–12]. http://www.poplar.com.cn/.

（二）提供阅读服务的私人儿童图书馆

中国的公共图书馆资源较少，同时服务不够便利，这成为私人图书馆应运而生的社会基础。私立儿童图书馆的藏书，多是精挑细选的绘本，便于儿童阅读和理解，又蕴含着可以影响他们一生的道理；对于毫无经验的父母，私人儿童图书馆还有贴心的"阅读顾问"来提供阅读指导和图书推荐；还有故事会、手工制作及阅读主题之外的其他亲子活动，在促进亲子关系的同时，增强儿童的动手能力，让孩子更增进见识。私人儿童图书馆的运营方式类似于图书馆，会员可以借阅图书，同时有其他一些会员活动。但是私人图书馆需要收费，一般是采用会员制的方式，按照会员期的长短来收费。

1. 皮卡书屋[①]

成立于 2006 年 1 月的皮卡书屋，算得上是北京地区最早一批私立儿童图书馆之一。皮卡书屋由一群热爱孩子、重视教育、关注社区、志同道合的"海归"创办，她们多是孩子的妈妈，毕业于清华、北大等名校，在美国获得硕士或博士学位，在美国曾积极参与教育及社区活动并在图书馆中受益匪浅。回国以后，有感于社区图书馆的不足，尤其是少儿英文图书的缺乏，她们于 2006 年初在海淀万柳地区募款，并以美国社区图书馆为模型创办了皮卡书屋。

皮卡书屋为 0~15 岁的小读者介绍和提供生动活泼的英文、中文图书，并组织丰富多彩、"寓学于乐"的活动，借此倡导快乐读书，提供英文环境；让孩子们无须支付昂贵的费用，就能尽享优秀精美的图书，从而激发读书兴趣，培养读书习惯。皮卡书屋还是一扇中西方文化交流的窗口，一个国内外孩子交友的平台，一片建设和谐社区的园地。可以说，皮卡书屋开创了私立儿童图书馆的先河。

2. 咕噜熊故事屋

与皮卡书屋经营方式相似，咕噜熊故事屋提供绘本借阅服务。咕噜熊故事屋主要提供台湾格林文化出品的高画质绘本，以及经过专业绘本编辑挑选的国内优秀品牌的绘本。故事屋为亲子家庭提供舒适的阅读空间，让孩子从小习惯使用图书馆，提高孩子的阅读兴趣。馆内的"故事姐姐""故事哥哥"都擅长引

[①] 皮卡书屋. 皮卡书屋简介 [EB/OL]. [2015–06–12]. http://www.peekalibrary.org/aboutus.php?opt=peeka.

导和启发，并能为家长提供合适的选书及阅读建议。

与此同时，咕噜熊又具有自己的特点。

（1）形成了一套特色"咕噜熊绘本教学法"

通过阅读的引导（Reading），高度互动的剧场表演形式（Playing），培养创意的美术创作（Painting），"读、演、做"立体交互形式培养孩子图像思考的能力。

（2）举办以绘本为蓝本的各种活动

形式包括绘本剧、生日会、节庆主题活动、户外体验大自然活动，围绕着绘本主题，让孩子体验阅读的另外一种形式。

3. 悠贝亲子图书馆[①]

悠贝亲子图书馆以推动"亲子阅读"为特色，主旨是为每个家庭提供亲子阅读指导、亲子阅读活动、图书借阅，同时帮助家庭建立良好的亲子阅读习惯，在亲子阅读中增进感情、开阔孩子们的视野。2009年，悠贝亲子图书馆诞生，截至2015年，遍布全国近300家。2011年，悠贝阅读学院成立，致力于为中国亲子阅读提供专业支持，带领专业研发、培训团队，培养亲子阅读专业指导师。

参考文献

[1] 金德政. 悦读宝贝：0—3岁亲子阅读手册[M]. 北京：国家图书馆出版社，2014：160.

[2] 赵俊玲，郭腊梅，杨绍志. 阅读推广：理念·方法·案例[M]. 北京：国家图书馆出版社，2013：91.

[3] 中国图书馆学会青少年阅读推广委员会. 播撒阅读种子 守望少儿幸福[M]. 北京：国家图书馆出版社，2012：240.

[4] 方素珍. 绘本阅读时代[M]. 杭州：浙江少年儿童出版社，2012：62.

[5] 朱淑华. 儿童阅读推广：城市发展战略[J]. 图书馆，2012（3）：110-111.

[6] 丁文祎. 中国少儿阅读现状及公共图书馆少儿阅读推广策略研究[J]. 图书

---

① 悠贝亲子图书馆[EB/OL]. [2015-06-12]. http://www.yourbaychina.com/.

与情报，2011（2）：16–21．

思考题

1. 请论述我国儿童阅读推广实践兴起的历史背景。
2. 请论述作为一个图书馆员，如何努力做一个儿童阅读"点灯人"。
3. 请结合实际，谈谈当前阅读推广面临的问题及解决思路。

第五讲

故事会活动的设计与组织

王传燕　蔡长军[*]

随着政府对全民阅读的大力倡导，以及国民阅读需求的日益增强，公共图书馆的发展迎来了又一大好时机。把握趋势，顺势而为，或可赶上事业发展的机遇。少年强，则国强。少儿阅读是全民阅读工作的重中之重，如何服务少儿阅读，切实有效地帮助他们培养起良好的阅读习惯，实现全民阅读的书香中国，是我们阅读推广人如今肩负的一份义不容辞的重任。

近十年来，不仅所有公共图书馆都实现了对少儿的开放，少儿阅读推广举措在我国也是遍地开花，各有千秋。而故事会是阅读推广举措中最生动、最有效的服务项目，本文对故事会活动的设计与组织进行一定的梳理，以期抛砖引玉，进一步激发阅读推广人的工作热情和创造力。

第一节　故事会——最生动的少儿阅读推广活动

一、一路走来的故事会

无论远古还是今日，故事的物化和流传都是由人类来实现的。故事财富越

---

[*] 王传燕，毕业于武汉大学图书情报学院，任职于重庆市少年儿童图书馆，副研究馆员。致力于亲子阅读、少儿阅读、书目推荐、儿童性教育。《少年先锋报》阅读专栏供稿人，参编《爱书人的世界》《中国基层图书馆基本藏书推荐书目》等。
蔡长军，毕业于武汉大学图书情报学院，任职于重庆市少年儿童图书馆，采编部主任。研究方向：资源建设、阅读推广。

积越多，图书馆则成为了文明传承的使者和拥有故事的集大成者。儿童时期，除了身体的物质需求，成长中的精神世界则需要故事来喂养，听故事、讲故事如一对"双胞胎"，伴随着孩子的成长。公共图书馆的"藏"与"用"由此形成自有的生态。

1896年，图书馆员安妮·卡罗尔·摩尔（Anne Carroll Moore）首次尝试在美国布鲁克林的普拉特学院开展非正式的讲故事活动。1907年，摩尔成为纽约公共图书馆童书室的第一任主任，她立即聘用曾经协助其开展讲故事活动的普拉特学院图书馆专业毕业生安娜·泰勒（Anna Tyler）专门负责开展纽约公共图书馆的讲故事活动。在同一时期，美国匹兹堡市卡耐基图书馆少儿部的负责人弗兰斯·奥尔科特也提倡开展讲故事活动。由此，图书馆故事会活动在美国诞生。两位故事会活动先驱一致认为，讲故事活动可以使孩子们接触更多的文学作品并提高其阅读兴趣。奥尔科特还发现，作为讲故事活动素材的图书流通量有了大幅上升，故事会活动无形中给图书做了广告。[①]

在20世纪40年代初，美国弗吉尼亚洲的伍德罗·威尔逊总统图书馆的少儿馆员根据"阅读的准备"理论开展了名为"故事时间"的活动，其目的是希望可以促进孩子们之间的交流、培育他们对书籍的热爱及使他们能容易地适应学校生活。随着故事会活动的深入开展，富有成效的阅读技巧如故事表演、重复诵读被应用到了讲故事活动中。到20世纪中后期，图书馆讲故事活动已蔓延至全球。如今，讲故事仿佛也成了美国图书馆员的一张名片。[②]

二、各显神通的故事会

在我国，随着社会的快速发展，人们的物质条件日益优越，尤其重视对孩子的成长培养。阅读的有识之士开始借助讲故事活动，倡导对阅读的重视，着力培养少儿的阅读兴趣，助力少儿茁壮成长。我国图书馆开展故事会活动较早的是台湾地区，这与他们较早重视阅读推广有直接关系。1987年台北市市立图书馆召集一批有兴趣说故事的社会人士，组成"林老师说故事"团体，固定于

---

① 聂卫红. 讲故事活动在图书馆的历史、现状、发展 [J]. 图书馆建设, 2010（9）: 65–67.
② 聂卫红. 讲故事活动在图书馆的历史、现状、发展 [J]. 图书馆建设, 2010（9）: 65–67.

每周六下午在各图书馆分馆为小朋友说故事。[①]台湾的教育单位也鼓励讲故事志愿者直接进入校园讲故事。多行业的故事会风潮促使"故事家族""故事妈妈""故事协会"等组织在台湾如雨后春笋般出现。台湾还创建了专门的说故事剧团和剧场,其中最著名的当属成立于1994年的信谊基金会"小袋鼠说故事剧团"。

在大陆,阅读推广的火种于2003年点燃。早期的阅读推广人有梅子涵、朱自强、阿甲、王林、徐冬梅、李庆明、林渊液等,他们来自于文学界、出版界、教育界等;因喜爱阅读和孩子,因尊重资源和成长而发起阅读推广活动。如中央教科所南山附属学校的李庆明校长将阅读植入到学校的教学管理体系中,带着孩子们以讲故事、诵读的方式宣传阅读推广;阿甲先生在给女儿讲故事过程中获得灵感而创建"红泥巴村",并不遗余力借助网络平台和图书馆平台开展阅读推广;徐冬梅老师以课题研究的方式将文学阅读和教学进行融合,形成了"亲近母语"体系的故事教学。提供文学阅读和阅读方法指导的浙师大方卫平教授和建立"蓝袋鼠"的"妈妈群体",通过讲座和故事会的形式加强阅读理念、方法、技巧的推广,让作品形象起来,带领少儿畅游在精彩的故事世界。

作为承载阅读本职的图书馆界,也义不容辞地加入阅读推广的大行列。2006年中国图书馆学会科普与阅读指导委员会成立,2009年该组织更名为"阅读推广委员会",从学会的层面指导图书馆阅读推广工作。2007年,首都图书馆与红泥巴读书俱乐部共同发起"播撒幸福的种子"儿童阅读推广计划,开办"种子故事人研习班",培养讲故事人,到各地图书馆、阅览室、社区和学校去为孩子们讲故事,开始了图书馆故事会活动的尝试。在这近十年的历程中,图书馆故事会阅读推广活动由星星之火形成了燎原之势,各显神通。如温州少儿图书馆的"毛毛虫上书房"、武汉少儿图书馆的"小脚印故事吧"、沈阳市少儿图书馆的"贝贝故事乐园"、连云港市少儿图书馆的"故事王国里的故事妈妈"、首都图书馆的"红红姐姐讲故事"、苏州图书馆的"听故事姐姐讲故事"和"悦悦姐姐教你念儿歌"、江西省图书馆的"兰兰姐姐故事会"、中山市图书馆的"童心故事会"和"妈妈故事会"、江阴市图书馆的"种子乐读绘本故事会"、上海市奉贤区图书馆的"523"故事会、河南省图书馆的"七色花亲子故事会"等。众多故事会中,厦门市少儿图书馆的"故事妈妈"俱乐部,已经成长为一支专

[①] 方素珍.绘本阅读时代[M].杭州:浙江少年儿童出版社,2013:63.

业的社区文化志愿服务队伍，并接受社区、幼儿园及区级图书馆的早期阅读活动预约。

另外，由于存在阅读需求，民间机构的故事会做得更加有声有色，如蒲蒲兰书店、悠贝亲子馆、公益小书房、三叶草故事家族等，其理念超前、创意有个性，更具开放性和吸引力，值得公共图书馆学习、借鉴、联盟。

三、故事会的超级魔力

故事会活动为什么如此风行？因为图书馆不再仅仅是藏书楼，而是"一个生长着的有机体"，故事会可以让图书馆的生命更绚丽。因为图书馆"肃静"的背后是蠢蠢欲动的动物们和喜笑颜开的孩子们，故事会是让他们牵手的最佳方式。因为馆员不再只做学究，故事会是他们舒展身姿的好舞台。

（一）故事会可以激发图书馆的青春活力

评价图书馆的优劣，不是看馆舍的大小、硬件的品质高低，而是看读者对该图书馆资源的依赖和利用程度。故事会是对静态馆藏资源的生动展现和推广，是与读者换心交流，其活跃性和延展性是其他服务所无法比拟的，它的生动与活力将改变图书馆古板、严肃、学究的形象，它可以激活图书馆焕发青春活力，真正成为"一个生长着的有机体"。

图 5-1 广州图书馆馆员为孩子们讲绘本故事《图书馆狮子》

（二）故事会是培养演说家的大舞台

在美国，如果你对别人说自己是一名讲故事者，普遍的反应会是：你是在图书馆为少儿讲故事吗？在美国人的观念中，"讲故事"就等同于"图书馆"+"小孩子"。这是馆员形象在读者心中的美好定格。"出口成章、能说会道"，这应该是人们都期待获得的赞美。对于图书馆员，或许想做学科馆员，或许愿意做学术研究，但无论如何定位，讲故事并把故事讲得精彩，应该也是馆员们对自己的一份期待。如今，是一个需要演说的社会，作为阅读推广人，值得抓住故事会这样的载体来提升自己对阅读的喜爱和讲故事的水平。故事会，更是一个交流分享的平台，热爱阅读、愿意分享阅读、需要阅读的每一个图书馆工作者都可以借助这个平台，培养、提高自身的演说技能。可以说，故事会是培养演说家的大舞台。

（三）故事会是孩子们快乐成长的摇篮

孩子的成长离不开故事，听故事是孩子成长过程不可缺失的一部分。孩子们在故事中积累知识，塑造人格，故事带领孩子遨游在无限的想象空间，使孩子们充满对生活的热爱及向往，不断提升其认知水平和人生技能。故事会是孩子们快乐成长的摇篮。

比较有阅读和无阅读的孩子，其人生积淀一定是有差异的。在我国，或因父母的忙碌，或因父母阅读理念的缺失，或因经济因素等，孩子阅读量少甚至无书可读的现象客观存在。公共图书馆秉承"开放、平等、免费"的服务原则，力图帮助更多的父母树立阅读的理念，用故事"喂养"更多的孩子。

第二节　故事会活动的创意与设计

故事会，作为阅读推广最生动、最有效的服务项目，在图书馆事业历程上一定会书写辉煌的篇章。故事会活动是一个体系化建设的过程，为了办好故事会，其流程、环节需要创意和设计。下面从品牌创意、空间搭建、团队招募、时间规划、主题策划、宣传推广等几个方面对故事会活动进行详细的阐释。

一、创意品牌

在现代市场经济环境中，品牌已经成为企业核心竞争力的象征，是一种宝贵的无形资产，它让产品在消费者心目中具有了识别度。同样，作为公共文化服务和社会教育机构的图书馆，也应该努力创建自己的服务品牌，以品牌建设作为事业前进的动力，在品牌的效应下不断创新发展。

俗话说，凡事预则立，不预则废。筹备故事会，需要进行精心的策划和充分的准备，让活动的开展有一个良好的开端。策划应首先从活动名称开始。故事会的取名可以结合馆员的特征、文学形象、地域特征等，也可以借用动物、植物表达，务必朗朗上口，富有一定的吸引力，如"小雨姐姐""小陈老师""红红姐姐""毛毛虫""三叶草""小喇叭""彩鸟""快乐小屋""小雪花""小太阳""童心"等。若选择工商注册，则需要考虑查新。

同时，可以设计能充分表达名称含义的创意LOGO，制作与名称统一的、彰显个性的手袋、书签、文化衫、道具等，通过这些物件可以进一步展现和推广故事会品牌。

万事万物，都有其成长过程。故事会也如此，其成功与否，贵在坚持和适时必要的调整。以河南省图书馆故事会的成长历程为例，其经历了从"樱桃林故事妈妈讲故事""萤火虫亲子读书会""小书房故事会"，到品牌化的"七色花故事家族"。[1] 一方面可以看出，河南省图书馆故事会经历过不断的调整，另一方面体现的是其坚持和品牌化发展之路。其中，品牌故事会"小书房"的参与是图书馆与民间机构合作共赢的一种模式。目前，除了图书馆外，社会上有大量的教育机构、公益组织、民间团体等力量在共同致力于少儿阅读推广。闭门造车、各自为政无法快速推动事业的发展，坚持抱团取暖、携手共进才能切实推动服务又好又快地发展。图书馆可以采取引进有理论和发展基础、有资源和技术支撑的故事会品牌，以品牌效应加速发展步伐。

---

[1] 刘红.亲子共读　分享快乐：全国图书馆少儿阅读推广优秀案例[M].北京，国家图书馆出版社，2014：63.

故事会作为图书馆的常态服务项目，应尽量不变换团队而重新立意，传承或适时的调整，相较新创品牌省时省力，也有助于体系化建设。

二、搭建空间

一对一讲故事可以于任何时间、任何地点，但图书馆的故事会需要一定的空间或平台，需要"落地"才能踏实地服务读者。策划故事会活动时，坚持"请进来，走出去"，阅览室、故事屋是讲故事的好地方，若愿意走上大街、公园、社区、学校、企业，若能借助互联网和大自然，图书馆的空间则得到了无限的延伸。程焕文老师说："图书馆有多大，图书馆的舞台就有多大。"当故事会的平台可以无限扩大，故事会活动必将越办越好。

（一）建设自己的故事屋

阅读推广是图书馆当前和今后服务的主旋律，故事会活动必将继续发展，因此，图书馆建设自己的故事屋有其必要性。故事屋不仅仅是一个物理空间，它是一个能讲出故事的场所。打造这个场所，需要领导的重视和支持，从硬件投入上获得专有配额，这是保障故事会活动有计划开展的基础。台湾的许多公共图书馆都设有故事屋，设计精心，功能齐全。比如高雄市立图书馆左营分馆就设有"魔法故事屋""假日故事屋""斜角巷故事屋"等多个故事屋。台湾还大量改建了专门的故事馆，如"台北故事馆""云林故事馆"，都是利用旧建筑改造而专用于讲故事活动的公共场所。讲故事活动已经成为台湾各地图书馆最常举办的阅读活动之一，故事会文化已经成为台湾地方文化的一个传统。[1]

建议：故事屋的装饰，尽量采取软饰，即具备可变性。一成不变的空间会让读者产生视觉疲劳。结合主题变化调整空间意境，有助于提升活动的效果。

（二）积极拓展新空间

除了固定场地故事屋，流动的图书车也是一个讲故事的好地方。另外，可

---

[1] 曹桂平. 台湾地区讲故事活动探析 [J]. 图书馆建设，2012（12）：64-69.

以加强与社会力量的合作，借助他人的空间推送故事会，如利用民间机构、社区、幼儿园、学校、专业剧场、公园、郊外等开展故事会，通过转换空间增加新鲜感，延伸图书馆和故事会的宣传推广平台，扩大故事会的受众，强化故事会活动的组织力。这在目前的现实生活中，都是可以实现的。就科普故事会而言，如果能够让少儿亲历自然，他们参与的兴趣和对生命的感悟会更强。

曾经，电台故事节目是许多孩子每天定时定点的期待。如今，除了电台故事外，大家纷纷借助网站、微信、博客、QQ等媒体开展故事会，如：台北市立图书馆自2001年就开始提供在线影音服务，将"林老师故事剧团"的表演内容重新录制上传到网络上，成立"在线说故事"平台；"小雨姐姐"利用微信公众号天天为小朋友讲故事。少儿故事会也需要借助新媒体手段如微信，突破空间和时间的制约，或录制故事上传后供听众随时收听，或由读者自愿报名分享故事，等等，这样开放性、包容性、自由度更大，省时省心，少儿也乐意接受。

三、招募团队

虽然故事会活动在图书馆遍地开花，可有些图书馆对此项活动缺乏热情，以完成所谓目标任务为基本点，成长活力不够，主要原因在于：或馆员对自身讲故事的技能不够自信，或领导管理理念有问题，或缺乏创新。故事会，是一项群体的活动，众人拾柴火焰高，办好这项活动需要招募团队，需要团队的合力。

（一）大树底下好乘凉

故事不仅是一种文学样式，更是一种艺术形式。要讲出精彩的故事，必须不断地研究、学习和训练。因此许多图书馆在开展故事会活动前，都会聘请一些专家培训馆员讲故事的技巧以及表演常识，大大提高了图书馆开展故事会活动的水平。此外，有些馆还邀请一些写故事、讲故事的名人到图书馆来，直接为读者讲故事，激发了读者的兴趣和热情。比如重庆市图书馆邀请了台湾著名的绘本作家方素珍，来为小朋友讲述绘本里"花婆婆"的故事。重庆市少年儿童图书馆在举办第二届"丰子恺获奖图画书"研讨会时，邀请了获奖作品的作者汤姆牛讲述他自己的故事，也收到了很好的效果。故事会活动的初期和中期都需要借助名人效应来推动，这也是必要的借力、借势。

（二）自力更生的阅读推广人

在一定程度上讲，故事会是图书馆业务中最生动、最能锻炼人的服务项目之一，办好故事会活动，作为阅读推广人的馆员自力更生是根本。因此，图书馆需要给予馆员锻炼的平台，需要加强对馆员的技能培养，馆员也需要有自我学习的上进心。专业系统的培训学习，能帮助馆员克服不自信的心理，掌握讲故事的技巧和方法，了解读者的阅读兴趣，激发阅读推广和服务的热情。培训的内容可以是儿童文学、儿童心理、绘本欣赏、手工创作、文学创作、演讲学、形体学、阅读学、文献选择、学科知识等。表5-1是台湾高雄市立图书馆对"故事妈妈"的认证培训内容，可以为故事人才的培训体系提供有益的参考。

表5-1 2009年高雄市立图书馆故事妈妈认证培训课程[①]

	课程名称	课程内容
初阶课程	探索绘本的世界	提供多元的故事素材，带领学员感受绘本故事的魅力
	绘本里的图文	进一步了解绘本中图像、文字与阅读的关系
	故事人的素养	如何打动孩子，营造美好的阅读氛围
	乐在说故事	故事技巧与阅读扎根
	肢体fun轻松 I	肢体、声音、表情、道具的运用
	肢体fun轻松 II	将平面故事生动化，让肢体与表情说个好听的故事
	说故事实践	分组讨论（成果验收），由资深"故事妈妈"做示范及分享经验，带领学员实习
进阶课程	绘本阅读&欣赏 I	以主题绘本进行深度赏析
	绘本阅读&欣赏 II	从不同阅读角度领略儿童文学的运用概念
	阅读桥梁书	透过选择适当读物，以培养儿童建立良好的阅读习惯，进而深度阅读
	桥梁书的认识与运用	
	故事剧场	通过声音语调技巧转换将故事演化为戏剧进行呈现
	故事擂台	分组讨论（成果验收），由资深"故事妈妈"做示范及分享经验，带领学员实习

① 曹桂平.台湾地区讲故事活动探析[J].图书馆建设，2012（12）：64-69.

（三）这是一个大家庭

讲故事，可以说人人都会，只是同一故事可以被讲出多样的风格。图书馆故事会，其实是图书馆搭建的一个平台，可以供许多人在其上进行交流、展示和分享。图书馆既邀请学术大咖，又欢迎有意愿和兴趣致力于讲故事的人登上舞台，更需要为孩子提供一个成长锻炼的平台，建立一支庞大的故事志愿团队，打造紧密联结馆藏、馆员和读者的阅读生态圈。同时，志愿团队既是故事会的稳定参与者，也能成为图书馆的稳定读者群。台湾公共图书馆开办"故事妈妈培训班"已有十多年的历史，并制定了"故事妈妈培训及奖励要点"，"故事妈妈"通过认证服务时长，可以申请认证奖励。这套志愿者培训和认证模式相对完整，值得借鉴。

四、活动规划

故事会，既是图书馆服务的日常项目，又是图书馆服务的点睛之笔。创立故事会后，要力争做到可持续发展。而要保持故事会活动的可持续发展，既需要将其与图书馆服务的时间、空间相联系，又需要有足够强大的服务体系来保障其生命活力。

（一）频率规划

创建故事会需要结合本馆的特性、事业发展规划、阅读需求状况、故事团队的实际等因素，综合考虑其活动频率。目前，有的图书馆坚持每周两次故事会，有的图书馆每月一次故事会，这与各个馆的实际情况有关。故事会不需要过于专业的学科知识传授，它重在阅读分享，它所带动的馆藏利用和阅读培养是显著的，因此，故事会要力争常态化，也可以应时应势而为。作为公共服务项目，需要提前拟制短期、中期、长期的故事计划：短期计划可以是周计划，如结合时事或阅读热潮开展临时性主题故事会；中期计划可以是年计划，如以主题故事会为主线，形成主题的体系化阅读推广；长期计划则按1~3年进行规划，目标是品牌打造，包括主题资源的充分利用、主题读者群体的建立和巩固、故事人才的培养等。

（二）年龄策划

少年儿童的阅读推广，既包括少儿主体，又包括陪伴少儿成长的成人（爸爸、妈妈、爷爷、奶奶、姥姥、姥爷、老师等），而相关的成人，在少儿阅读过程中起着至关重要的作用。图书馆侧重在对广大成人和孩子阅读理念、方法、兴趣的引导，所以，故事会需要首先做到吸引少年儿童身边的成人，既要为成人开办故事会，又需请成人陪同孩子参加故事会。可以是爸爸故事会、妈妈故事会、家庭故事会、老师故事会，也可以是陪伴、养育、学习、沟通、宠物、亲情等主题；通过故事会传达阅读与孩子成长的紧密性，揭示阅读在家庭教育中所带来的积极推动作用，让家长了解少儿阅读的方法和策略。

孩子的阅读因其认知发展而具有明显的阶段性：0~2岁，处于简单字词的练习；3~6岁，是故事会活动的主角；6~10岁，已大量识字，是"学习去阅读"（Learn to Read）的阶段；10~18岁，开始享受"从阅读中学习"（Read to Learn）；18岁以后，自然会选择自己偏好的书籍。[①]因此，故事会的少儿主体侧重在3~12岁。只有把握了少儿的阅读特点，才能保证故事会有的放矢。

（说明：不同年龄段孩子的阅读特征内容，置于延伸阅读部分。）

（三）主题策划

主题是故事会的精髓，没有主题不成故事。主题策划直接决定故事会的成效。结合主题可以策划体系化的活动，美国南希·伯尔的《书痴指南》里的主题分类可以为大家提供有效的参考。

1. 节日故事会

节日主题故事会既可以让孩子们了解相应节日的知识，又方便我们做主题概念的系列阅读和延伸阅读策划，通过系列活动吸引读者群体；同时，有助于此类读者群获得多方位的阅读体悟，也能保证活动的广度和深度。年复一年的节日，年年可有不同的分享内容，坚持不懈即可建成体系化的活动资源和服务品牌。图书馆界的节日有：国际儿童读书日（4月2日）、世界读书日（4月23日）

[①] 方素珍. 绘本阅读时代 [M]. 杭州：浙江少年儿童出版社，2013：37.

和全国公共图书馆服务宣传周（5月最后一个星期）等，在这样的节日里开展故事会，既是对行业特性的宣传推广，又能让阅读理念扎根于国民心中。

除了行业内的节日外，还有许多节日适合做少年儿童节日故事会：

（1）中国传统节日主题：让孩子多方面了解节日的来历、节日里的习俗，甚至可以开展情景演绎。这也是对我国传统文化开展传承教育的实践。

（2）爱护身体主题：如全国爱耳日（3月3日）、世界睡眠日（3月21日）、实践全国学生营养日（5月20日）、全国爱眼日（6月6日）、全国爱牙日（9月20日）、世界爱眼日（10月第二个星期四）等。在这些节日既可以通过生动的故事让孩子了解自己身体的成长变化，又借机传递爱护身体、预防疾病的知识，促进孩子健康阳光地成长。

（3）世界和平主题：如世界停火日（9月21日）、国际和平日（9月第三个星期二）、全国国防教育日（9月第三个星期六）等。

（4）职业认知主题：如国际警察日（3月14日）、中国教师节（9月10日）、世界教师日（10月5日）。

（5）自然认知主题：保护母亲河日（3月9日）、中国植树节（3月12日）、世界森林日（3月21日）、世界水日（3月22日）、世界气象日（3月23日）、世界地球日（4月22日）、世界环境日（6月5日）、世界粮食日（10月16日）。

（6）亲情珍贵主题：国际家庭日（5月15日）、母亲节（5月第二个星期日）、父亲节（6月第三个星期日）。

2. 作家故事会

在阅读推广中，我们常常建议，看一本书前，最好先了解一下作者。一部作品畅销与否，其实质归于作者的个人成长和创作思想，因此，作家故事会定是读者追捧的活动。儿童作家以创作系列作品居多，作家故事会可以按系列进行，这样一是可以充分分享作者的经典作品，二是有助于读者对作者的深入了解。

对于低幼儿童来说，基本不存在对作家的追捧，但对作品有风格上的偏爱与排斥，因此，服务此年龄段孩子的故事会，可以仅从作品风格进行系列化活动设计，这有助于低幼儿童建立自己的阅读个性。小学中、高年级及以上少年儿童，有了一定的自我判断和选择能力，有的有追星倾向，因此服务此年龄段的故事会，则可以从作者出发进行宣传推广，打造系列化和持续性，以养护孩子的追星情怀。作家见面会是故事会中最让人期待的。见面会可以借用一定的商业模式进行操作。近些年作品受追捧的儿童文学作家，国内有杨红樱、伍美珍、曹文轩、沈石溪、王一梅、周锐、商晓娜、赵静、秦文君、郁雨君、方素珍、雷欧幻像、天蚕土豆、唐家三少等，可结合本馆的实际情况策划作家故事会。

3. 国别故事会

各个国家具有不同的民族性，其社会、文化发展的踪迹和面貌也是各有千秋。少年儿童应多了解各个国家的历史和风俗，按国别开展故事会也是非常有意思的：可以对各国优秀作品进行故事推广，可以多形式讲述各国的社会和文化，还可以请外国朋友来讲述本国的故事，等等。

4. 学科主题故事会

学科主题故事会，是与节日故事会并驾齐驱的两驾故事马车，它能极大地满足个性化阅读需求，又是充分利用、开发学科资源的有效措施。主题可以是奇幻、科幻、魔幻、推理、恐怖、友情、亲情、成长、动物等，也可以是精灵、吸血鬼、怪兽、超能量、灵异、魔法、死亡等。

5. 送给特殊孩子的故事会

为特殊的孩子提供服务，是公共图书馆的职责所在，如为自闭症儿童、盲童、聋哑儿童、读写困难儿童、福利院儿童等服务，这类故事会需要结合其特殊性精心策划。

6. 特别的日子讲故事

所谓特别的日子，指那种突发或偶尔出现特别事项的日子。在特别的日子讲故事，既可以培养孩子对社会重大事件的关注，又可借势培养孩子处理突发事件的能力。

7. 在特定的空间讲故事

为了突出主题，可以选择特定的环境来开展故事会活动，或营造与主题匹配的临时性活动空间，或将活动搬移至特定的主题空间。

8. "历史上的今天"故事会

历史故事是人类的一份宝贵财富，通过故事可以让孩子了解历史。此类故事会可以灵活举办，针对某日重要事件临时组织一次小型的随意的分享、普及，也可以做常年常态规划，因为历史上的今天所发生的故事已不计其数。

9.说说家乡的故事

家乡故事，包含两个层面，一是图书馆所在地的地域性故事，一是故事人讲述他的家乡的故事。

……………

五、宣传推广

公共图书馆作为公共事业单位，受许多因素的制约，不能如企业一样大投入、大产出。随着政府对全民阅读的重视和图书馆阅读推广工作的广泛开展，图书馆职能及其分布的知晓度有了很大的提升。但是，图书馆的故事会仍然需要一个强力的推手，以保证活动的知晓度和可持续发展，这包括前期的宣传推广和后期的宣传报道。活动宣传需要做到以下几点：一是提前规划、发出通告，一定要给予读者足够的时间做参与安排；二是借助各种媒体进行广泛的宣传，如海报、电子屏、宣传单、微信公众号、网站、微博平台等；三是尽最大努力借助平台广泛推送，如电视、广播、同行网站、学校课堂、学校网站、家庭教育网站、阅读平台、社区等。

第三节　故事会活动的组织与执行

一、时刻准备着——活动的组织

顺利开展每一场故事会，需要做到事无巨细，充分准备，全体动员。首先，在管理方面，需要设定相对专业而明确的岗位，组建团队，集中力量做事，无论是开创还是传承，坚持精诚合作，应时应势创新。其次，面对每一次活动，必须做到统筹安排，从预约报名到安排摄影、音控、安全，从确定主讲人到宣传推广，都要提前安排好。第三，坚持"众人划桨开大船"，可以借助志愿者和联盟伙伴的力量来共同完成活动。

二、如约一场别开生面的故事会

讲故事是整个故事会活动的核心，故事会活动能否成功，关键在这个环节。如何让故事会的形式和内容都富有创意和吸引力，如何通过故事让孩子潜移默化地获得更多更好的"成长维生素"，如何切实帮助孩子养成阅读的习惯，故事的选择和讲故事的技巧将起着决定性的作用。

（一）故事会前餐——精心准备

常言道，不打无准备之仗。为了让故事精彩呈现，更需要一场精心的准备。

（1）分析故事会的主题，预判或确定读者对象和空间因素，读者对象包括年龄特征、数量、性别比例等。

（2）选择切合主题的一个或多个故事，并确定故事载体（文本、视听、PPT、实物）。

（3）谙熟故事，了解作者的创作背景、意图以及文本中的细节项，全面而客观地分享故事。

（4）设计故事讲案，确定故事时间、表达方式，设计精彩的引入方式、意犹未尽的结束语、不同角色的语气和语态、妙趣横生的互动环节、贴切的表情和手势，以及妆容、道具等。

（5）反复练习，包括记忆故事、训练语调和音色、调控时间。只有达到一定的熟练程度，才能保障现场的自信和顺畅。只有用真情讲述，才能切实感动读者。

（二）故事会正餐——讲故事的要领

1. 讲故事的方法[①]

故事有多种讲法，表 5-2 是常用的几种。

[①] 方素珍. 绘本阅读时代 [M]. 杭州：浙江少年儿童出版社，2013：158-159.

表 5-2 讲故事方法及特点

方法名称	特点
原汁原味朗读法	选择生动有趣的故事进行朗读。
点读法	用手指头指着书中的文字为孩子念读,这种方法适用于向低幼儿童讲绘本故事。
有问有答讲读法	一边讲述一边提问,帮助孩子理解故事,帮助孩子了解角色所处的情景,突出矛盾,引导孩子思考。
角色扮演法	主讲人用口语扮演或动作扮演等形式,担任书中某一或多个角色。此法可增强读者对阅读活动的兴趣,加深对故事的理解。也可以鼓励读者根据自己的理解,对故事中原有的情节改编演出,培养读者的想象力和创造力。
运用 PAC 人际关系法	PAC 是一种人际关系理论,强调每个人同时拥有这三种特质:P(parent)代表父母、权威的,A(adult)代表成人、理智的,C(child)代表小孩、无助的。运用 PAC 理论,巧妙地互换角色。比如孩子看完书,让他说说他的想法,成人用心聆听并露出崇拜的眼神,孩子会感到自己有权威与力量,由此获得阅读成就感。
延伸活动法	以各种形式的游戏为手段,激发孩子对故事会的兴趣。例如讲完故事后,教孩子做一本简易的小书、画画、拼图等。

2. 如何做一个讲故事的高手

(1)加强自身的阅读和学科学习,不断充实个人积累,这是做好阅读推广的基本点。

(2)正确认识阅读推广和讲故事的意义及价值,更新服务理念,以饱满的热情和高度的自信投入到职业中。

(3)加强讲说、表演技能训练,包括使用普通话,准确咬字发音,控制气息,恰当运用表情手势、肢体动作等。故事能否吸引人,一是故事本身,二是讲故事的人所采用的表达方式和方法。

(4)培养一颗贴近读者、包容读者的心。

(5)结合主题、对象、环境,善于借助多种媒介来渲染故事,如配乐、道具等。

3. 故事会礼仪——注意事项

(1)故事的选择不能仅仅按照自己的喜好,一定要结合对象的特点和需求。

(2)故事首先要有情节性、普及性,避免纯粹说教式,特别有个性的故事,可以选择在特定的故事会上讲。

（3）不能只限定在故事本身，要有一定的设计和适当的延伸。讲故事过程中，按照设计的基本点开展，适时延伸，及时收回，掌控时间和节奏，保证形散而神不散。不提难度过大的问题，也不是问题数量越多越好，要适可而止。

（4）作为讲故事人，一定要将自己放入情境中，营造身临其境的感觉，带领孩子们沉浸在故事的情境中。

（5）故事会是阅读推广的一种形式，需要持续发展，不能按绝对的量化来评价活动的优劣，不能只注重短期效果，更不能一次论英雄。故事会在培养孩子的阅读习惯和成长滋养上有着润物细无声的效果。

4. 一堂完美的故事会——两个范例

范例一：《祝你生日快乐》[①]**（儿童故事会或亲子故事会）**

1. 情景导入

（通过情景的设计，开篇抓住读者的心，吸引大家进入一种美好的期待情绪中。）

（1）提问：一年中哪些日子最令人快乐而且期待？为什么生日令人期待？

（2）提问：在今天或最近是否有人过生日？

（3）为寿星合唱《祝你生日快乐》，期待寿星许下美好的愿望。

（4）在座的每一位也可以借寿星的生日吉运，为自己许愿。

（5）邀请寿星上台表达一下激动的心情。

（接着以一个衔接的方式引入）

（6）每个人每年都可以过生日庆祝，可有的人因为生病或其他原因不能快乐地过生日，怎么办呢？今天，在这里与大家分享的故事《祝你生日快乐》，或许可以给不能快乐过生日的人一份宽慰。这个故事会告诉我们："其实只要你愿意，'心情'也可以天天过生日。"

2. 故事讲述

先顺着书从前向后一一讲述，可以是手拿书本翻页展现，可以是播放PPT，也可以采取两者结合的方式，将故事完整地讲述一遍。

[①] 方素珍.绘本阅读时代[M].杭州：浙江少年儿童出版社，2013：169–173.

3. 导读

用阅读"六何法"——何人、何时、何地、何事、为何、如何，和读者一起回顾故事内容。

（1）你生日那一天，有没有什么庆祝活动？

（2）小姐姐为什么只有一点点头发？

（3）小姐姐和小丁子是不是好朋友？从哪里能看出来呢？

（4）小姐姐在书里说了一个小乌龟的故事，请你用自己的话说一遍。

（5）"乌龟撒种子"的故事，有什么特别的含义吗？

（6）小丁子为什么把"开心锁"挂在树上？把"开心锁"挂上去后，他为什么双手合十呢？

（7）小姐姐和小丁子相约哪一天见面？小姐姐有没有来？为什么？

（8）如果小姐姐不回来了，小丁子要不要替她打开"开心锁"？

（9）你对书中的哪一段印象最深刻？你想对小姐姐或小丁子说什么话吗？

（10）请你也帮小姐姐许一个生日愿望。

（11）如果请你为小姐姐和小丁子想象另外一个结局，你会怎么想呢？

（12）你曾经帮忙照顾病人吗？你是如何照顾的呢？

（通过以上的问题来调动大家互动，或由读者回答，或由故事人深入讲述）

（最后对本书结尾的创意点进行升华）

（13）由于本书结尾并未下任何结论，保留一个空间给大家自行思考。其中"小乌龟撒种子"告诉我们：人生最美好的纪念是自己能为别人留下些什么，而不是为自己留下什么。

（14）来！让我们一起来静静地回味这篇故事。（采取快速递进）它告诉我们：生命脆弱而美丽。

4. 创意延伸活动

（延伸活动可以任由读者想象）

（1）设计生日蛋糕造型的卡片。送给书里的小姐姐，并写一句祝福的话。

（2）为自己设计一个特别的庆生活动，可以说出来或画出来。

（3）设想如果小姐姐没回来，她会变成什么样子的小天使？可以画出来。

（4）为身边的朋友送出祝福的话语。

（5）按愿望续编故事，如果能创作成一本小书，更理想。

（6）创作绘本剧。

（7）若有条件，组织一期拜访活动，让孩子亲历如何表达关心和关爱。

5. 制作一份阅读成长档案

作为儿童阅读推广人，除了推荐读物，开展阅读指导，培养阅读兴趣，还值得做的一项工作是：建议小读者做阅读成长记录，即对每次阅读（包括借阅、参与故事会、自我阅读）进行记录。内容可以包括：日期、书名、作者、出版社、阅读形式（参加故事会、推荐、自选）、阅读时长、故事让人感动的地方（包括文字和图片）、读后感等。

范例二：《妈妈你好吗？》（家长故事会）

这是一本既适合孩子又适合父母阅读的书，甚至可以定义为一本解决亲子矛盾的家庭教育指南书。

1. 情景导入

（1）开篇即以"您好吗？"问候大家，凝聚家长的心。

（2）谁愿意对"您好吗？"的问候进行呼应？欢迎大家对听到这份问候时所产生的第一情感进行分享。

（3）对于这样一场家长故事会，相信在座各位是有备而来的，带着问号而来的，对不对？

（4）"妈妈，你好吗？"这是孩子对妈妈的问候。在我们的日常生活中，孩子应该也时常用这样的问候来表达对妈妈的想念。再次期待家长们分享孩子给您的问候。

（5）谢谢大家的分享。下面，让我们走进一个孩子的内心，去感受他对妈妈的爱和他们母子间的那份意味深长的亲情。

2. 故事讲述

（1）作者、绘者的介绍。

（2）模仿男孩的声调和语气，将故事娓娓道来。

（3）概述故事：这是一本读了让人备感温暖的书。母亲节前夕，一个小男孩按照老师的要求给妈妈写信，他在信中"控诉"妈妈的种种"不是"：他很讨厌妈妈的那句口头禅——"明白了没有"；妈妈给他报了那么多兴趣班让他疲惫不堪；他非常生气妈妈不经过他的同意就随意清理他的房间。尽管如此，在信的最后他还是送给妈妈一朵康乃馨，还有一打洗碗券。

（4）对画风进行剖析，进一步诠释故事。

3. 导读

（1）这是一封孩子在母亲节前夕写给妈妈的信，是一份礼物。在大家陪伴孩子成长的过程中，有相互写信或谈心的时候吗？此刻，请大家的思绪回到曾经的时光里。

（2）书中的绘图与文字一样生动有趣。很多时候，妈妈的形象都是叉着腰、瞪着眼，一副凶巴巴的样子。当描写男孩逃学躲到树林里，妈妈竟旷工和他一起捡橡子时，整个画面的色彩变得非常温暖，还有漫天的彩霞。图画中，妈妈温柔、明朗的笑容，小男孩被妈妈骂时的尴尬，累得睡着时的可怜，玩耍时的兴奋，都极有感染力。这样的情景也应该是我们生活当中最为常见的吧？我们也期待满天的彩霞。

（3）本书的细节真实而有感染力。信中有一处描写特别打动人心。男孩的房间很杂乱，那里却是他的天堂，因为房间里藏着他很多宝贝。每一样在别人看来微不足道的东西，在他看来却是真正的"宝贝"，他细细叙述了这些"宝贝"的来历。叙述的时候，这个小男孩天真可爱、坚强、懂得感恩的品质便一点点地展现在我们的面前。这些细节，用最强大的力量感动着大家。这是不是我们常犯的错误——不停唠叨"收拾！收拾"，总是拿大人的价值观去判断或要求孩子，殊不知，在宝宝的小小世界却装着无限的精彩故事，那些故事是他们成长路上的一道道彩虹，他们很珍惜。

（4）说出或写出心中的感悟和困惑：

这个故事应该触动到每一位，下面给大家一些时间思索或写出听故事所引发的感悟。请问有家长愿意结合本故事在这里说出养护孩子过程中的困惑和感悟吗？也期待大家分享亲子相处或家庭教育的好经验。

三、精益求精——活动的优化

故事会作为图书馆阅读推广和资源激活的有效举措，值得馆员进行分析和实践，不断创新优化，实现精益求精。故事会活动优化是在每一次活动的总结分析和一段时间的活动成效分析的基础上，对活动形式和内容进行一定的纵向、横向对比和数据分析而制订出新的方案。为了推进故事会的可持续发展，需要做好每一次活动的资料收集，对活动相应数据和产生的效能数据进行深入的总结分析。分析的项目包括：时间安排，宣传成效，主题分布及吸引力，演讲者、故事文本、参与读者、活动衍生资源的分布，参与读者的阅读量和学科分布的变化，从读者到讲故事人身份的转化率，一定时间内的到馆人数、总体借阅量、主题借阅量的变化，等等。这项工作内容有助于激发馆员的工作热情和爱岗敬业的精神，有助于养成精益求精的工作态度，切实推动故事会活动又好又快地发展。

四、结语

在少儿阅读推广的浪潮中，故事会活动是最富有生命力和成长空间的举措，既符合少儿阅读的需求，又能在馆员的成长和主题服务的推进上起到不可估量的作用。整合资源，创建故事会平台，创意、设计、组织好一场场故事会，打造儿童阅读的生态圈，是儿童阅读推广人肩负的职业使命。

参考文献

[1] 徐雁. 全民阅读推广手册 [M]. 深圳：海天出版社，2011.

[2] 方素珍. 绘本阅读时代 [M]. 杭州：浙江少年儿童出版社，2013.

[3]〔澳〕苏珊·佩罗. 故事知道怎么办：如何让孩子有令人惊喜的改变 [M]. 重本，童乐，译. 天津：天津教育出版社，2011.

[4]〔日〕河合隼雄，松居直，柳田邦男. 绘本之力 [M]. 朱自强，译. 贵阳：贵州人民出版社，2011.

[5] 小雨姐姐. 怎样给孩子讲故事 [M]. 南宁：接力出版社，2014.

[6] 彭懿. 图画书应该这样读 [M]. 南宁：接力出版社，2012.

[7] 王林，余治莹. 绘本赏析与创意教学 [M]. 石家庄：河北教育出版社，2010.

[8] 宋旭. 班级读书会轻松教：60本童书的教学设计[M]. 南昌：二十一世纪出版社，2010.

[9] 周益民. 儿童的阅读与为了儿童的阅读[M]. 长春：长春出版社，2009.

[10] 吕梅. 共享阅读[M]. 北京：国家图书馆出版社，2011.

[11] 汪培珽. 喂故事书长大的孩子[M]. 南宁：广西科学技术出版社，2011.

[12] 赵俊玲，郭腊梅，杨绍志. 阅读推广：理念·方法·案例[M]. 北京：国家图书馆出版社，2013.

[13] 张贵勇. 阅读的旅程：老师专业成长地图[M]. 上海：华东师范大学出版社，2014.

[14] 聂卫红. 讲故事活动在图书馆的历史、现状与发展[J]. 图书馆建设，2010（9）：65-67.

[15] 曹桂平. 台湾地区讲故事活动探析[J]. 图书馆建设，2012（12）：64-69.

[16] 吴书武. 对少儿图书馆开展讲故事活动的实践探析：以武汉市少年儿童图书馆"小脚印故事吧"为例[J]. 图书情报工作，2012（2）：197-199.

[17] 李新娥. 少年儿童图书馆讲故事活动实践探析[J]. 图书馆工作与研究，2007（3）：108-109.

[18] 李新娥. 延伸服务的成功尝试：从创建少儿故事基地品牌说起[J]. 图书馆学刊，2009（8）：68-69，108.

[19] 中国图书馆学会青少年阅读推广委员会. 播撒阅读种子 守望少儿幸福：青少年阅读推广理论与实践[J]. 北京：国家图书馆出版社，2012.

思考题

1．请为你最喜欢的一本故事书设计一个故事会活动方案。
2．请为小学生设计一场中秋节故事会。
3．请为你馆拟制一个年度故事会活动计划。

第六讲

暑期阅读项目的设计与组织

赵俊玲　孙盟盟[*]

暑期阅读项目（Summer Reading Program）作为一项暑期活动，始于19世纪90年代的美国。专家认为，暑假期间的学习空窗，可能会导致学生丧失掉25%的阅读及数学演算能力。[①]但参加暑期阅读活动的儿童，可以维持甚至提高自己的阅读能力，进一步激发他们阅读的乐趣、养成终身阅读的习惯。

第一节　暑期阅读的含义

一、什么是暑期阅读

暑期阅读活动，指在暑假期间，图书馆通过推荐书目，开展诸如读书会、讲故事及阅读竞赛等一系列阅读活动以及其他和学习有关的活动，来鼓励学校儿童，尤其是在暑假期间有阅读需求的学生，积极地使用图书馆并养成终身阅读的习惯。

在美国儿童阅读政策及阅读优先计划的指导下，美国教育部自2001年开始推动"暑期阅读项目"，鼓励父母陪孩子一起读书，共度暑假，指定图书馆为家

---

[*] 赵俊玲，北京大学管理学博士，现任河北大学管理学院图书馆学系教授、系主任，兼任中国图书馆学会推荐书目委员会委员。主编《阅读推广：理念·方法·案例》一书。主持国家社科基金项目"我国民间读书会研究"。

孙盟盟，河北大学图书馆学专业在读研究生。

[①] 聂卫红. 美国公共图书馆暑期阅读研究及启示 [J]. 图书馆学研究，2009（11）：85-87.

庭以外最佳阅读场所并要求社区图书馆开设儿童专属区，敦促图书馆举办故事会来营造阅读环境，邀请社会名人为儿童朗诵读物等，以各种形式努力提高儿童暑假阅读的效果，改善他们的语文学习。经过多年的发展，美国社会和图书馆界已经积累了丰富的活动经验，并已形成遍及全美公共图书馆的明星项目——"暑期阅读项目"。该项目主要面向未成年人，部分馆还有面向成年人的相关活动。此项目获得了联邦图书馆基金《图书馆服务和技术法案》（The Library Services and Technology Act，LSTA）的支持，另有私人基金会提供实物或资金捐助。"暑期阅读项目"采取州集中规划，再分散至各地区公共图书馆执行的方式，已由全州性活动推广至全国性活动。截至2013年，全国除得克萨斯州外，有49个州加入"暑期图书馆合作项目"（Collaborative Summer Library Program，简称CSLP）这一民间非营利组织。每年由CSLP规划统筹，如制定统一主题和宣传材料，不仅减轻了图书馆员设计活动所耗费的人力物力，还编制了详尽的活动手册帮助项目活动的开展，且注重活动的评估交流，有利于活动的不断改善。[①]

20世纪90年代起，我国政府以及社会各界开始重视阅读活动，倡导促进全民阅读，提高国民文化素质。相较于美国社会对暑期活动项目的重视，我国公共图书馆暑期阅读活动开展时间不长，起步晚，但仍然取得了一些成效，产生了积极的社会影响。2004年，中国图书馆学会承办"全民读书月"，在其指导下，社会各界对未成年人阅读服务工作逐渐重视。全国图书馆纷纷开展了暑期阅读活动；在图书馆界的影响之下，全国中小学校的教职人员每年都为中小学生推荐暑期阅读书目。暑期阅读计划，希望通过让儿童暑假参与阅读及相关活动，来提升学习能力；通过公共图书馆项目和服务培养儿童对阅读的热爱；通过图书馆员的支持、自己选择及志愿阅读等方式，增加儿童成功的阅读体验，让父母和所有的家庭成员都参与到图书馆的暑期阅读体验中，提升孩子获取图书馆文献的能力及参与图书馆活动的热情，鼓励他们成为图书馆终身用户，使他们逐步树立阅读意识，培养终身阅读的习惯。

---

① 唐曦. 我国公共图书馆暑期阅读活动探究：由美国公共图书馆"暑期阅读项目"所得启示[J]. 新世纪图书馆，2013（6）：50-52.

二、图书馆为什么要进行暑期阅读

乔·马修斯（Joe Matthews）在 2013 年 5 月做的一项调查报告显示：大多数儿童和青少年平时很少读书，一个得 90 分的孩子每日读书所需时间是得 50 分孩子的 5 倍，甚至是得 10 分孩子的 200 余倍；暑期不参与阅读活动的学生在假期结束时比假期开始时测试所得的分数更低；暑期项目更多侧重于减少或去除学习的障碍，培养富有知识和技能的参与者；图书馆所提供的团体或个别指导的暑期项目，会对学生的成绩产生巨大的影响；富人和穷人的孩子之间暑期阅读的差距是影响他们阅读成就的重要因素之一。孩子阅读得越多，就会积累更多的词汇，获得更好的理解力，阅读更加流畅。[1]同时，乔还提到在宾夕法尼亚州和南部的加州公立图书馆的一项调查，调查表明：当地三分之一的图书馆开展的暑期阅读活动都吸引了多于 200 名儿童参加，这些暑期阅读活动在阅读的基础上，开展大量丰富的延伸活动，如工艺品制作、讲故事等，拓展了儿童的阅读体验，大部分参加暑期阅读活动的儿童每周都会访问图书馆；同时，暑期图书馆相关的阅读活动鼓励父母加入到孩子的阅读当中，11% 的父母表明他们花了更多的时间与孩子一起阅读，这使得参与者非常热衷于阅读，他们的阅读量很大——36% 的儿童阅读 20 本书，17% 的儿童读 21~30 本书，27% 的儿童读 31~55 本书，21% 的儿童读 51 本甚至更多；活动结束后，学校教师的反馈表明：31% 的阅读参与者保持或提高了他们的阅读技能，而未参与者却仅有 5% 的人能够保持或提高他们的阅读技能。

"开卷有益"几乎是所有人都耳熟能详的一个成语。图书馆开展暑期阅读活动，可以帮助儿童发展早期素养，培养儿童的阅读兴趣和习惯，使他们学会支配和管理自己的时间，在休息的同时给予阅读和学习更多的关注，从而减少暑期的学习空窗所带来的阅读或学习技能的下降，为学生两个学期的衔接奠定基础，使学生可以在新学期更快地进入学习状态。

---

[1] Joe Matthews. Evaluating Summer Reading Programs: Suggested Improvements[EB/OL]. http://publiclibrariesonline.org/2013/05/evaluating-summer-reading-programs-suggested-improvements/.

三、图书馆暑期阅读的主要服务对象

图书馆鼓励学校儿童，尤其是在暑假期间有阅读需求的学生，参加暑期阅读活动，养成阅读的习惯。这项活动已成为公共图书馆一个具有重大意义的全国性项目，服务对象主要是中小学儿童，同时也关注婴幼儿及成年人，为他们提供相关的阅读活动。这一项目已经渐渐由局部活动演变成由公共图书馆承办的一年一度的全民暑期精神盛宴。

图书馆针对婴幼儿群体开展暑期阅读服务，主要在于启蒙，让孩子们找到自己感兴趣的方面，启迪智慧。年龄再小的孩子都可以在图书馆找到属于自己的故事书。其实，每一个小孩都喜欢听故事，早期的阅读和讲故事活动有益于孩子的智力开发。要留意和发现孩子们喜欢重复听的故事，帮助他们找到并发展兴趣爱好，提高语言能力。只要环境舒适，父母或监护人随时都可以跟宝贝进行阅读交流，不用等到晚上睡觉前才一起分享睡前故事。父母或监护人要与孩子们一起阅读，帮助他们从书中寻找温情、进行冒险，并且互相分享有趣的故事。

中小学阶段的儿童和青少年，并不完全具备识别一本好书的能力。暑期阅读活动可以为他们推荐阅读书目，帮助他们发掘自己的兴趣和能力。2015年，纽约公共图书馆在以"每个英雄都有自己的故事"为主题的暑期阅读活动中，鼓励青少年进行视频拍摄挑战，拍摄自己遇到的英雄。同时针对青少年专门举办书评活动，优胜者可以免费观看纽约扬基队的棒球比赛。

这里需要指出的是，儿童在不同的发展阶段有不同的特点，图书馆在进行书目推荐时一定要有针对性。纽约公共图书馆2015年暑期阅读的书目划分非常细致，分为多个推荐书目，包括婴儿书目、2~3岁儿童书目、幼儿园阶段和一年级书目、二至三年级儿童书目、四至五年级儿童书目、初中学生书目、高中学生书目、成人书目，同时还提供了大字体图书书目（所谓大字体图书，英文为Large Print，主要面向视力不好的人群，印刷的字体非常大）。

培养孩子要从培养家长做起，因此图书馆需要对家长进行阅读方面的指导。很多公共图书馆在暑假期间提供面向家长的指南或者手册，告知家长如何提高孩子的阅读兴趣。

第二节 暑期阅读的主要内容

推进暑期阅读需要图书馆设计一系列的活动，包括阅读行为的激励、故事会、图书讨论等多种活动。一般来说，暑期阅读每年都会有一个主题，比如美国公共图书馆协会 2015 年的暑期阅读主题是"每个英雄都有自己的故事"。各公共图书馆围绕该主题设计相应的活动。比如堪萨斯公共图书馆围绕这一主题，设计有阅读英雄故事、听英雄故事有声读物、创作自己的英雄故事、英雄训练夏令营等诸多活动（见图 6–1）。

笔者在这里对暑期阅读项目中的主要活动内容进行介绍。

图 6–1 美国堪萨斯公共图书馆 2015 年暑期活动一览

一、鼓励阅读

（一）编制推荐书目

公共图书馆需要针对儿童的特点选择主题。选定活动主题后，图书馆需要根据此主题推荐相应的图书、音频、视频、网络信息等。从暑期阅读推荐书目编制的发展来看，早期主要强调所推荐图书必须是精品，如今则主要给儿童提供一个大概的阅读范围。

（二）设定阅读任务

暑期阅读的核心在于激发孩子去阅读，因此编制推荐书目后，还需要设计一种能够检验孩子阅读效果的方法。早期的暑期阅读活动一般是希望孩子在暑期读完 10 本书，上交阅读记录或者进行口头陈述，完成之后给予孩子某种奖励。就目前来看，阅读任务主要有以下几种形式。

1. 约定阅读数量

这是最流行的一种方式，早期的阅读活动基本都是这样，一般是希望儿童在暑假完成 10 本书的阅读。今天还有很多图书馆采取这种方式，比如英国的暑期阅读计划，儿童暑假期间读完 6 本书可以获得金奖，读完 4 本书可以获得银奖，读完 2 本书可以获得铜奖。

2. 约定阅读时间

有图书馆员认为，重要的并不是阅读的图书数量，而是要有足够的阅读时间，因此需要对阅读时间进行要求。有的图书馆让儿童记录自己每天的阅读时间，然后将阅读记录卡提交给图书馆；也有的图书馆发放阅读日历（见图 6-2），孩子们将阅读时间超过 20 分钟的日子标注出来。图书馆依此判断儿童是否完成了阅读任务，从而决定是否给予奖励。

3. 个性化约定

除了对数量和时间进行约定外，还有图书馆采用更灵活的方式，如根据儿童的具体情况设定不同的目标，让儿童自己设定目标，阅读几本或者多少时间，图书馆员可以给其提供建议，只要完成自己设定的目标即可颁发证书、奖品等。

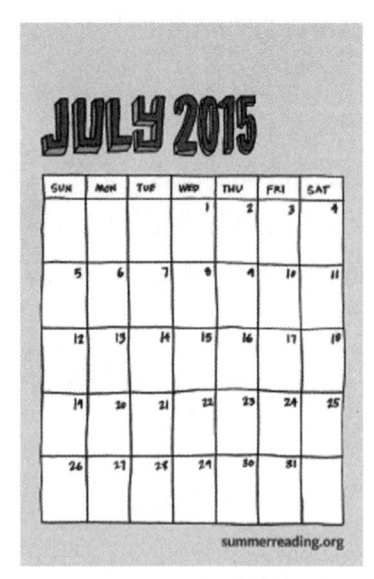

图 6-2 美国纽约公共图书馆的阅读日历

案例：得克萨斯州图书馆 1980 年面向 5 岁儿童的暑期阅读项目

每个 5 岁儿童设定自己的阅读目标，并且签署阅读协议。完成协议的儿童可以参加在图书馆举行的寻宝活动。宝藏是当地公司提供的购物券。同时为那些完成协议的儿童颁发证书。

这里需要指出的是，儿童签署的阅读协议是可以调整的，儿童可以根据自己的阅读进展重新设定自己的阅读目标。一般是儿童完成自己初次设计的目标后，可以重新签订协议，制定更高的目标。至于这个协议中的数量或者时间设计，图书馆可以考虑和学校的语文老师合作，由每个老师根据学生的情况给出针对性建议，也可以由儿童自行设定。

（三）设计激励机制

激励机制的设计是暑期阅读非常重要的一个部分，主要有以下几种形式：

1. 物质奖励

物质奖励在早期的暑期阅读活动中非常普遍，奖品也多种多样，包括提供短途旅行机会等。对于这种形式，图书馆界一直有不同看法，有观点认为，这会不利于孩子为兴趣而读，使他们产生为得奖品而读的想法，但是今天仍旧有很多图书馆采取这种方法。比如2015年堪萨斯州公共图书馆的奖励包括游乐场所的免费票或打折票、必胜客的免费券、博物馆通票，等等。

2. 颁发证书

儿童完成暑期阅读任务即向其颁发一个证书。这里需要说明的是，目前很多图书馆的暑期阅读项目基本上都是挑战，不是竞赛。早期有一些图书馆采用竞赛的方式，但是很多图书馆员认为：采用竞赛的方式只是让那些有良好阅读习惯的人得到奖励，并不利于培养儿童的阅读习惯，特别是那些不爱阅读的孩子，更容易使他们产生阅读挫败感。因此暑期阅读的证书并不是获得一等奖、二等奖之类的证书，主要是说明某个儿童在暑期完成了阅读挑战，不管这个挑战是针对数量的，还是个性化的。

图6-3 英国2012年"夏季阅读挑战"项目的证书

3. 体现少儿价值的方式

孩子们如果认为自己做的事情可能给别人带来帮助，是有价值的，他们去做这个事情的劲头就会更大。很多图书馆设计激励机制的时候，充分考虑这一点——不提供物质奖励，而是提供价值感。比如某图书馆就采用如下方法：如果 80% 的孩子完成阅读挑战，那么图书馆就会买 100 本书送给其他那些急需书的小朋友；如果 90% 的孩子完成挑战，那么图书馆就会买 200 本书送给其他那些急需书的小朋友。通过这种方式，让孩子知道，自己的阅读行为可以帮助到别人，从而激励他们阅读。

4. 游戏等其他方式

爱玩游戏是孩子的天性，因此有一些图书馆的暑期阅读通过游戏激励儿童，比如英国的暑期阅读每年都会设计虚拟游戏角色及一些小游戏，儿童在暑期阅读的网站上可以选择自己喜欢的角色，并且只有读完固定数量的图书，才可以获得游戏解锁密码，才能进入游戏的下一个环节。还有的图书馆通过发放小贴画等方式来激励儿童。

图 6-4　英国 2011 年"夏季阅读挑战"杂技之星的卡通形象

二、暑期故事会和暑期读书俱乐部

故事会和读书俱乐部是图书馆常规的阅读活动。在暑假期间，这两项活动和平时略有不同，图书馆需要重点考虑以下两个问题。

1. 和非暑期活动的衔接

如果图书馆开设有常规的故事时间和书话会，需要注意和暑期活动的衔接。因为作为常规活动的故事时间和书话会，均有统一的安排和主题，暑期活动要注意和非暑期活动的配合。

2. 活动周期的变化

非暑假期间，一般故事时间为一周一次，书话会根据图书馆的具体情况可能周期更长，两周一次，或者一个月一次。在暑假期间，针对学生空闲时间变长的情况，可以适当缩短这两项活动的周期。

三、其他活动

图书馆的暑期阅读活动，已经不仅仅限于单纯的阅读，而是全方位的服务，包括提升儿童写作能力、信息素养、艺术素养、体育技能等方面的考虑。这里以案例的方式进行介绍。

案例：美国赛维尔县（Sevier County）公共图书馆暑期阅读项目

赛维尔县公共图书馆2004年推出的面向青少年的暑期阅读项目，主题为"面向未来"，参加的学生需提交阅读记录，可参加抽奖。除此之外，图书馆还安排有大量的其他活动，包括野外生存训练营（由公园的护林员具体讲授）、自我保护训练营（由当地警察局派人员讲授）、时间管理训练营、创造性写作训练营等。另外还安排有游戏的一天，在这一天里，青少年可以将纸牌、积木等游戏用具和零食带到图书馆，举行一个游戏派对。

案例：广州少儿图书馆的名家讲座

为使广大少年儿童多读好书，获得高质量的阅读效果，2015年暑期，广州少儿图书馆特邀广州青少年阅读指导专家开展系列"名家讲座"，内容包括好书赏析、阅读分享、亲子教育、经典文化等。

第一场：用阅读代替说教

时间：7月11日（周六）10:15—11:30

地点：广州少年儿童图书馆三楼报告厅

主讲嘉宾：祁丽珠（广东省家庭教育研究指导中心主任）

第二场：读古典，看神仙怎么飞

时间：7月18日（周六）10:15—11:30

地点：广州少年儿童图书馆三楼报告厅

主讲嘉宾：赵小敏（中国作协会员，一级作家）

第三节　暑期阅读项目宣传

一、实施前的宣传

（一）宣传品的制作

阅读推广的宣传品一般包括条幅、海报、宣传单以及相应的文创产品。宣传品的选择主要考虑目标用户群的特点以及经费情况。一般来说，暑期阅读项目的宣传品包括贴画、冰箱贴、棒球帽等，英国"夏季阅读挑战"项目的宣传品达21种之多（见延伸阅读材料）。

图 6-5　梅瓦科（Malwaukee）公共图书馆的暑期宣传单

（二）宣传渠道

1. 馆内宣传

指图书馆对那些到馆用户进行的宣传。这里的到馆用户有两层含义：一是到实体馆的用户，二是访问图书馆网站的用户。对这些用户的宣传主要包括以下几种方式。

（1）LED 显示屏显示信息。现在很多图书馆都在门口装有 LED 显示屏，屏上可滚动显示项目进行的时间和地点。

（2）在咨询台或者入口处放置宣传单。

（3）在相关阅览室门口放置宣传单。

（4）在图书馆网站上进行宣传。

（5）利用图书馆的微博、微信等进行宣传。

2. 馆外宣传

暑期阅读的馆外宣传，一个很重要的渠道是学校。很多暑期阅读项目和学校合作，在学校快放暑假之前，由老师向学生讲解图书馆暑期阅读的主要情况。

这里需要指出的是，很多暑期阅读项目专门制作面向学校和老师的指导手册。除了学校，图书馆也可考虑到幼儿园、早教机构、儿童游乐场等场所进行宣传。

3. 媒体宣传

主要是利用报纸、广播、电视等媒体进行宣传。国内一般利用传统媒体做实施后的宣传；在国外，一些阅读推广项目利用媒体进行实施前的宣传，比如洛杉矶劳斯法利兹（Los Feliz）公共图书馆和当地的电视台沟通，在播放青少年喜欢的《美国偶像》这一栏目开始前半分钟对该馆面向青少年的服务项目进行宣传。

二、实施后的宣传

图书馆进行的阅读推广项目，实施后需进行相应报道。公共图书馆可以将报道提交给新闻媒体、相关主管部门、图书馆专业群。当下社交媒体普遍使用，图书馆应该充分利用微博、微信等各种社交媒体进行广泛宣传。

第四节 暑期阅读的评估

不管是哪类机构开展的、面向哪类群体的阅读推广项目，都应该对阅读推广的效果进行评估，如此才能保证阅读推广的科学发展。

一、评估体系

对于暑期阅读评估来说，并没有一个统一的范式：有的侧重定量评估，统计流通量的变化等；有的侧重定性评估，通过访谈家长、儿童等获得定性数据；有的将定量和定性相结合，侧重效果评估（Outcome Evaluation）。理查德·奥尔曾经提出 S4 评价模型（Richard Orr's Evaluation Model），认为评价应该包括投入、执行、产出和效果。笔者认为，此模型不容易操作，因此将其简化为投入、产出和效果三个方面。投入指运行项目所需要的各种资源，产出指各种活动的直接结果，效果指个体或者群体在参与活动的过程中以及参与活动之后所发生的变化或者益处。

（一）投入

在对暑期阅读进行评估时，着重考虑以下投入要素。

（1）预算：既包括图书馆的经费支出，也包括筹款、捐赠等其他经费来源。

（2）工作人员：图书馆员工将负责规划、实施方案及活动后评估。除了跟踪参与和完成计划，一些图书馆还要求工作人员记录他们花费的时间。在具体评估时，除统计参与暑期阅读的图书馆员的数量，还需考虑志愿者的数量。

（3）馆藏：图书馆为了组织相关主题活动，可能需对馆藏资源进行调配、组织和加工。在评估时也要评估暑期阅读的馆藏是否足以支撑暑期阅读的开展。

（4）设施：图书馆开展暑期阅读活动所需要的空间及其布置情况如何。

（二）产出

（1）在暑期阅读中注册的读者数量；

（2）参与暑期阅读学龄儿童占全部学龄儿童的比例；

（3）参与每个活动的读者数量；

（4）完成暑期阅读的读者数量；

（5）参与暑期阅读的读者所阅读的图书总数；

（6）活动期间阅读书籍达到6本的儿童数量（此处的阅读数量可根据暑期阅读情况进行具体调整）；

（7）和上年相比，图书外借变化情况；

（8）暑期阅读期间新办证的儿童和家庭数量。

（三）效果

上述投入和产出主要侧重于从定量的角度去评估。但是对于暑期阅读来说，仅仅通过一些定量数据并不能全面地反映效果，因此需要通过访谈、问卷等多种方式获得更深入的数据，以便切实、全面地评估暑期阅读的效果。

1. 访谈

访谈是一种很常见的收集定性数据的方法。对于公共图书馆的暑期阅读评估来说，比较常见的是非正式的访谈，通俗一点说就是聊天的方式。图书馆员可随意询问到馆的儿童或者家长：今天在图书馆开心吗？你喜欢哪些环节？你今天看了什么书？你还希望在图书馆干些什么？诸如此类的问题尽管看似简单，但是如果整个暑假系统地收集读者的反馈，那么就会了解到关于暑期阅读效果的比较全面的情况。这里需要说明的是，图书馆员需要随时记录读者的反馈，并将读者意见进行集中汇总，适当调整暑期阅读活动，并为整体评估进行数据准备。

除了面向个人的非正式的访谈，还可以采用集体座谈的方式，人员既可包括参加暑期阅读项目的儿童和家长，也可包括未参加暑期阅读项目的儿童和家长。访谈时可以将儿童和家长分开进行，时间控制在1个小时之内、人数一般20人左右比较适宜。

2. 调查问卷

调查问卷是一种常见的收集数据的方法，在暑期阅读项目中也经常使用。调查对象主要包括儿童、家长和老师。一般来说，面向家长和老师的问卷可设计数量不多的选择题，外加一个开放题让家长提供建议和意见。面向儿童的问卷则需要用简单的、儿童能够和乐于接受的语言。

面向家长的问卷样例

您及您的孩子对夏季阅读的参与至关重要，我们真诚地希望听到您对孩子参与暑期阅读方面的反馈。

孩子的年龄 _____

1. 我们通过如下途径了解到暑期阅读项目

　　A. 学校　　　B. 图书馆　　　C. 朋友　　　D. 媒体

2. 我们喜欢到图书馆

　　A. 借书　　　B. 参加活动　　C. 看展览　　　D. 其他

3. 我们访问图书馆的频率

　　A. 一周一次　　B. 一周两次　　C. 一周两次以上

4. 我们阅读的频率

   A. 每天　　　B. 一周一次或两次　　　C. 只在图书馆

5. 我们参加暑期阅读的收获

   A. 孩子的阅读兴趣增加了

   B. 提升了阅读能力

   C. 发现了新的主题

   D. 通过艺术、科学、写作等环节进行创作和学习

6. 在整个暑期阅读中，我们最喜欢的项目是 _____

7. 在整个暑期阅读中，我们最不喜欢的项目是 _____

8. 我的建议和意见 _____

面向儿童的问卷样例

我是　　　男孩　　　女孩

开学后我将上 ____ 年级

请在每个陈述后面画上笑脸或者哭脸。

1. 我喜欢到图书馆

2. 我喜欢图书馆的暑期阅读

3. 我喜欢自己读书

4. 我喜欢将书借回家读

5. 我喜欢和别人一起读

6. 暑期阅读项目帮助我更好地阅读

7. 暑期阅读项目的活动和游戏非常有趣

8. 暑期阅读项目的活动和游戏让我学到了新的东西

9. 暑期阅读项目让我在图书馆交到了新朋友

10. 我喜欢每天为了快乐而阅读

3. 媒体报道情况

这里的媒体指多种形式的媒体，包括报纸、广播、电视，也包括微博、微信、博客等社交媒体，通过对媒体上关于阅读推广项目的报道、记录等多种信息的分析，可以全面了解暑期阅读的效果。

二、过程评估

效果评估能够判断某一个阅读推广项目具体实施中是否达到了其设定的预期效果。评估的最终目的在于发现、总结项目策划、实施过程中的问题，分析是哪些因素导致项目没有达到预期的效果，主要原因是什么，哪些因素对效果有重要影响。一般来说，需要对项目的策划、项目的宣传、项目的实施三个环节进行逐一核查。如果项目没有达到预期效果，应该重点审视以下问题：

（一）项目策划是否科学合理

（1）项目的目标用户是否明确？
（2）所设方式是否符合目标用户的特点？
（3）时间、地点选择是否合适？
（4）人员安排是否合理？
（5）经费安排是否合理？

（二）项目宣传是否到位

（1）馆内宣传是否到位？
（2）网络宣传是否到位？
（3）其他宣传（相关场所）是否到位？
（4）新闻媒体宣传是否到位？
（5）宣传单等是否有不清晰之处？

（三）项目实施是否顺利

（1）是否发生了超出预想的情况？采取的应急措施是否奏效？还有更好的应急措施吗？

（2）现场是否有不愉快的事情发生？为什么会发生？应该如何避免？

参考文献

[1] 聂卫红. 美国公共图书馆暑期阅读研究及启示[J]. 图书馆学研究，2009（11）：85-87.

[2] 唐曦. 我国公共图书馆暑期阅读活动探究：由美国公共图书馆"暑期阅读项目"所得启示[J]. 新世纪图书馆，2013（6）：50-52.

[3] Joe Matthews. Evaluating Summer Reading Programs: Suggested Improvements[EB/OL]. http://publiclibrariesonline.org/2013/05/evaluating-summer-reading-programs-suggested-improvements.

思考题

1. 你认为暑期阅读中数量约定、时间约定和个性化约定的利弊是什么？
2. 关于暑期阅读中的物质激励，图书馆界一直有不同的看法，美国很多图书馆员认为物质激励会让孩子产生为了获得奖品而读书的认知，反而不利于阅读习惯的培养。你如何看待此问题？请结合所服务儿童的特点设计激励机制。
3. 你所在的图书馆一般如何评估暑期阅读活动？

第七讲

儿童阅读推广优秀案例：
苏州图书馆"悦读宝贝"计划

宋 萌[*]

第一节 "悦读宝贝"计划的背景

苏州图书馆始建于1914年，其前身是清末正谊书院学古堂，曾为"江苏省立第二图书馆"，是我国创办较早的公共图书馆之一。苏州图书馆荣获"全国古籍保护工作先进单位"、"全国公共文化设施管理先进单位"、"全国优秀人文示范基地""全国盲人阅读推广先进单位"称号、第十四届"群星奖"（服务奖）、第十六届"群星奖"（项目奖）、"全民阅读先进单位"等一系列国家级荣誉。这些荣誉的获得与苏州图书馆一直以来注重阅读推广密不可分。苏州图书馆是中国图书馆学会阅读推广委员会副主任单位、推荐书目委员会主任单位，多年来不间断举办公益讲座、展览、知识竞赛、书目推荐、亲子阅读、广场诵读等形式多样的读书活动，还有公益音乐会、电影放映、苏州地方戏曲欣赏等读者休闲娱乐活动。

"平等、免费、专业、礼貌、高效"是苏州图书馆的办馆宗旨。以增加少儿阅读兴趣、培养少儿阅读习惯为出发点的儿童阅读推广活动，一直是苏州图书馆的工作重点之一。苏州图书馆新馆在设计之初，就充分考虑到"为所有人服

---

[*] 宋萌，苏州大学档案专业、南京大学法学专业双本科，副研究馆员，苏州图书馆副馆长，中国图书馆学会推荐书目委员会委员。《悦读宝贝：0—3岁亲子阅读手册》执行主编，主持苏州图书馆阅读推广、标准化工作等多项项目。

务"的理念，设 0~6 岁的学龄前幼儿阅览室和学龄少儿阅览室，并新增设少儿部，专门负责苏州图书馆少儿活动场所的日常管理和各类阅读活动的开展。

在开展"悦读宝贝"计划之前，苏州图书馆并没有专门针对 0~3 岁儿童的阅读推广活动。为弥补"为所有人服务"中在婴幼儿阅读推广方面的空白，在认识到培养婴幼儿阅读习惯的重要性后，苏州图书馆开始筹划"悦读宝贝"计划。一方面学习、借鉴英国"阅读起跑线"（Bookstart）项目的先进经验，另一方面摸索和设计适合苏州本地的婴幼儿阅读推广项目。经过多方探索与努力，2011 年 4 月 23 日世界读书日，苏州图书馆在苏州市文明办的支持下启动了"悦读宝贝"计划，向 1000 位苏州户籍的 0~3 岁婴幼儿赠送了阅读大礼包，内有婴幼儿读物、亲子阅读指导书、阅读成长尺、苏州图书馆宣传册和少儿读者卡等，借此鼓励家长尽早进行亲子阅读，培养宝宝的阅读习惯。大礼包大受年轻父母欢迎，1000 份阅读大礼包，仅仅一天时间就被申领完毕。[1]

第二节 "悦读宝贝"计划的策划

一、项目策划的过程

（一）自上而下对阅读推广的重视

2006 年，中国图书馆学会科普与阅读指导委员会成立，苏州图书馆成为该委员会中推荐书目委员会的主任单位。这既是对苏州图书馆以往开展阅读推广工作的肯定，也是对苏州图书馆进一步开展阅读推广的鞭策。当时，苏州图书馆已经有许多面向青少年读者的阅读推广活动，如针对幼儿的"故事姐姐""欢乐大本营""童话剧比赛"等，针对青少年的"雏鹰管理员""课本剧比赛""七彩夏日"等，但缺少面向婴儿的阅读活动，这也是苏州图书馆阅读推广工作中的缺憾。所以，关注婴儿的阅读，策划合适的活动，培养早期阅读习惯，就成为苏州图书馆阅读推广工作策划的重点。

---

[1] 徐雁，许晓霞．苏州图书馆百年回眸（1914—2014）[M]．苏州：古吴轩出版社，2014．

（二）英国"阅读起跑线"计划的启示

2006年，中国图书馆学会启动对全国基层图书馆馆长的培训，许多馆长作为志愿者讲师加入这一行动。南开大学于良芝教授在授课时介绍了英国的"阅读起跑线"项目，苏州图书馆邱冠华馆长作为同组的志愿者讲师，第一次获得了针对婴儿的阅读推广项目的详细信息。

该项目是英国政府组织的儿童福利计划"Sure Start"的组成部分，主要内容包括：

（1）向每个新生儿及其父母分别赠送一套Bookstart礼品包（图书、借阅证、阅读辅导指南、宣传册、父母利用图书馆的调查问卷）。

（2）目的是让英国的儿童尽早喜欢图书并从中受益，培育对图书的终生喜爱（a life-long love of books）。

（3）让非用户父母与孩子一起成为图书馆用户。

图7-1　2015年Bookstart新生儿阅读大礼包

实验研究显示，在参与Bookstart实验的儿童中，68%的孩子认为读书是他们最大的爱好，而在其他的儿童中，这个比例只有21%。①

---

① 以上内容摘自邱冠华《苏州市"悦读宝贝"计划草案》。

（三）"儿童阅读在德国"专题报告

2009年10月，苏州图书馆承办了"儿童阅读在德国"苏州巡讲报告会。其间，歌德学院图书馆乌特·哈赫曼女士在苏州图书馆多功能厅做了一场"儿童阅读在德国"的专题报告。据介绍，德国各地公共图书馆非常重视儿童阅读推广，针对0~3岁、4~6岁以及7岁以上各个年龄阶段儿童的不同身心特点，开展了许多富有创意的阅读活动。她还介绍了德国通过医疗机构向16个月大的幼儿发放阅读大礼包的做法，给人以深刻启示。

会上，她向大家展示了她发明的阅读测量尺。阅读影响人生"阅读尺"分为赤、橙、黄、绿、青、蓝、紫以及粉红、桃红、橘红10段，提供0~10岁儿童最佳阅读和语言提高信息、阅读建议以及父母们必知的信息；家长带孩子到图书馆后，只要让孩子测一下身高，就知道应该怎么辅导孩子阅读。阅读尺受到家长们的喜爱。

歌德学院（中国）在德国阅读测量尺基础上设计了适合中国儿童的阅读测量尺。

表7-1　歌德学院（中国）阅读测量尺

年龄	身高	主要阅读建议	小贴士
婴儿	60CM	在这个年龄段，书还是婴儿的玩具。触摸书、木头书和塑料书是婴儿的第一本书。	爱读书的家长是婴儿最好的榜样。
1周岁	70CM	在这个年龄段，一页只有一件物品的厚页小书是最佳选择。幼儿们能独立翻页，一岁之前识出书中的每件物品。	将与书中内容对应的、真正的物品摆放在书旁。
1.5周岁	80CM	在这个年龄段，幼儿的感官协调能力得到升华，能认出书中的图片，同时乐意听大人讲。	家长和幼儿一起看书，一起说出书中物品的名称。
2周岁	90CM	在这个年龄段，幼儿们能逐渐理解书中含有两至三个人的小情景。简短的小故事深受小孩子青睐。	家长用自己的语言给孩子讲述书中的故事片段。
3周岁	100CM	在这个年龄段，书对孩子学习语言有着积极的影响作用。每个孩子已有自己喜爱的主题。	家长们在孩子睡前为他们朗读。

续表

年龄	身高	主要阅读建议	小贴士
4周岁	110CM	在这个年龄段，孩子能把书中的情意和自己的生活结合起来。家长应当观察孩子的心理活动、愿望和爱好。	家长们时时关注儿童图书馆的活动信息。
5~6周岁	120CM	在这个年龄段，幼儿园的孩子应学习怎样融入到集体生活中去。老师和家长要增强孩子对汉语拼音、简单汉字和数数的兴趣。	给孩子们阅读的书应涉及这方面的内容。

苏州图书馆参照歌德学院（中国）阅读测量尺制作"悦读宝贝"大礼包中的阅读成长尺。

表7-2 "悦读宝贝"大礼包中的阅读成长尺

年龄	身高	阅读形式	小贴士
婴儿	60CM	书是我的玩具。	给孩子准备有声玩具书、触摸书、木头书、卡片书、塑料书、布书、挂图等。6个月以内的孩子对彩色不敏感，宜看黑白图像书。还可以给孩子听童谣和儿歌。
1周岁	75CM	我会翻书啦！	可以给孩子看识物类硬板书。孩子能在书中认出生活中的物品，请家长将对应的实物摆放在书旁。
1.5周岁	80CM	我能认图片啦！	家长和孩子一起说出书中物品的名称。
2周岁	85CM	我喜欢听小故事。	请家长绘声绘色地为孩子讲述书中的故事片段。孩子可以背童谣、唱儿歌，家长可以一起读（唱）。
3周岁	90CM	睡觉前，妈妈（爸爸）给我讲我喜欢的故事吧！	在这个年龄段，书对孩子学习语言有着积极的影响，家长可以为孩子朗读故事了。培养孩子睡前听故事的习惯。
4周岁	100CM	爸爸妈妈，我比书里的小朋友乖。	在这个年龄段，孩子能把书中的情景和自己的生活结合起来。建议家长观察孩子的心理活动、愿望和爱好。
5~6周岁	110CM	我想和小朋友们一起玩。	给孩子阅读能够帮助他们融入集体生活的图画故事书，以及与拼音、汉字、数数有关的简单读物。

（四）"悦读宝贝"计划的制订

2009年，公共图书馆研究院承担《公共图书馆事业发展"十二五"规划》课题（以下简称《规划》），邱冠华馆长参与了课题研究，策划了"悦读宝贝"计划的活动，该活动列入了《规划》，作为试点项目。为推动针对婴儿的阅读推广工作，验证"悦读宝贝"计划的可操作性，他拟订《苏州市"悦读宝贝"计划草案》（以下简称《草案》）。其背景部分介绍了英国Bookstart的做法，还介绍台湾地区已经引进了英国的Bookstart，并规划了一系列的少儿阅读活动，其中幼儿阅读活动名称为"阅读起步走"，学龄后的阅读活动名称为"悦读101"。

《草案》还明确提出该项目的设想："通过指导新生幼儿的父母开展亲子阅读，从小培养阅读习惯，让孩子喜爱书籍和阅读，是建设学习型社会和书香苏州的基础性工作。一旦开展，就是一项长期计划，目光是放在长期效益上。"

关于活动方式、内容及经费，《苏州市"悦读宝贝"计划草案》也相当清晰明确。2009年苏州市出生49663人，出生率为7.86‰，按苏州市区户籍人口240万计算，市区新增婴儿近1.9万人。在项目初期，不可能也无能力全面覆盖1.9万个家庭，因此可以选择一个妇儿保健中心试行，为1000名新生儿赠送"悦读宝贝"礼包。这个礼包包括："悦读宝贝"宣传册、苏州图书馆少儿读者证、大开本绘本、阅读指南（第一年拟用《亲子阅读》一书）、"悦读宝贝"成长记录、父母利用图书馆调查问卷、专用礼品盒（袋）。经估算，每个"悦读宝贝"礼包约100元，共需约10万元经费。由苏州图书馆招募"悦读宝贝"志愿者，与苏州图书馆的专业馆员一起在开展活动的地点（如妇儿保健中心）举办故事会及为幼儿父母开展亲子阅读的培训。在苏州图书馆的幼儿阅读室开设"悦读宝贝"活动场地，开展"悦读宝贝"的后续活动，这些活动也需要10万元的经费。两项费用合计20万元。

二、项目寻求合作

由于财政安排给苏州图书馆的预算中，并没有可以实施"悦读宝贝"计划的经费，该计划的实施只能靠寻求外部合作来解决经费的问题。

《苏州市"悦读宝贝"计划草案》提到："此活动既是独立的精神文明建设活动，

也是苏州阅读节的活动内容,拟请市文明办主办,由苏州图书馆、市卫生局、市计生委承办"。当时的考虑是:作为分管人口和计划生育工作的政府机关苏州市人口计生委,有拓展公共服务、实施优生促进工程、持续推进0~3岁科学育儿项目的职能,市区范围内有80个0~3岁科学育儿项目点。苏州市卫生局下属的42个社区卫生服务中心和158个社区卫生服务点覆盖了全市范围,是婴幼儿家长带着孩子打疫苗必去的场所。苏州图书馆了解、认识到科学育儿项目点和卫生服务点的优越性,希望使其成为"悦读宝贝"计划对家长宣传的主要阵地。

尽管再三与相关部门沟通协调,但由于经费和其他原因,与苏州市人口计生委、苏州市卫生局的合作均未成功。苏州市文明办对苏州图书馆开展的这项新颖的亲子阅读项目非常感兴趣,感觉到"悦读宝贝"计划符合苏州市民的需求,有助于"书香苏州"的建设,活动意义重大,前景广阔,于是从"未成年人思想道德建设"专项资金中划出10万元,供苏州图书馆启动该项计划。

三、项目的资金来源

开展此项阅读推广活动的最大难处就是资金问题。苏州市文明办每年从"未成年人思想道德建设"专项资金中划出10万元,供苏州图书馆启动这项活动,每年向1000名新生婴幼儿赠送"阅读大礼包"。但面对苏州市区每年2万多的新生婴儿,1000份大礼包实在是不尽如人意。扩大活动范围,实现让每个新生婴儿都能领到"阅读大礼包"的目标,成为市民的期望和苏州图书馆工作的方向。经过反复争取,加上"悦读宝贝"计划的实施获得了良好的社会反响,因而苏州市财政局在2014年预算中,安排了80万元专项经费,用于"悦读宝贝"计划活动的开展。同时,苏州图书馆也得到了社会力量的资助,苏明装饰股份有限公司每年赞助10万元,特别制作了帆布材质、背包式样的"阅读大礼包"袋子。

四、项目发展

(一)"阅读大礼包"赠送份数从1000份到10000份

2011年至2013年,苏州图书馆每年为1000个0~3周岁的婴幼儿家庭发放"阅读大礼包",活动采取网上报名、现场发放的方式,同时配套开展"家长课堂"等活动,引导家长与孩子共同分享故事和儿歌,培养孩子的阅读兴趣。经过3年的实践和争取,"阅读大礼包"活动赢得了社会的赞誉,引起了领导的重视和政府的支持;苏州市创建"国家公共文化服务体系示范区"和苏州市政府需要在示范区实行长效管理;全民阅读写入政府工作报告;苏州市开展书香城市建设;等等,这些使得"悦读宝贝"计划成为一个很好的典范,因而项目经费进入了财政预算。"悦读宝贝"活动范围得到了迅速扩大,离每个新生婴儿人手一个礼包的目标越来越近。按照苏州图书馆《提升服务效能10个100%计划》,将于2017年实现市区100%的新生婴儿可以领取"阅读大礼包"。

(二)成为"阅读起跑线"成员馆之一

作为全国公共图书馆阅读推广活动的先进单位,苏州图书馆多年来一直关注国际、国内的阅读动态及阅读新举,为了进一步得到英国"阅读起跑线"组织的专业指导,苏州图书馆指定业务辅导部专门采集相关信息,并利用对外交流活动搜集资料。通过检索"阅读起跑线"官网,苏州图书馆发现,中国大陆还没有该组织的分支机构,申请工作没有兄弟单位的经验可借鉴。不能借鉴别人,就自己尝试!经过8个月的申报、沟通,苏州图书馆"悦读宝贝"计划的理念和自主创新的活动品牌,得到了"阅读起跑线"总部的认可。2013年底,"阅读起跑线"通过其官方网站刊登苏州图书馆的"悦读宝贝"计划,并在"分支机构分布图"上标注苏州图书馆的地址。此举意味着,苏州图书馆"悦读宝贝"计划已正式加入"阅读起跑线",苏州图书馆也因此成为中国大陆第一家"阅读起跑线"成员馆。

紧随苏州图书馆,国内其他城市的图书馆也开始了申请行动,但苏州图书馆最终第一个获得了成功。主要原因是苏州图书馆自2011年起就施行"悦读宝贝"计划,3年来,这一计划开展得有声有色,吸引了数万孩子参加,得到了社会各界的广泛好评,各大媒体也争相报道。"阅读起跑线"主办方审查了苏州图书馆的申报资料,并通过严格的审核,确认"悦读宝贝"计划值得帮助,于是通过了该申请。[1]

---

[1] 施晓平."悦读宝贝"计划助力苏图入选[N/OL].苏州日报,(2014-01-22)[2015-08-01]. http://www.subaonet.com/cul/2014/0122/1275439.shtml.

五、项目实施过程

"悦读宝贝"计划主要由苏州图书馆少儿馆承担。苏州图书馆技术部负责设计"阅读成长尺""阅读大礼包"网上申领网页的设计和维护。研究咨询部负责整个活动的对外宣传。2014年苏州图书馆利用苏州图书馆总分馆网络体系,由苏州图书馆各个区级分馆在各自的社区分馆同时发放"阅读大礼包",开展配套阅读活动,方便符合条件的家庭就近领取"阅读大礼包"、参加活动。

除了苏州图书馆各部门和所有分馆参与到"悦读宝贝"计划中来,苏州图书馆文化志愿者也积极参与该活动。一是协助"阅读大礼包"装包工作。二是苏州市高等幼儿师范专业的准幼教、苏州市职业大学学前专业的大学生们,乐当"故事姐姐",在苏州图书馆总馆和分馆开展讲故事活动。三是苏州图书馆"家长课堂"于2015年3月正式启动,一批拥有儿童阅读、学前教育、儿童营养保健、计算机等多个专业背景的讲师们,充当"家长课堂"的培训师资。第一批共有30名幼儿园老师和热心家长参加了培训,还有一些老师和家长则安排在了第二批。"家长课堂"的目的是为家长提供早期教育方面的专业培训,进而组织成立"悦读妈妈"志愿者团队,走进社区、图书馆和幼儿园,向更多家长普及知识,让更多孩子享受故事,健康快乐地成长。

苏州图书馆"悦读宝贝"计划不是苏州图书馆一个单体在行动,学校、民间阅读组织的参与,使阅读活动犹如星星之火燎原,遍布整个苏州城。

第三节 "悦读宝贝"计划的主要内容

发放"阅读大礼包"只是"悦读宝贝"计划的第一步,接下来,苏州图书馆根据婴幼儿的年龄特点,有针对性地开展了多项阅读推广活动,如:举办"蹒跚起步来看书""悦悦姐姐教我念儿歌"等活动;自主创新"听故事姐姐讲故事""缤纷故事会""小手大创想"等一系列阅读活动品牌;开设0~6岁儿童"悦读园",研制开发少儿集装箱图书馆,作为实施"悦读宝贝"计划、推广儿童阅读的重要园地。

一、阅读大礼包

（一）阅读大礼包的内容

阅读大礼包里包括：绘本读物一本、亲子阅读指导书、阅读成长尺、苏州图书馆宣传册和少儿卡。

图7-2 苏州图书馆"悦读宝贝"新版2014年阅读大礼包

历年配置的绘本读物主要有：《猜猜我有多爱你》《逃家小兔》《好饿的毛毛虫》《抱抱》《棕色的熊、棕色的熊，你在看什么？》。

2011年至2013年亲子阅读指导书主要为《亲子阅读：送给0—12岁孩子的父母》一书，此书由邱冠华馆长主编，苏州图书馆馆员共同参与。这是一本送给0~12岁孩子父母的亲子阅读指南，书中列举了亲子阅读的常见问题、阅读技巧、阅读案例等。书中不仅有阅读指导专业人士为父母支招，而且有众多著名的亲子阅读实践者现身说法。阿甲、两小千金妈妈、作家保冬妮等海内外20来位"大书虫"爸妈，纷纷接受本书编者访问或撰写专文，讲述自己的亲子阅读经验。书后还附有《亲子阅读推荐书目》。对家长而言，这是一本可读性、可操作性很强的亲子阅读指南。

2014年4月，一本专为0~3岁婴幼儿家长准备的亲子阅读指导手册正式出版，《悦读宝贝：0—3岁亲子阅读手册》替代《亲子阅读：送给0—12岁孩子的父母》，作为"阅读大礼包"里免费赠送的亲子阅读指导书。《悦读宝贝：0—

3岁亲子阅读手册》内容更具针对性，内容包括：婴幼儿的发育特点和阅读建议、亲子阅读常见问题、海内外亲子阅读案例以及利用社会资源为亲子阅读锦上添花等。书后还附有《0—3岁亲子阅读推荐书目》等实用资料。

阅读成长尺：参照歌德学院（中国）阅读测量尺，根据国内儿童的身高特点，苏州图书馆设计制作了阅读成长尺。按儿童的身高和年龄段，给予不同的阅读建议。阅读成长尺上以可爱的长颈鹿身高尺记录宝宝成长。

苏州图书馆宣传册以"今天去哪儿？"为主题，形状类似小火车，折叠页；打开宣传页，能看到怎样使用图书馆、图书馆开放时间等内容。

凭苏州图书馆少儿卡，可进入苏州图书馆及分馆免费借阅图书10本。

（二）阅读大礼包2015年申领细则

（1）发放对象：2012年1月1日后出生、持本市（包括姑苏、吴中、相城、虎丘、工业园区）户口的婴幼儿，每人限领取一份。之前已领取过"阅读大礼包"的婴幼儿不能再次申领。

（2）报名方式：实行网上报名

网址：http://www.szlib.com/ydbb

（3）领取方式：报名成功后网页将会显示报名序号、领取地点和领取时间，请在这个时间凭报名序号和户口簿原件（不接受复

图7-3 苏州图书馆设计制作的阅读成长尺

印件）到指定地点领取大礼包。

（4）领取地点：家长需在报名填写时选定领取地点，并凭报名序号和户口簿原件到该选定地点领取，领取地点一经确认不得更改。

（三）阅读大礼包发放地点

阅读大礼包一开始只是在苏州图书馆总馆发放，现在已经延伸到苏州图书馆分馆和部分社区、街道、幼儿园，范围逐渐辐射全苏州市。

阅读大礼包集中发放地点主要有苏州图书馆少儿馆一楼、苏州图书馆沧浪分馆、苏州图书馆玉山分馆、苏州图书馆金阊分馆、苏州图书馆相城分馆、苏州图书馆园区青少年活动中心分馆。

图7-4 2014年6月1日，众多家长在苏州图书馆多功能厅入口处领取"阅读大礼包"

二、"悦读宝贝"计划活动阵地

"悦读园"是苏州图书馆专门为0~6岁的小读者设计建造的活动空间，是实施"悦读宝贝"计划，培养孩子阅读兴趣和良好阅读习惯的重要园地。"悦读园"位于苏州图书馆少儿馆一楼东侧。一走进"悦读园"，映入眼帘的是各种造型的书架、桌椅、卡通玩具和儿童绘本。"悦读园"总体上由三间活动室组成。最大的外间适合 4~6 岁的儿童使用，也是周末"听故事姐姐讲故事"活动室。中间专为 0~3 岁的儿童准备，兼做周末"家长沙龙"活动室，是"悦读园"区别于一般低幼儿童活动室的特色，将到馆的小读者年龄往前提到了 0~3 岁。当然，宝宝们来图书馆参加活动，要有家长们的陪同。最小的里间设计成了小巧而温馨的哺乳室，充分考虑到婴幼儿和家长的需求，为带宝宝一起来参加活动的爸爸妈妈、爷爷奶奶们提供方便。

图 7-5 "悦读宝贝"计划活动阵地——悦读园

三、"悦读宝贝"计划主要品牌活动

（一）"听故事姐姐讲故事"，快快乐乐过周末

每逢周末，苏州图书馆少儿馆一楼"悦读园"内，"故事姐姐"们通过集体阅读、游戏阅读、讨论阅读、图画阅读等形式给学龄前儿童开展文学启蒙教育；并围绕故事主题开展亲子手工制作、亲子游戏活动，让孩子们在快乐阅读的过程中逐渐养成良好的阅读习惯；活动每周开展一次。"故事姐姐"们给小朋友讲故事，带领孩子们做游戏，让小朋友们在学中玩，在玩中学，激发了孩子们的学习兴趣，受到了孩子和家长们的欢迎。小朋友们在浓浓的书香和多姿多彩的游戏活动中放松身心、增长知识，度过一个个快乐的周末。

图7-6　2011年3月13日，听"故事姐姐"讲故事——《幸福》

每个周末，"故事姐姐"们都会选取一个不同的主题故事，逢节假日则会选取和节日有关的故事，并设计相关的手工或者游戏，带领小朋友们活动。2014年中秋节，"故事姐姐"们带给小朋友们的故事是《中秋快乐》，并带领小朋友们制作了中秋贺卡送给家人。圣诞节，"故事姐姐"们选取的故事是《不一样的圣诞节》。小朋友们听完了故事之后，还可以和爸爸妈妈共同完成绘画作品，画出自己想画的东西；或者和同龄小伙伴玩"木头人""老狼老狼几点钟"的游戏等。悦读园里充满了欢声笑语，每个人脸上都挂着开怀的笑容。

（二）"我给孩子讲故事"比赛，收获满满

为鼓励更多的父母和孩子分享阅读，体验亲子阅读的乐趣，提升亲子阅读的质量和水平，自2010年起，由苏州市文明办、苏州市文广新局、苏州市教育局、苏州市妇联联合主办，苏州图书馆、苏州高等幼儿师范学校、苏州市少儿文学阅读指导站承办的苏州市"我给孩子讲故事"比赛，至2015年已连续举办了6年。比赛不仅为老师、家长们提供了一个展示个人语言教学艺术魅力的机会，也为参赛选手提供了一个互相交流学习的平台。

在往年的比赛中，参赛选手们口齿清晰，表达流畅，感情真挚，精神饱满，动作、表情都非常到位。有的选手借助幻灯片和背景音乐渲染故事氛围；有的

选手穿上专用的动物服装，再拿上特制的小道具，给现场的观众们带来了一场全新的视觉大餐。除此以外，参赛选手们选择的故事内容也是丰富多彩：有的极富儿童情趣，如《小猴吃西瓜》《一只猪和一百只狼》等；有的选择西方童话故事，如《卖火柴的小女孩》；有的选择日本绘本大师宫西达也的恐龙系列作品，如《你看起来好像很好吃》《我是霸王龙》等。

（三）"家长沙龙"，家长们互相沟通学习的平台

对于少儿图书馆来讲，除了为少年儿童开展各种各样的服务外，还需要为家长们提供一些服务，如帮助家长正确教育孩子、引导孩子阅读等。"家长沙龙"这一活动的开展正是为了给家长们提供这样一个学习和交流的平台。苏州图书馆"家长沙龙"邀请儿童教育专家、心理咨询师和有成功教子经验的家长，通过讲座与互动的形式，在家长之间、家长与专家之间建立一个面对面交流的平台，帮助大家解决家庭教育中遇到的困惑和难题，让更多的家庭分享成功的亲子阅读经验和科学的育儿方法，帮助孩子们轻松、愉快地迈出人生的第一步。

（四）幼儿童话剧表演比赛，赛出我童年

苏州市幼儿童话剧表演比赛每两年举办一次，自2006年以来已成功开展过五届，2014年有43所幼儿园近700位小朋友参加到比赛当中。比赛旨在激发幼儿的阅读兴趣，发展幼儿的思维能力、语言能力和交往能力，培养幼儿的合作意识和团队精神，让他们在生动的情境中感受阅读带来的快乐。

图7-7 2014年5月24日，第五届苏州市幼儿童话剧表演比赛

比赛中炫目逼真的舞台场景和精心设计的服装、道具为小朋友们的表演锦上添花，让人印象深刻。剧目丰富多彩，有的参赛剧目改编于神话传说以及经典的童话寓言故事，如《三打白骨精》《大闹天宫》等均改编于我国著名古典文学著作《西游记》《皇帝的新装》《新编丑小鸭》改编于安徒生同名童话。这些绘本故事的改编，不仅展示了幼儿园老师良好的儿童文学素养及对文学作品再创作的能力，还很好地宣传和推介了这些经典著作，让更多的家长及幼儿了解这些经典儿童文学作品。更有许多童话剧与时代紧密结合，或加入当下流行元素，或结合雾霾等环境污染问题。如童话剧《不再愤怒的小鸟》涉及知名手机游戏"愤怒的小鸟"；童话剧《美丽家园》《小鱼回来了》警示人们：保护环境，人人有责。参加比赛的幼儿园选择的剧本，集中在经典童话和古典文学作品这两大类，这也从侧面反映出，幼儿园老师在文学作品的选择和幼儿阅读兴趣的培育方面，更青睐经典作品。

（五）"缤纷故事汇"，争当故事大王

2014年苏州图书馆推出了"缤纷故事汇"活动。现实生活中，有一些小朋友只要一站在大家面前，就紧张得说不出话。"缤纷故事汇"给大家提供了一个小舞台，让害羞的小朋友们勇敢地站出来，为别的孩子讲一个自己拿手的故事，既锻炼了他们的语言表达能力，也提升了他们的自信。

说话是表达思想的一种重要的方式，是人际交往的社会手段。从学语开始，家长就想尽办法让孩子多说。可是怎样锻炼孩子的语言表达能力呢？最好的办法就是讲故事。有这样一句话，"孩子是生活在故事里的"，幼儿的世界单纯、可爱，他们喜欢各种有趣的故事，并且喜欢把身边的事物都编入故事。讲故事可以培养孩子的社会交往能力，让孩子充分表达自己的意愿；讲故事可以提高孩子的情商，让孩子培养起学会分享、换位思考、关心他人等好品质；讲故事可以使孩子的性格变得开朗；讲故事可以开阔孩子的视野，让孩子的知识变得更加丰富；讲故事可以增强孩子的想象能力和创造能力。"缤纷故事汇"就是这样一个好的平台，帮助小朋友们在这里锻炼口头表达能力，提升自我，全面发展。

第七讲 儿童阅读推广优秀案例：苏州图书馆"悦读宝贝"计划

（六）"小手大创想"，创意无极限

生活因为创意而更加丰富多彩，再普通不过的小玩意儿，经过简单的拼接和粘贴，也许就会带来非凡的惊喜！动动你的小手，完成一个大的创想，做一件创意工艺品送给家人和朋友吧！相信他们一定会喜欢的！要不要加入我们，一起动手呢？

以上就是我们"小手大创想"活动的宣传词。"小手大创想"活动是苏州图书馆推出的一项深受小朋友和家长喜爱的公益活动，针对学龄前儿童开展，目的是培养孩子的观察力、创造力以及动手能力。幼儿手工制作能提高幼儿的综合能力。独立完成一件手工制品，对于幼儿来说不是一件容易的事情，因为它需要幼儿各项能力的协调。手工让孩子在动手动脑的同时游戏，起到了真正的寓教于乐的作用。"小手大创想"活动主要针对4~6岁的小朋友，活动主题有制作"纸杯花""青蛙拼盘""纸杯小丑"等。

（七）"积木变变变"，有你更精彩

"积木变变变"活动非常受小朋友们关注。这个活动推陈出新，不仅用到传统的积木，还用到了非常新颖的新型积木——颜色艳丽、不易磨损、做工精致，并且可结合电源等做出积木机器人，充分让小朋友们和家长们体会到科技的魅力。

几乎每个周末，"积木变变变"活动都会在苏州图书馆少儿馆与大家准时见面。根据参与小朋友的年龄，会有不同的分组；学龄前儿童主要搭建简单的小动物，年龄略大的小朋友则会挑战高难度的电动台灯等。

（八）开展"家长课堂"培训，组建"悦读妈妈"志愿者团队

"家长课堂"在2015年3月和大家正式见面了。作为苏州图书馆的公益性培训项目，该项目以家长和幼儿园老师为招募对象，目的是为家长提供早期教育方面的指导培训，希望妈妈们掌握给孩子讲故事的技巧，进而组建"悦读妈妈"志愿者团队，走进社区、图书馆和幼儿园，为更多的孩子讲故事，也为更多的家长普及关于阅读、营养、保健及亲子教育等方面的知识，让更多孩子在良好

的家庭环境中健康快乐地成长。

　　课程内容设置上，不仅开设"故事妈妈"课堂，讲解亲子阅读知识，而且开设"营养妈妈"课堂、"保健妈妈"课堂、"智慧妈妈"课堂、"快乐妈妈"课堂，全面、系统地讲解孩子成长过程中家长们应当注意的营养、发育、生理、心理等方面的问题。在培训方式上，"家长课堂"打破了以往单靠老师理论性讲解的模式，将理论与实际操作相结合，精讲与泛讲结合，大课与小课结合。为志愿者们培训的讲师团有图书馆阅读经验丰富的专业人员、苏州著名儿童文学作家、早教专家、营养保健专家等。

（九）快乐印章游戏

　　"蹒跚起步来看书"是苏州图书馆专门为0~6岁的婴幼儿精心设计的集游戏、阅读、写作为一体的手册，有50本经典绘本的内容介绍和分级阅读书单；而且可以随手做阅读记录；还能参与"快乐印章游戏"，到年底集满一定数量的印章可以换取相应的小礼品。花花绿绿的封面设计和上面可爱的卡通长颈鹿图案吸引着小朋友们的目光。领到"蹒跚起步来看书"敲章册后，他们在爸爸妈妈的帮助下小心翼翼地翻开对应的敲章页，印章蘸取印泥后对准位置，用力敲下去，希望能够敲出一枚漂亮的印章，留下阅读的印记。

（十）各分馆开展的亲子阅读活动

1."开心果"亲子阅读活动

　　苏州图书馆相城分馆（相城区图书馆）面向相城区4~12岁幼儿创办的品牌活动。形式包括讲绘本故事、绘画、手工制作、舞蹈和游戏等，深受相城区广大亲子家庭的喜爱。

2."泡泡故事园"

　　苏州图书馆沧浪分馆开展的一项少儿阅读推广活动，主要以绘本为载体，以0~12岁的儿童为对象，通过讲故事、绘画、手工制作以及趣味游戏等方式来启迪不同年龄段儿童的心智，培养儿童良好的阅读习惯和利用图书馆的意识，使图书馆真正成为社区少年儿童快乐阅读与快乐成长的精神家园。

3. "百草园"系列亲子活动

苏州图书馆玉山分馆举办的一项儿童阅读活动。以绘本为载体，以讲故事为主要形式，锻炼小朋友的胆量，培养他们的集体意识，同时家长们可交流育儿经验和亲子阅读技巧，相互推荐图书，使幼儿阅读带动家庭阅读，家长与孩子一起阅读、一起成长、一起进步。

4. "七巧板"系列活动

苏州图书馆园区分馆开展的儿童阅读推广品牌活动。通过看绘本、讲故事、唱儿歌、做游戏、绘画、做手工等方式，拓展小朋友们的认知视野，恰如"七巧板"这一智力游戏一样带给孩子们乐趣和帮助。

第四节 "悦读宝贝"计划的经验总结

一、对公共图书馆使命的认识

"从小培养和加强儿童的阅读习惯"是公共图书馆的使命之一，苏州图书馆在设计"悦读宝贝"计划之初，就将这项计划作为"一项长远计划，定位的目标是放在长期效益上"。也正因为这样的定位，苏州图书馆克服各方面的困难，坚持将"悦读宝贝"计划持续深入地做下去，深受读者欢迎，取得了非常好的社会效应，赢得了各种荣誉。

二、长期以来对儿童阅读推广工作的重视

苏州图书馆在新馆设计之初，就充分考虑为所有人服务，成立专门部门负责开展儿童阅读推广工作，策划适合不同年龄层次的儿童阅读活动。每年图书馆少儿部签订的目标责任书中，要求儿童阅读活动形成品牌，每年还要创新一至两个新品牌活动，规定活动的场次，每年逐渐提升数量。这些活动除了要在苏州图书馆总馆开展外，还要走出去，到苏州图书馆分馆开展，充分利用苏州图书馆未成年人流动图书"大篷车"，服务于不方便来图书馆参加活动的城乡

接合部外来务工子弟们,让每一个孩子都能充分享受到苏州市公共文化服务的成果。

目前正在筹划中的苏州第二图书馆,又重点针对0~16岁的少年儿童,按年龄划分不同的功能区域,动静分开,包括阅读区、活动区主题工作坊、才艺展示区、青少年探索区等,将应用多媒体、3D打印等先进技术,为小读者量身打造一个新颖的、充满童趣与创意的乐园,构建一个多功能、具有强烈吸引力的少年儿童"悦读新天地",吸引更多的家长参与和体验,营造"快乐阅读、幸福成长"的氛围。

三、品牌经营的理念

苏州图书馆针对"悦读宝贝"计划这个品牌,不断学习和借鉴国内外先进的儿童阅读推广理念,设计LOGO,集中宣传,固定和充实"悦读宝贝"计划的内容和内涵,取得了最大的社会效益。

1. 学习、借鉴先进的儿童阅读推广理念

苏州图书馆积极参与中国图书馆学会阅读推广方面的工作,同时也引进一些国内外专家学者来苏,邀请他们对馆员进行培训,传授比较先进的儿童阅读推广方面的经验,介绍国内外图书馆儿童阅读推广方面的优秀案例。馆员们结合苏州本地实际,学习、借鉴基础上自主创新了苏州图书馆"悦读宝贝"计划中的系列活动品牌。

2. 注重"悦读宝贝"计划的品牌经营

(1)"悦读宝贝"计划的LOGO设计

"阅读大礼包"中的阅读成长尺借鉴了歌德学院(中国)阅读测量尺。"悦读宝贝"计划中的LOGO,委托苏州士奥动画有限公司专业人员设计,选用亮丽色彩为主,吸引孩子们的眼光,小鸟图案站立在字母图样的大树上。成长树的造型——体现出亲子关系。健康的"绿色"———体现出这是一项绿色的、免费的、公益性质的活动。艳丽明快的色彩——充满童趣、童真,适合儿童的色彩喜好。树上的字母体现出成长后的成果——获得理想的结果(硕果累累)。亲子快乐阅读演变为"悦读宝贝"4个字。树上及树下的英文为Reading Baby——与旁边的"悦读宝贝"4个汉字体现出中英文结合的造型。

第七讲
儿童阅读推广优秀案例：苏州图书馆"悦读宝贝"计划

图7-8 苏州图书馆"阅读宝贝"LOGO

（2）"悦读宝贝"计划的集中宣传

"阅读大礼包"的发放一般在世界读书日前后，通过苏州电视台、电台、《苏州日报》、《姑苏晚报》、苏州图书馆网站、苏州图书馆馆内明显位置进行集中宣传。主要宣传"阅读大礼包"申领方法，同时配合"阅读大礼包"申领举办一些儿童阅读活动。

（3）固定"悦读宝贝"计划中阅读活动品牌

配合"阅读大礼包"申领，苏州图书馆也固定举办一些品牌延续性阅读活动。如每日开展的快乐印章游戏，帮助孩子们记录每天的阅读情况；双休日开展的"故事姐姐讲故事"；集中在寒暑假举办的"缤纷冬日""七彩夏日""图书馆之夏活动"；每年举办的"我给孩子讲故事比赛"；两年举办一次的"苏州市幼儿童话剧表演比赛"；等等。

四、宣传推广

活动品牌需要靠广泛的宣传推广才能打响知名度。对公共图书馆而言，宣传推广永远是取得良好社会效益所应采用的有效方式之一。只有宣传推广工作做到位了，好的活动品牌才能够被大众所认识。

1. 结合大型读书活动，借助国家、省、市级主流媒体进行宣传

如在2014年4月23日"世界读书日"当天，苏州图书馆除举办以"阅读，请到图书馆"为主题的经典诵读活动外，还举行了发放"阅读大礼包"启动仪式。苏州本地媒体集中进行了报道，《新华日报》2014年4月25日也以《苏州图书馆发放"阅读大礼包"》为题进行了报道。

2015年7月8日，由新华社、人民日报社、中国新闻社、《中国文化报》等中央媒体组成的采访团，对苏州市公共文化服务体系建设先进典型进行了集中采访，报道了苏州图书馆"悦读宝贝"计划。

2. 借力苏州阅读节

苏州图书馆"悦读宝贝"计划每年作为全馆的重点活动上报苏州市阅读组委会办公室，并成为苏州阅读节品牌活动之一。苏州阅读节是一项"政府倡导、专家指导、社会支持、群众参与"的大型综合性群众阅读文化活动。苏州阅读节自2006年举办以来，每年都吸引了数百万新老苏州人参与，在江苏省乃至全国都产生了很大影响。

3. 专业渠道进行宣传

苏州图书馆连续3年承办了中图学会年会分会场，"阅读大礼包"作为参加分会场代表的礼品，免费发放给全国图书馆界的会员。2014年10月，中图学会年会"图书馆如何推进家庭阅读"分会场上，笔者向参会的一百多位图书馆界同行介绍了"悦读宝贝"计划。馆员何冰沁现场展示了"悦读宝贝"计划活动，配合手指操，用标准的苏州话演绎了儿歌。吴侬软语，娓娓动听，给同行们带来新鲜的视觉和听觉体验，现场响起了一阵阵的掌声。

苏州图书馆还充分利用图书馆业界报刊《图书馆报》进行宣传。如2015年4月24日《图书馆报》A08版"馆建风采"一栏中，整版报道《苏州图书馆："悦读宝贝"计划让儿童享受阅读的乐趣》，介绍了苏州图书馆"悦读宝贝"计划的活动安排。

4. 做好本馆自身渠道的宣传

苏州图书馆网站（http://www.szlib.com/）首页设"阅读大礼包"、"少儿园地"专栏，"阅读大礼包"专栏里设活动说明、申领细则、报名填写、序号查询。"少儿园"地专栏里刊登"悦读宝贝"计划的品牌活动介绍以及活动日程安排。

五、团队建设

苏州图书馆"悦读宝贝"计划已连续开展了四年多，取得了一些成绩，这得益于一支精干的团队。

1. 内部培养馆员

苏州图书馆"悦读宝贝"计划在设计之初,苏州图书馆邀请国内外知名学者来苏举办讲座,对一批年轻馆员进行培训,其中部分馆员对儿童阅读推广理念非常感兴趣。苏州图书馆"悦读宝贝"计划责任部门落实在苏州图书馆少儿部,少儿部主要负责人长期从事儿童阅读推广方面的工作,和幼儿园、中小学等相关部门有着良好的关系。

"悦读宝贝"计划中,许多活动项目由苏州图书馆馆员独自承担,每项活动的开展,馆员们都要提前做许多功课。如每周固定一期的"家长沙龙",授课的团队是苏州图书馆馆员。从每期主题的确定,到图书的选择、PPT的制作,都需要投入一定的精力,每期"家长沙龙"结束后,还需要总结。如某期"家长沙龙"的主题是"解读图画书中的奥秘——视角变换与方向性"。根据图画书几种常见的视角——仰视、平视、俯视和鸟瞰,馆员选择了《喂,小蚂蚁》《我妈妈》《爷爷的肉丸子汤》《高空走索人》《疯狂星期二》《安格斯和鸭子》这几本典型的书进行了视角变换的解读。这些都需要馆员在平时进行积累和阅读。这些年轻馆员大多具有硕士以上学历,爱好读书。今年开展的"悦读妈妈"团队培训中,这些年轻馆员又积极参与培训,已成为"悦读宝贝"计划中的主力军。年轻馆员们每次参与活动的全过程,既提升了他们的业务技能,也锻炼了表达能力。

2. 引进专业表演人才

为提升苏州图书馆"悦读宝贝"计划的服务水平,2013年,苏州图书馆引进了一名评弹专业、具有育婴师资格证的专业人才。这名馆员名叫何冰沁,语言生动,性格活泼,擅长表演,自创了以她的名字为名的"冰冰姐姐教你念儿歌"活动品牌。每次"儿歌时间",有趣的儿歌总能激发宝宝的语言兴趣和音乐感受力,宝宝们和"冰冰姐姐"能够很好地互动。每次活动,育婴师"冰冰姐姐"都会精心准备PPT和手偶。她带领着小朋友们念儿歌、做手指操。"石头剪刀布,石头剪刀布,一个石头一个剪刀变成小白兔。"小朋友们看见这个变魔术般的手指操,都开心得不得了,有的妈妈也参与进来,和小朋友们一起做,悦读园里变成了欢声笑语的海洋。

3. 借力文化志愿者队伍

文化志愿者的加入,对苏州图书馆"悦读宝贝"计划而言,具有不可小觑的作用。

（1）有一支幼教经验丰富的馆外专家队伍

苏州图书馆儿童阅读推广活动的成功开展，得益于苏州本地一批幼教经验丰富的专家队伍。

这支队伍中，有国家一级作家、苏州市作家协会副主席王一梅老师。王一梅老师是苏州图书馆儿童阅读推广活动的常客，也热心帮助我们策划了"悦读宝贝"计划中的部分活动品牌。作为苏州图书馆"悦读妈妈"培训团队的主讲老师，她分享了她的阅读成长经历，也让我们充分了解到，作为一个孩子，童年生活最重要的部分就是阅读。王老师有一个充满阅读情怀的母亲，这也让她体悟到了"童年的高度决定人生的高度，母亲的情怀影响孩子的未来"这一真谛。

苏州高等幼儿师范学校儿童文学专业的韩梅老师，是两个孩子的妈妈，培养过多名幼儿园老师。在如何讲故事方面称得上专家，她经常与家长们交流"讲故事的N种技巧"。

苏州图书馆儿童阅读推广方面的专家还有苏州高等幼儿师范学校学前教育专业的教授，他们经常与家长们分享、交流"孩子的情绪管理""绘本及绘本中的手偶制作""绘本中的游戏精神""图画语言与图画书中的文本细读"等内容。

在我们的志愿者中，有一位非常特殊的张宇老师。他是高级公共营养师、高级育婴师、江苏省营养配餐技能专家；他主讲的"婴幼儿童常见科学烹饪方法解析"，非常受家长们欢迎。身边简单、常用的食材，经他的巧妙搭配，就能为婴幼儿的营养带来事半功倍的效果。

（2）有一支稳定的"故事姐姐"队伍

苏州图书馆"悦读宝贝"计划中有一个"故事姐姐讲故事"活动品牌，"故事姐姐"们大多是苏州市幼儿高等师范学校、苏州市职业大学学前专业的准幼教老师，基本以大三以上学生为主。她们利用自己的空闲时间，通过苏州图书馆"悦读宝贝"计划这个平台，为自己的所学专业找到了一个极佳的展示舞台。

（3）有一批"悦读妈妈"新生力量

苏州图书馆"家长课堂"招募了一批热心公益事业的幼教老师和家长，为她们培训了亲子阅读、讲故事技巧、智慧妈妈、儿童营养与保健等内容。苏州图书馆将她们吸收进"悦读妈妈"志愿者团队，安排到就近社区、图书馆分馆，为小朋友开展故事会活动，为家长普及早期阅读、儿童营养保健方面的知识，让孩子从小养成热爱阅读的好习惯。

参考文献

[1] 阿甲. 帮助孩子爱上阅读：儿童阅读推广手册 [M]. 上海：少年儿童出版社，2007.

[2] 邱冠华. 亲子阅读：送给0—12岁孩子的父母 [M]. 北京：国家图书馆出版社，2010.

[3] 王惠君. 绘本阅读 [M]. 北京：国家图书馆出版社，2011.

[4] 吕梅. 共享阅读 [M]. 北京：国家图书馆出版社，2011.

[5] 范并思，吕梅，胡海荣. 公共图书馆未成年人服务 [M]. 北京：北京师范大学出版社，2012.

[6] 金德政. 悦读宝贝：0—3岁亲子阅读手册 [M]. 北京：国家图书馆出版社，2014.

思考题

1. 公共图书馆为什么要开展儿童阅读推广活动？
2. "悦读宝贝"计划是什么样的活动？
3. "悦读宝贝"计划为什么能起到提高儿童素质、促进全面发展的目的？

第八讲

儿童阅读推广优秀案例：
广州图书馆绘本阅读推广

王 蓉[*]

绘本是通过手绘图描述故事的少儿读物，其"以图为主，以文为辅"的特点，为儿童的阅读过程赋予了无限遐想空间，是儿童阅读启蒙阶段的重要媒介。绘本于17世纪诞生于欧洲，在数百年的历史发展中，凭借形象生动、通俗易懂的优势引导着全球儿童走近阅读、热爱阅读。绘本阅读在讲故事的同时，帮助孩子构建精神家园，培养多元智能。21世纪的今天，绘本阅读已经成为世界儿童阅读的时尚。我国大陆地区对于绘本阅读的认知与实践尚处于起步阶段，公共图书馆近年来逐步意识到绘本对儿童阅读培养和自身成长的重要性，开始大力推广绘本阅读。2006年广州图书馆启动绘本阅读推广活动，致力于帮助儿童建立良好的阅读习惯，激发主动阅读兴趣。推广活动包括学术课题研究、亲子读书会、手工绘本制作、绘本故事讲述大赛等各类形式，旨在形成积极的阅读氛围。

第一节 广州图书馆绘本阅读推广的背景

广州图书馆多年来致力于探索如何让儿童爱上阅读，不断提出各种先进理

---

[*] 王蓉，广州图书馆儿童与青少年阅读部主任。多年致力于未成年人阅读推广，并成功打造"在阅读中成长——广州市青少年十年阅读系列活动"、亲子绘本阅读馆、玩具馆等服务品牌。在核心期刊上发表论文4篇，编撰、主编专著2部。

念来探讨儿童阅读推广形式的多样化，比如"如何帮助孩子深入理解故事背后的故事""如何通过阅读拓展儿童思维能力的发展""亲子伴读的方式"，等等。绘本阅读，经过实践证明，是众多阅读推广方式中的最佳之一。

一、绘本的特点

公共图书馆推广绘本阅读，首先需了解绘本的特点，即绘本与其他图书的区别。绘本充分运用图画的表现力，辅以精练的文字，力求生动形象、立体开放地表达故事内容，既不同于插画书，也不同于我国传统的小人书和连环画，是一种老少皆宜，并具备欣赏、娱乐、教育等多功能的媒介。其特点可简单概括如下：

（一）简短直白，易于理解

绘本的制作篇幅大都受到严格控制，往往较短，页数通常为8的倍数。绘本阅读对象多是未成年人，因而书中概念很少，情节易于理解，以视觉形象作为主要的表达手段，具象化特征明显。

（二）可感可知，艺术性强

绘本故事多来源于现实生活，儿童在日常生活中都可以感受和体会；作者在创作中从儿童的视角出发，力求与阅读者产生情感共鸣。比起普通文学书籍而言，绘本多了一层浓重的艺术感，不乏写实主义、超现实主义、印象派绘画等各类艺术风格。

（三）精练连贯，浑然天成

绘本的文字通常简洁精练，作点睛之用，对故事情节和人物心理加以升华，要求语言朗朗上口，能促进儿童对语言节奏及韵律的感知。绘本中的图画具有连续感，每幅图连起来构成一个整体，其封面、环衬、扉页等，都是故事的组成部分，不可或缺亦不可替代，共同为读者演绎着精彩内容。

二、绘本阅读推广的重要性

基于上述特点,绘本拥有了普通儿童图书无法替代的优势。而正因这种独特优势,绘本阅读能够促进儿童阅读能力的提高,满足孩子在阅读中学习的需求,因此成为公共图书馆儿童阅读推广的重要助推器。公共图书馆作为知识获取、传播与交流的平台,有责任肩负起指导和辅助儿童阅读与学习的重任,应该利用图书馆馆藏配置与服务资源,大力推广绘本阅读,为全社会营造良好的阅读环境,帮助儿童培养正确的阅读习惯。

推广阅读也是图书馆的重要使命。1994年《公共图书馆宣言》指出,公共图书馆有12项使命,其中3项与阅读相关:第1项"养成并强化儿童早期阅读习惯";第4项"激发儿童和青年的想象力与创造力";第12项"支持和参与并在必要时组织不同年龄的扫盲活动与计划"。[1]显然,公共图书馆有责任开展各类阅读活动以培养儿童的阅读兴趣,而绘本阅读能够帮助孩子从小就养成良好的阅读习惯,激发想象力与创造力。上述使命的提出也充分说明,阅读推广活动符合儿童成长的需求,能够直接影响孩子的阅读行为,儿童阅读推广活动在公共图书馆工作中占有重要位置。[2]

第二节 广州图书馆绘本阅读推广的基础

广州图书馆在绘本阅读推广服务中具有坚实的工作基础,覆盖了理论研究层面、资源配置层面、人员建设层面以及活动组织层面等方方面面。

一、理论层面的研究

2009年,广州市哲学社会科学发展"十一五"规划项目"由绘本爱上阅读——公共图书馆少年儿童阅读推广实践研究"(项目编号:09B82)正式立项,广州图书馆少儿部作为项目负责人,以广泛调研为基础,针对学龄前儿童家长、小

---

[1] 张树华. 对1994年《公共图书馆宣言》的认识和理解[J]. 中国图书馆学报, 1997(3):3-6, 22.
[2] 姚迎东. 公共图书馆绘本阅读服务提升初探[J]. 图书情报论坛, 2013(5):75-77.

学生阅读倾向和阅读习惯、绘本书认知、读物接触和拥有情况、阅读心理、对绘本的理解程度和阅读特点等方面，进行了深入分析与研究，为图书馆开展绘本阅读推广活动提供了数据基础和理论依据。[①]

二、服务场馆的建设

广州图书馆在新馆内打造"亲子绘本阅读馆"服务阵地，服务对象集中于0岁至小学低年级的儿童及家长、绘本爱好者。馆内设咨询总台、自助借还区、玩具图书馆、小剧场、婴幼儿（0~3岁）区、绘本区等6个区域，通过馆藏文献、空间造型、环境装饰营造亲子悦读功能空间。2013年6月1日，广州图书馆亲子绘本阅读馆正式对外开放。服务板块建成后好评如潮，吸引了众多亲子家庭到馆体验；馆内同时辅以读书会、讲座、沙龙等儿童阅读推广活动，邀请家长和孩子参与阅读，成为全市推广绘本阅读、倡导亲子共读的重要场所。2015年，广州图书馆亲子绘本阅读馆在中国图书馆学会主办、《国书馆报》承办的"全国优秀绘本馆评选活动"中被评为"全国十佳绘本馆"。

图8-1 广州图书馆亲子绘本阅读馆馆内一角

三、资源层面的配置

广州图书馆力求推行全方位、立体式的原创绘本服务，均衡配置纸质和数

---

① 吴翠红. 由绘本爱上阅读：广州图书馆绘本阅读推广实践研究综述 [J]. 图书馆杂志, 2011（9）：105–109.

字资源。目前，亲子绘本阅读馆拥有馆藏文献 12 万册，重点入藏一系列获得"凯迪克大奖""国际安徒生大奖""丰子恺儿童图画书奖"等国内外大奖的绘本；同时收录知名童书品牌，如爱心树、启发、蒲蒲兰、麦克米伦、乐乐趣等机构出版的绘本。分类排架上，按国别和地区将文献资源分设成"港澳台地区绘本""蒲蒲兰绘本""英文原版绘本"等专架，面向儿童、成人两大群体提供借阅服务。自 2013 年 6 月广州图书馆新馆正式开放后的半年时间里，亲子绘本阅读馆已接待读者 76 万人次之多，图书外借数量高达 50 万册以上。[①]

四、人员层面的培养

儿童阅读绘本若有专业导读馆员加以引导，则阅读效果更佳。阅读推广者的责任如同老师，正确引领才能启发儿童真正读懂绘本中的每个元素，正确且权威的阅读引导技巧，能传递绘本精髓并促进孩子释放想象力与创造力，避免思维被固化流程所束缚。广州图书馆十分注重绘本阅读指导人员的专业化培训，侧重导读员知识体系及人文情怀的培养。绘本阅读指导人员都经过精心挑选方进入课题组，轮流担任导读员。他们阅读积累深厚，对绘本有较精准的的判断和选择能力，善于发掘绘本的内在价值，并能够迅速应对和解决儿童及家长阅读过程中遇到的各种问题。[②]

图 8-2　广州图书馆美籍馆员为亲子家庭分享英文绘本故事

---

① 王蓉. 绘本阅读服务：广州图书馆的探索 [J]. 图书馆杂志，2014（4）：72-74，63.
② 王蓉. 论图书馆绘本阅读活动的策划与开展：以广州图书馆为例 [J]. 河南图书馆学刊，2012（6）：81-83.

五、活动层面的组织

广州图书馆注重绘本阅读实践活动的组织与开展，通过亲子读书会、绘本制作、开展社会培训等形式推广绘本阅读，获得了良好的社会效益。"爱绘本、爱阅读"亲子读书会是推广儿童绘本阅读的重要形式，活动每周一次，包括绘本故事分享、个人才艺表演、延伸活动、亲子阅读、家长培训等方面，力图在家庭中播撒阅读种子。"让阅读动起来——绘本DIY"的创新实践，将绘本DIY、你创作我收藏、从纸质绘本到数字绘本这3个层次有机地结合起来，建立起完善的绘本制作系统，极大地激发了儿童对阅读及动手的兴趣。组织社会培训则促进了绘本阅读推广工作走出图书馆，深入到广州市的各县、区级图书馆，走进幼儿园及中、小学校，发动社会各界人士参与进来，使绘本阅读活动的影响力推向全省乃至全国。

第三节 绘本阅读推广的多元化实践

广州图书馆在儿童绘本阅读推广过程中，进行了大量切实可行的探索与创新，如筹划"亲子读书会""让阅读动起来"等品牌活动，不断整合与利用社会优势资源，力求达到全方位、多角度推广绘本阅读的效果。

一、亲子读书会

"爱绘本、爱阅读"亲子读书会是广州图书馆儿童绘本阅读推广的重要形式之一，旨在向亲子家庭播撒阅读的种子。

（一）"爱绘本、爱阅读"亲子读书会

亲子读书会自2009年6月策划并举办至今，已达6年之久。活动通常每周六举行，多时则一周组织两次；每场活动限20个家庭；时长控制在2小时内，且预留30分钟进行亲子共读。活动一般由本馆馆员担任主持人，同时邀请教师、出版社编辑、"故事妈妈"、大学生志愿者、外国志愿者及外籍热心人士协助主持。

根据绘本主题，每期活动的主持人精心设计一系列内容，与儿童及家长就故事情节、人物性格等展开讨论，分享各自看法，体验不同情感。活动中，主持人利用表演、绘画、音乐等形式和音频、视频等技术，尽量把绘本故事展现得更为生动有趣。

绘本故事讲述中，主持人往往会赋予绘本新的生命力及思考方向，或培养儿童的生活能力，或引导儿童积极健康的情感发展。如在绘本故事《爱心树》中，谈到了"爱与接纳"；在《獾的礼物》中，深入探讨"意义和价值"；在《逃家小兔》中，教导孩子学会"爱与尊重"等。主持人还会利用巧妙的提问来了解孩子的想法，并尝试着引导孩子逐步学会去倾听他人的观点。

图 8-3　2014 年 4 月 23 日世界读书日，美籍志愿者为亲子家庭分享英文绘本故事

（二）延伸活动

对于低龄阶段的孩子而言，持续的专注力可谓是最大挑战，40~45 分钟已是孩子专心倾听的极限时间，亲子读书会尊重孩子这种天性及发展规律，采用"静—动—静"的策略：充分抓住孩子专注力最为集中的开场 20 分钟时间，讲述故事内容，以"讲"和"朗读"相结合的方式，吸引孩子的注意力；之后配以短暂的休息或小组游戏，让孩子"动"起来；最后再回归到"静"的状态，通过诸如"小小故事家""小小辩论家""小小梦想家"等形式让孩子重温故事情节。

图8-4　广州图书馆馆员为小朋友展示创意图书

每期亲子读书会活动，亲子家庭不仅能够共同分享绘本故事的乐趣，还可以加入到富有创意的主题阅读延伸活动中去。例如通过绘本故事舞台情景剧，由儿童表演"我是小小图书管理员"，让儿童亲自动手制作一本属于自己的独一无二的绘本书。这些延伸活动让孩子更加热爱绘本阅读，也提高了他们各方面的技能。[①]

（三）家长交流平台

亲子读书会为家长搭建了一个相互学习与交流的专门平台。组织"阅读策略"沙龙，能促进家长分享经验和交流互动，相互学习、借鉴，共同探讨阅读技巧。活动保证了亲子家庭的定期聚会，为提升亲子伴读效果提供空间，为融洽亲子关系提供机会，为家长间分享感悟提供条件。"爱绘本、爱阅读"亲子读书会已然成为广州图书馆绘本阅读推广的品牌服务，拥有越来越多忠实的追随者和参与者，培养了一批热爱阅读的儿童与家庭。

---

① 招建平. 亲近绘本 亲近阅读：公共图书馆绘本阅读推广工作初探[J]. 图书馆学刊，2011（2）：94-97.

二、"让阅读动起来"

"让阅读动起来"是广州图书馆在绘本阅读推广中的一项创新活动,从"绘本 DIY"到"你创作,我收藏",再到"从纸质绘本走向数字绘本",最后到"绘本制作大赛和故事讲述大赛",4 个层面依次递进、层层深入,在亲子阅读基础上构建起阅读推广的体系。

(一)绘本 DIY

指自行创作、设计、制作完成一本绘本书,包括文字和图画等全部内容,从封面到内页以及封底都需要自行构思、设计编排并运用美术技巧加以完成。

1. 绘本 DIY 的现实意义

绘本 DIY 摒弃应试教育中限制思维的局限,极大地激发制作者的创新思维,扩展其想象空间,既适合低幼亲子家庭共同完成,也适合中、小学生独立操作。绘本制作对于儿童阅读推广具有非常重要的现实意义,DIY 即 Do it yourself,"纸上得来终觉浅,绝知此事要躬行"。儿童通过亲手制作绘本,描绘自己对生活的认知,可掌握绘本的结构及创作,学习图书编辑与制作的基本知识,领悟绘本高度的欣赏性和教育价值。

2. 绘本 DIY 的制作培训

对于公众来说,绘本 DIY 是一项新鲜事物,多数读者闻所未闻,更遑论亲手来制作,因此组织专门的培训显得尤为重要。为此,广州图书馆馆员深入到幼儿园、中小学校、社区及乡镇,组织了上百场绘本制作培训,对象涵盖学生、老师、家长、志愿者和美术培训机构工作人员等各类群体,针对不同培训对象设计了不同的培训内容与形式,努力让更多的人了解绘本阅读并掌握绘本制作方法。为提高活动覆盖面积,图书馆会选择以点带线并最终形成辐射网的方式组织培训,如在学校,组织者会提前与学校沟通,建议从每个班级选择 5~6 名学生家长参加培训,再由家长回到班级开展绘本制作教学,进而将活动延伸到全校范围。

实践证明,这种方法很有效,只需半天时间学习者即可掌握简单的四页书、卷轴书、折叠书、方形书、蒙古包书、毛毛虫书等制作方法,在此基础上延伸到稍微复杂的心形书、屏风书等，学会制作基础绘本创意书之后，便可以发挥自身想象力，拓展全新绘本形式，创作属于自己风格的作品。

3. 绘本 DIY 的制作流程

独立制作一本绘本，需要儿童运用到听、说、读、写、画等多元智能，从"做一本书"发展到"认识书、爱上书"是培养儿童爱上阅读的创新形式。创作者首先需要简单了解一本书的基本组成元素，包括封面、封底、书脊、版权页及书名页等部分，然后再开始构思与制作。手工绘本制作流程通常包括5个环节：确定内容、确定绘本书形式、草拟创作设计稿、准备材料及动手制作。

第一步，确定手工绘本的主题与内容。初学者可将绘本的主题简单分为小故事、日记、读书笔记、游记以及书法、绘画作品等类别，再根据自己的喜好或特长选择一个方向。第二步，确定绘本书的形式。手工绘本形式多样，包括四页书、折叠书、方形书、蒙古包书等基本形式，以及在此基础上延伸出来的心形书、"唰唰书"等形式。第三步，草拟设计稿。根据前期了解的书籍基本组成元素，确定每一部分要采用的表达方式，如封面包含书名、作者、出版者等信息，封底包含 ISBN、价格等信息以及内页的文字或图案。第四步，准备手工绘本要用到的材料和工具。简单来说，可能用一张纸、一张卡纸、一个纸袋就能"变"出一本书。工具则会用到长尺、剪刀、美工刀、画笔、胶棒、双面胶等，有时也会用到一些特殊工具，如锯齿剪刀、打孔机、手缝线、碎布、缎带、挂绳、贴纸等。最后一步，便是按照构思与创意，动手制作属于自己的绘本书。

当然，在绘本 DIY 过程中，还有许多需注意的小细节。第一，选纸时避免材质过于柔软，否则很容易因为材质单薄而导致绘图的颜色渗透到背面；第二，做工和装订要认真仔细，随意的做工与粗糙的装订会严重影响绘本的美观；第三，避免使用大面积打印粘贴的方式，尽量通过自己手绘来完成图画内容，力求原汁原味；第四，注意手工卡片与绘本的区别，不要混为一谈；第五，想好后再动手制作，以保证手工绘本的效果。图 8-5 为手工绘本的优秀作品范例。

第八讲
儿童阅读推广优秀案例：广州图书馆绘本阅读推广

图8-5 手工绘本优秀作品展示

（二）"你创作，我收藏"

广州图书馆对绘本阅读推广中产生的优秀原创绘本加以收藏，并提供永久保存功能，这是对创作者创作热情的极大鼓励，同时也圆了普通人的"出书"梦；而"你创作，我收藏"也可以丰富图书馆馆藏资源，促进与读者间的互动，激励本土原创绘本的创作。

1. 绘本的收藏做法

绘本阅读推广中收集的原创绘本，属于非正式出版物，而图书馆现有藏书制度要求建立在正式出版物基础上；因此，如何收藏和使用原创绘本，也是个现实问题。广州图书馆采用两步式入藏方式，完成对原创绘本的收藏与管理。

第一步，对原创绘本分类归档，做到规范入藏。原创绘本无法参照普通文献分类编目，只能收集基本信息建立数据登记表，如作品题名、作者信息、绘本类型等关键字段，以便查找。目前，广州图书馆通过两次手工绘本制作大赛收集了近千份原创作品。备忘登记时，除标注上述信息，还对所有作品进行编号，并统计作者单位、指导老师、获奖名次等信息。手工品不同于正规出版物，其规格与形状等均无规律，所以图书馆将每份作品单独存放于一个独立文件袋内，再在文件袋上标注作品编号等基本信息，按顺序放置，方便查阅和使用。

第二步，建立专题绘本馆，达到持续发展目的。收藏原创绘本的宗旨在于方便读者阅读和使用，而建立专门的绘本馆或主题绘本室，就为这些原创绘本的被利用提供了有效途径。专题绘本馆将所有原创绘本以专架或专柜陈列，供读者翻阅，并配备多媒体绘本电子书，甚至提供设备、供读者现场制作。此外，图书馆还计划利用3D网络技术，建立网上3D绘本馆，力争让读者足不出户就获得身临其境之感。专题绘本馆作为原创绘本展示窗口，是读者利用资源的平台，更是推动原创绘本宣传和可持续发展的阵地。

2. 版权的解决方式

关于版权问题，广州图书馆主要通过两种途径获得原创绘本授权：一是在举办绘本制作大赛的比赛通知中，明确提出版权归属及约定在一定范围内使用参赛作品许可权，作者上交原创绘本作品，即视为遵守比赛约定、给予图书馆使用权；二是拟定"授权许可书"，向作者颁发图书馆收藏证时，还请作者签署授权书。以上两种方式符合国家知识产权局发布的《关于制作数字化制品的著作权规定》《互联网著作权行政保护办法》《信息网络传播权保护条例》法规制定，为避免日后产生版权纠纷提供了保障。

（三）从纸质走向数字

为保证优秀原创绘本作品长期保存，广州图书馆将收藏的绘本进行数字化处理，制成电子书格式，并建立数据库，供长期存储。普通绘本只能通过纸上的图文向读者传递信息，多媒体绘本却能够通过"声、像、图、文"多种形式全方位传播故事内容，给孩子们带来感官上的全方位的享受。①

第四届"在阅读中成长——广州市青少年十年阅读系列活动"之青少年绘本制作大赛中，广州图书馆对挑选出的优秀原创绘本书进行照片拍摄、视频录制等数字化加工，最终将作品包装成电子画册形式，建立网络数据库，提供在线浏览；同时将手工绘本通过外包服务进行装帧出版，即提取出绘本的图片、视频，添加音频并配以相应文字，由此完美地将所有素材整合装帧成精美的电子书，最后利用媒体播放平台现场发布、演示。原创绘本从纸质走向数字化的过程，能够保证优秀作品的无损保存，为本土原创绘本的传承与推广做出贡献。

（四）绘本制作大赛与绘本讲述大赛

组织绘本制作大赛、绘本故事讲述大赛等都是"让阅读动起来"的优质推广活动，各类大赛是"让阅读动起来"实践中的重要一环，有利于发动更多人士参与到绘本阅读中来。

---

① 罗鑫. 什么是"全媒体"[J]. 中国记者，2010（3）：82–83.

1. 绘本制作大赛

2010—2011年，广州市首届青少年绘本制作大赛、广东省"幸福成长"图书绘本制作大赛先后在广州图书馆举行。两次大赛收到数以万计的参赛作品，这些原创作品均体现了绘本特色，保证了故事的完整性，包括了漫画、剪纸、拼贴、铅笔画等丰富多彩的表现形式，传递出浓重的、地道的广东文化韵味，同时表现出丰富的想象力和无限创意。比赛中，广州图书馆充分发挥着桥梁与平台的作用，让小读者们体验到更多的阅读形式，并通过绘本DIY实现了从做一本书到认识一本书再到阅读一本书的过程。

几次活动均得到了学校及教育机构的热烈响应，例如：广东省实验中学附属天河学校、天河区昌乐小学就以绘本大赛的构思为蓝本，在校园里开展读书节活动；广州市育才实验中学、番禺区沙湾镇实验小学等，则把制作绘本布置为暑假特色作业；海珠区教育发展中心组织区属学校的老师、家长、学生参加广州图书馆的绘本制作培训；奇想美术创作室、"周胜·中国铅笔画"等培训机构，也把这一活动引入教学中，让儿童在创作中爱上阅读。许多老师和家长都对广州图书馆组织的这一活动大加赞赏，表示：比赛能够激发孩子的阅读兴趣和热情，引导他们热爱家乡，对培养孩子的情商具有重要意义。

2. 绘本故事讲述大赛

广州图书馆连续几年组织了全市性的绘本故事讲述大赛。大赛由广州市精神文明建设委员会办公室、广州市教育局、广州市文化广电新闻出版局、广州市关心下一代工作委员会、共青团广州市委员会联合主办，广州图书馆承办。大赛分初赛、复赛、总决赛等几个阶段，参赛选手既有孩子也有成人，讲述的绘本故事既包括享誉世界的绘本经典之作，也涉及国内名家作品。举办绘本故事讲述大赛，有助于绘本阅读活动深入到每个家庭，使绘本真正成为孩子接触并喜爱的第一阅读媒介，帮助孩子从阅读中汲取成长的力量，从而促进全民阅读活动的广泛开展。

第四节 绘本阅读活动的策划与开展

开展绘本阅读推广活动，只有经过精心的策划与组织，才能引领儿童自然而然地爱上绘本、爱上阅读，感受绘本阅读带来的快乐，在潜移默化中提高孩子们的阅读能力。广州图书馆组织过多次绘本制作大赛活动，尤其以 2010 年 3 月举办的第四届"在阅读中成长——广州市青少年十年阅读系列活动"之青少年绘本制作大赛最具代表性。活动鼓励青少年亲自动手设计和制作绘本，深度阅读、多元思考并发挥创意，得到上级部门的高度重视。现以此次活动经验为蓝本，介绍组织绘本制作大赛的完整流程。

一、确定活动宗旨，提出活动方案

确定活动的宗旨与主题是组织活动的前提，策划一次绘本阅读推广活动，必须有明确的目标与主题，以此为中心提出活动方案，才能有效组织整个活动流程并凸显活动效果。

（一）确定活动宗旨

2010 年绘本制作大赛凭借广州承办第 16 届亚运会的有利时机，结合亚运主题，确定了支持亚运盛事的时事宗旨，精准而贴切。但若在没有这些契机的时间内组织常规的绘本制作大赛，则需要更多地体现出绘本阅读帮助儿童成长的优势与现实意义。

（二）确定活动主题

对于活动主题的确定，最好用言简意赅、合辙押韵的短语或短句来精练表达，力求在简短的主题句中表达出手工绘本制作之于阅读能力提升的重要性。如手工绘本书 DIY 玩的是巧妙，玩的是收获，少儿的想象力、创造力、动手动脑能力在玩的过程中被培养起来。活动主题要突出其中的某项重点。

（三）确定组织机构

即确定活动的组织单位，包括指导单位，如中国图书馆学会等；主办单位，如中国图书馆学会阅读推广委员会；承办单位，如中国图书馆学会青少年阅读推广委员会、广州图书馆、中山市中山图书馆；协办单位，如广东省图书馆学会阅读指导委员会、广州市图书馆学会、广州少年儿童图书馆；支持单位，如中国少年儿童新闻出版总社、上海"点击书"实业有限公司等。

（四）设置组别对象

组别，一般根据活动的规模和可操作情况进行设定。在绘本制作大赛中，可将组别设置为综合创作组、内容原创组及手工制作组等，再明确各组别的具体参赛对象要求。综合创作组强调作品的综合性创作，既突出内容的原创性，又兼顾制作的新颖性，是一个综合性的绘本作品，对参赛者没有年龄限制；内容原创组强调绘本故事内容的原创性，凡未满18周岁的少年儿童均可报名参赛；手工制作组突出绘本制作的多样性、新颖性，对参赛者没有年龄限制。

（五）制定赛制要求

参赛要求需要表达明确并且条理清晰，可用条款形式列出，以便读者迅速判断如何提供符合要求的参赛作品。如：第一，参赛作品应该设计为完整的一本绘本（手工书），有封面、内页、封底；采用平装、精装或立体书等方式制作均可；开本大小不限；使用材料不限，如水彩、蜡笔、水墨、拼贴皆可；具有艺术个性，富于创意。第二，图画能完整诠释主题内容，通过情节、概念、角色及场景等烘托氛围，整体视觉效果具有艺术美感，充满童趣和想象力，且与文字结合紧密；鼓励艺术创新，形式新颖，多样别致。第三，故事内容可以改编现有素材，亦可原创；主题积极，富有想象力，以图画为主，文字简洁，情节完整。第四，所报作品要明确参与综合创作组、内容原创组或是手工制作组；每个作品只能申报一个组别，但可以提交多个作品参与不同组别竞赛。第五，提交作品务必分别明确撰文作者、绘图作者和手工制作者。

（六）确定活动时间

诸如此类大赛型活动，最好保证留有足够长的时间阶段，以保证参与者能有充分的时间来完成自己的作品；但也要相对控制，避免因时间拖延过久而导致参赛者失去热情。从活动发起到结束，以3~6个月为佳，再将整个活动时间细划为不同阶段，按时开展。如选择2015年3—9月举行，可具体划分为：第一阶段（3月），活动发动；第二阶段（5月），举办全国绘本阅读推广暨手工绘本制作的研修班，讲授绘本阅读推广理念、方法和技巧，手工绘本制作方法、材料等，指导各地图书馆员进行绘本阅读推广并有效组织当地大赛活动；第三阶段（6—8月），参赛作品征集；第四阶段（9月），参赛作品评选，专题网页发布最终评选结果，并举办颁奖仪式及获奖作品展览。

（七）作品征集方式

公布的作品征集方式应包括接收方式、接收地址、接收时间、联系方式等内容，如：参赛作品请于2015年9月15日（以邮戳为凭）前以快递方式邮寄或送至广州图书馆儿童与青少年阅读部（地址：广州市天河区珠江东路4号；邮编：510623；收件人：×××；联系电话：020-×××××××）。

（八）明确作品版权

作品版权的归属和使用问题，一定要加以明确，因为这直接关系着未来图书馆对原创绘本作品的收藏与利用。版权归属的具体内容可以做出如下说明：第一，所有参赛作品概不退还；主办单位享有参赛作品的使用权，可将参赛作品用于收藏、展览、出版、宣传等，不再另付稿费；第二，原创绘本获奖作品将制作成电子图书并在全民阅读网、广州图书馆、中山市中山图书馆、中少绘本等网站展示。

（九）设置奖励办法

奖励办法包括奖项级别的设定与评选，以及后期的奖项颁发与获奖作品展览。首先，确定奖项颁发单位，如奖项由中国图书馆学会阅读推广委员会颁发。其次，确定奖项的层次、名称以及获奖人数，如：第一类，综合创作组、内容原创组、手工制作组分设最佳绘本奖、最佳原创奖、最佳设计奖及优秀奖、指导奖若干名；第二类，设优秀组织奖若干名。再次，确定奖项查询的方式、方法。此外，还需要公开负责评选获奖作品的专家名单，以保证奖项的公平与公正。最后，通知颁奖仪式的举办地点与时间以及获奖作品的展览情况等。

二、确定支持组织，发动相关对象

采用以点带面的形式，确定活动的主要参与力量，积极组织各部门协同合作，最终达到合作共赢的目的。

（一）各级图书馆与学校、幼儿园

以图书馆作为活动阵地，积极组织各级单位的加入与参与，发挥团体的力量。幼儿园、学校方面，可选择经常与图书馆合作开展活动的单位。学校方面的主要力量是语文老师、美术老师、班级家委会，在活动过程中应把绘本制作融入到校园读书活动、暑期作业中，让学校获得一种新的教学和活动形式。幼儿园方面主要是老师与家长，这是最易接受的群体，可以让绘本阅读与制作发展成为一种教学活动、亲子活动，达到"讲故事、做手工"的完美结合。

（二）培训机构

可以选择美术培训机构合作，充分发挥其拥有活动场地、师资力量、专业设备等优势。一是培训机构容易物色到有绘画特长、创作意愿强烈的学生，二是它们常是被社会认可的中间机构，三是通过合作展现其培训成果能激发其合作意愿和投入热情。

（三）社区组织与志愿者

可以发动诸如街镇文化活动中心、文化站，社区、楼盘的活动中心等社区组织。如果这项活动可以成为社区的一种惠民文化活动，基层通常也很愿意配合。志愿者往往是公共图书馆组织大型活动的最好帮手，同时又是潜在的活动参赛者。

三、组织宣传活动，开展相关培训

除网站发布活动信息及使用宣传海报等常规宣传方式之外，组织绘本培训活动，亦是大赛先期宣传的重要手段与方式。培训是否到位，是整个绘本制作大赛活动最终成功与否的重要环节。首先，可以根据不同的目标制定相应的培训方式；其次，确定培训对象范围及培训后的收获期望；最后，根据培训对象的人员规模，确定指导团队。

（一）培训方式

可采用"讲座＋故事＋工作坊"三合一的培训模式。当培训目标设定为"了解绘本"时，需注重绘本书知识的普及，包括什么是绘本、绘本的特点、绘本与一般图画书的区别等内容；当培训目标设定为"引起兴趣"时，可以讲述一个生动有趣、很具绘本特点的故事，并设计一些辅助的互动环节；当目标设定为"激发创意，增强信心"时，可侧重于手把手教授基础手工书的制作方法，既强调绘本书制作与普通手工劳作的区别，又包括点评、欣赏优秀的实体手工作品等内容。

（二）培训对象

在绘本制作大赛中，为保证参赛作品的数量与质量，应锁定若干对象进行重点培训。建议选择学校的家委会，从每个班级中选出几名家长参加培训，再让经过学习后的家长将手工制作绘本的方法带回各个班级，传授给孩子们，最后普及到全校学生，形成"家长→班级→全校"的模式。

（三）人员安排

根据培训团队的规模，确定指导人员的数量。如50~80人的培训班，可安排1人主讲，另外配备2~3人协助；100~200人的培训班，同样安排1人作为主讲，再由3~4人提供协助；不建议开展300人以上的培训。

四、重视后期管理，评估影响效果

活动中的小结，有助于及时改正失误和弥补不足，迅速调整下一步的活动策略；而活动后的回顾，则是经验总结和积累的过程，为图书馆下次组织类似的阅读推广活动提供借鉴。

（一）活动过程述评

包括对整个绘本制作大赛过程进行综述，对大赛活动的各个阶段展开深入分析和理论升华，分别从活动的不同阶段和活动效果加以总结。如大赛启动阶段，形成了全市联动的推广与宣传，获得了高度的关注度与参与度；大赛作品投递阶段，收到了许多新颖独特的高质量作品，活动的延伸效果显著；大赛的培训活动促进了科研与实践两方面的成果，不仅提升了理论研究，还扩大了活动的辐射面；绘本阅读模式的新突破也吸引了媒体的关注和参与等。

（二）后期管理工作

撰写活动报道必不可少。活动结束后，图书馆通常需要向馆内外发布活动报道，也鼓励参赛者把自己的作品或者参与活动的感想发布在论坛或微博中。作品收集归档十分重要。绘本制作大赛通常会产生成百上千份作品，将这些作品以及活动组织时的审批文件、合作协议书、策划方案、活动音视频和照片、调查问卷、活动记录、宣传稿件、报名签到表、网络评论等一并收集，再按要求归档保存。这些资料都是活动得以顺利开展的重要证明，因此要制定活动文档管理规范，由专人负责文档的收集、整理、保存工作，便于将来做回顾和借鉴。

（三）活动效果评估

活动效果的评估与分析，应围绕预期目标和实际效果开展。首先，对活动的实际状况进行总结与评价，即前文所述的活动述评，包括活动准备工作、活动实施过程和活动后期的评价等。评价中有量化指标的，应做好量化统计、总结。除自我总结，还需征集参与者的意见，获取反馈信息，如制定活动效果调查表等，以问卷调查、口头交流、电话回访、收集博客或微博评论、汇总家长手记等方式，回收来自各方的意见。其次，分析活动效果，包括对活动方案的合理性、听众的满意度、预期目标与实际效果进行对比和分析，旨在通过数据分析查找活动成败原因，从而制订切实可行的整改方案。最后，制定具体明确的整改方案，有针对性地解决影响较大、意见集中、参与者最关注的问题等。

第五节　绘本阅读推广中的社会资源整合

整合社会资源、开展社会合作有助于广州图书馆绘本阅读推广工作的有效进行。一方面，与各类社会机构的合作，能丰富手工绘本作品的表达形式，广泛推广绘本阅读，弥补图书馆员知识结构的不足，提升馆员的综合技能。另一方面，社会机构也可以借助公共图书馆这一平台宣传自身的服务特色，与图书馆实现双赢的合作局面。

一、选择合作对象

广州图书馆的手工绘本活动在国内一直处于行业领先的位置，广州图书馆以此项活动为载体搭建社会文化网络平台，推广绘本阅读活动；在展开的社会合作中，包括不同性质的合作对象。

（一）政府部门

包括政府主管部门与间接领导部门。政府委托公共图书馆为民众提供文化服务，同时又为图书馆服务提供政策依据，因此图书馆可以最大限度地争取政府支持，以保障服务的推行。

（二）教育机构

包括幼儿园、学校等公立部门，也包括教育培训机构、社会公益组织等。图书馆需凭借丰富的馆藏资源和友好的阅读环境将自身打造成为民众学习、读书的第二课堂，可与教育机构并肩推广绘本阅读，利用培训机构的场地、师资和设备等资源优势，丰富活动形式，提升活动质量。

（三）社区组织

社区组织也是很重要的合作对象，社区服务能够深入日常居民生活，尤其要发挥社会工作服务中心深入社区的优势，引导社区居民主动利用图书馆资源。

（四）资源供应商

包括出版社、杂志社、数据库商等，这些供应者往往是图书馆文献资源配置的主要来源，也是图书馆业务外包的接受者，是与图书馆合作的直接受益者，这种公私间基于经济与文化的合作、有助于实现资源的良性循环与发展。

（五）社会媒体

媒体是推介图书馆服务的重要媒介，与媒体建立良好友善的互动关系，有助于向社会各界及公众宣传图书馆文化，提高公共图书馆的社会关注度，吸引更多的人主动走进图书馆。

二、划定合作类型

这里说的合作类型是指从逻辑角度归纳的合作方式。广州图书馆开展社会合作的类型大致可以分为三类：协商性合作、博弈性合作、伦理性合作。实际工作中，合作界限不一定非常明显，三种合作之间存在着交叉融合的现象。

（一）协商性合作

图书馆与合作方经过协商讨论后形成共识，进而达成合作。这种类型的合作范围最为广泛，内容也较为丰富，既可以是图书馆与政府机构之间，也可以是图书馆与教育部门或媒体之间。

（二）博弈性合作

图书馆与合作方均想追求各自效益最大化，以某种协议或制度作为约束而达成合作。这种类型的合作适用于图书馆与资源提供商、私人教育培训机构之间。

（三）伦理性合作

这是一种利他主义的合作，以增进并维护公共利益为直接目标，通过个体资源的投入换得公共福利的增加。这种合作主要发生在图书馆与社会捐助者之间，包括捐款、捐物及参与图书馆志愿服务的个人与组织。

三、典型合作案例介绍

社会资源的不断整合，使广州图书馆绘本阅读推广活动走出图书馆，逐步深入到社会层面之中。在发动社会各界广泛参与，并汲取他人之长的过程中，完善了自身的服务内容。以下详细列举几个极具代表性、获得双赢结果的典型合作案例。

（一）与南方分级阅读研究中心合作建设"悦读馆"

广州图书馆负责场地的提供，南方分级阅读研究中心投入书刊以及20台平板电脑，双方形成战略合作伙伴关系，共同组织各类主题的阅读、交流、讲座、培训和宣传活动，力求满足读者纸质书与电子书的双重阅读体验，致力于打造服务社会的高效合作品牌。

（二）承办手工绘本创作研修班

作为"2011年广东省公共图书馆绘本制作研修班"以及"2015年全国图书馆手工绘本创作研修班"的承办单位，广州图书馆向来自全国各地的图书馆人员教授手工绘本创作技能，进一步推广儿童绘本阅读活动，提高图书馆绘本阅读指导及推广的水平。

图8-6　2015年5月18—21日，全国各地图书馆从业人员在"全国图书馆手工绘本创作研修班"上动手做绘本

（三）联手媒体启动"筑梦少年游学"活动

广州图书馆联合《信息时报》、南方电视台等多家媒体，举行"筑梦少年游学"活动第一季启动仪式。活动目的旨在让广东少年与云南乡村少年联系在一起，打开他们的认知窗口，以"精神喂养"的方式完成一次充满希望的少年成长旅行。

（四）参与小蜜蜂公益图书馆乡村助学活动

广州图书馆参与由"民盟华南师范大学小蜜蜂乡村公益助学中心"组织的"小蜜蜂图书馆"乡村公益阅读活动，为偏远贫困地区的孩子送去图书、文具用品，并将绘本阅读等新概念和新内容带给山区孩子，扩大他们的视野，帮助他们增长知识。

（五）参与关爱癌症儿童"三味书屋"计划

广州图书馆与华南农业大学义务工作协会合作，赴南方医院为重症儿童建立绘本馆，该计划已获得谷歌公司的大力资助。图书馆每周定期去医院与患儿分享绘本故事，为患儿送上乐观积极的阅读活动，鼓励孩子战胜病魔。

（六）参与"绘本·慧心·绘世界"博雅班绘本阅读推广项目

广州图书馆与中山大学博雅班展开合作，以"绘本·慧心·绘世界"为主题，联合推广博雅班阅读推广项目。该项目是中山大学"博雅教育计划"研习项目的重要内容之一，致力于引导博雅学子走进公共图书馆、社区和乡镇，开展绘本阅读推广服务。

（七）在"南国书香节"展馆举办绘本阅读推广活动

2012—2015年，广州市委宣传部、南方分级阅读研究中心先后邀请广州图书馆在一年一度的"南国书香节"期间举办绘本主题活动，将精彩的绘本故事展现在广大市民面前，彰显社会效益。

（八）举办国内外绘本作家、插画家见面会

挪威文化部最佳儿童文学作品奖获得者、儿童插画读物《峻达岭的小怪物》作者恩德仁·伦德·艾瑞克、插画家恩德仁·思甘德夫、泰国裔澳大利亚儿童作家奥利弗·弗玛瓦（Oliver Phommavanh）、比利时插画家高迪、日本著名绘本作家宫西达也等外国名家，方素珍、余治莹、彭懿、九儿、黄春华、萧袤等台湾及大陆作家，都曾受邀携带作品与读者见面，广州图书馆由此搭建了作者与读者深度阅读、交流和分享的平台。

第六节 绘本阅读推广中的宣传创新

除精心打造绘本阅读推广品牌活动之外，广州图书馆始终坚持不懈地创新其他方式的阅读推广方案，全方位地搭建网络宣传平台，对传统宣传手段加以创新和改进，使绘本阅读推广横向推开、纵向深入，营造了良好的阅读氛围。

一、搭建网络宣传平台

宣传是最为行之有效的传递信息的方法和手段，公共图书馆可通过平台宣传令公众认识到绘本并加深了解以达到阅读推广的目的。随着信息时代的来临，通信技术与多媒体技术飞速发展，网络在社会教育与宣传推广中起到了不容小觑的作用。因此可将绘本阅读与网络技术相结合，为绘本阅读推广构建专题网站，从网页构思开始，在做好目标定位的基础上表现出主题特色，再进行资源统合与建设利用，这样就可以突破时间与空间的局限，达到广泛的宣传与推广目的。

广州图书馆在搭建网络宣传平台方面，推出"由绘本爱上阅读"专题网页（图8-7）。主题网页筹建之初首先确定三大主题：展示"由绘本爱上阅读"课程进程及成果；向少儿阅读服务工作者及教育人士提供绘本阅读指导；引起公众重视并吸引更多人加入到绘本阅读推广行列。网页结构同样划分为三个部分，即开篇设计、前台内容设计和后台管理系统设计。开篇设计力求使浏览

者第一印象就能感知到绘本的魅力，采用了绘本封面滚动变换形式，突显网页主题；前台内容上，包括绘本阅读相关知识介绍及图书馆"由绘本爱上阅读"项目研究进展等栏目；后台管理系统用来保障专题网页效果，实现图画、文字、影音等内容的整合与展示。网页风格方面，紧扣绘本阅读这一主题，栏目设置简单直接，页面风格与布局活泼大方，色调搭配柔和，多选用白色、浅色系为主，优化视觉效果，展现出绘本阅读的温馨和童趣；美工上更极力体现绘本的元素，中外著名绘本中的形象与内容自然且毫无违和感地嵌入在页面之上，浏览者可以随处感知到绘本的存在。

图 8-7 广州图书馆"由绘本爱上阅读"专题网页

二、创新宣传手段

新媒体的大量出现，令绘本阅读推广的宣传手段具有更多可选择的空间，但是图书馆仍然不能忽略传统宣传手段的作用和功效。推广绘本阅读时，要对传统宣传方式加以改善和创新，以收到更好的宣传效果。

（一）运用"余光策略"推动宣传

"余光策略"是企业营销活动中提炼出的宣传理念，指策划宣传活动时抓住社会热点事件并结合自身特点开展与社会热点事件相关联的活动，以吸引公众的"眼角余光"，把公众对社会热点事件的注意力转移到自身，达到理想的宣传效果。

广州图书馆在"南国书香节"举办之机，利用这一重大社会热点事件，推出绘本阅读展及工作坊活动，作为书香节的部分展示内容，宣传绘本阅读活动；2010年广州亚运会期间，广州图书馆趁势举办了第四届"在阅读中成长——广州市青少年十年阅读系列活动"之青少年绘本制作大赛，以"激情盛会、和谐亚洲"为大赛主题，借助亚运会影响力，将绘本阅读推广平台提升到了一个全新高度，吸引了多家媒体，甚至新华社、中央电视台等中央级新闻媒体的关注与报道。

（二）与传统新闻媒体合作宣传

传统新闻媒体在公众生活中仍具有极大影响力，与之展开合作宣传效果更为明显。图书馆要主动与媒体和新闻记者建立联系，交流互动，深入挖掘自身活动的特别之处，及时提供新闻线索并寻求合作机会。

2010年，广州电视台"都市在线"栏目组计划筹备一档名为"亚运浪潮 涌动羊城"的系列节目，广州图书馆把握这一契机，紧扣"亚运""羊城"等关键词，主动联系电视台，以利用绘本阅读与制作带领儿童参与亚运、献礼亚运的视角作为切入点，合作策划了一期专题节目，获得了良好的社会反响，同时对绘本阅读推广起到了广泛的宣传作用。

（三）制作特色宣传材料并举办展览

宣传单是极为有效的宣传方式，采用折纸、裁剪等方式对宣传单进行改良，打破传统纸张固有的长方形样式，如折叠出不同形状或图形，利用压花方式使图案呈现立体感等做法，都更容易吸引读者的注意；此外，还可以制作手工绘本形式的宣传单或宣传册，如四页书、风琴书、魔法书等，以绘本宣传册的方式直接宣传绘本阅读，更加切合主题且更为直观贴切；当然，宣传单还可以具备连续出版的属性，内容的设置具有一定的连贯性，定时更换与出新，使读者产生期待下一期的愿望，以此培养固定的读者群。举办展览则可以把抽象的绘本阅读感受具象化，让孩子们看得见、摸得到；绘本阅读展览可以是主题式图书展示，也可以是阅读成果展览等形式。

2010年广州图书馆承办的青少年绘本制作大赛，延伸活动中就包括"青少年手工绘本书大赛获奖作品展"，将优秀作品集结展出，生动新颖，吸引了众多市民关注，成为媒体报道的焦点。

三、组织大型阅读活动

公共图书馆组织大型的阅读推广活动，很容易取得显著的社会效应。大型阅读推广活动往往形式变化多样，活动内容精彩纷呈，能够吸引更多的社会公众参与进来，满足大家的不同喜好。大型阅读推广活动可以提高公共图书馆的社会认同度，提高活动效率，进而达到绘本阅读推广的宣传目的。组织大型阅读推广活动，往往最考验图书馆工作人员的智慧，从策划、设计到筹备的方方面面，都要考虑周全，如此才能达到良好的宣传效果。

（一）明确活动目标

组织阅读活动前，首先需要明确活动的主要目标，把握重点目标群体，并将优势力量集中于这一目标。

（二）突出活动亮点

设计方案中的亮点就如同活动的灵魂，是能在第一时间吸引读者注意的关键所在，也是阅读推广活动中最为精彩传神的地方，能在活动结束甚至多年后仍被参与者所津津乐道。

（三）创新活动形式与宣传方式

活动形式的设计需要因势利导、因地制宜，结合当时、当地的实际情况；而活动宣传方式上，则可以通过海报、传单、网站、传统媒体等途径发布信息，如果能为活动设计专属标识，活动宣传将更易使受众印象深刻，前期宣传侧重信息发布，后期宣传侧重效果回顾。

（四）整合可用资源并保证细节周密

组织大型阅读推广活动，需要集结社会各方力量，使之支持和辅助图书馆工作顺利进行。如在活动策划初期，就联络好政府、学校、社会机构等，形成紧密牢固的组织框架；并联合新闻媒体辅助宣传，保证大型活动的顺利举办。在时间和地点的选择上，需找准时机，考虑到各方面的时间安排，避免时间冲突导致活动成效降低；同时地点选择上要考虑到人员流动量、交通、场地大小、周围环境和目标群体层次等影响因素。要关注每一个细节，模拟每一个可能出现的问题，考虑到所有不确定因素并预先提出解决与应对方案，充分发挥组织者和参与者的主观能动性，保证大型活动顺利举行并达到预期效果。

第七节　广州图书馆绘本阅读推广总结

广州图书馆自 2006 年启动绘本阅读推广活动至今，全面贯彻了广东省委、省政府提出的"全民阅读，广东先行；广东阅读，儿童先行"的战略目标。多年来，广州图书馆以研究课题作为实践推广的切入点和理论基础，通过打造精品案例、开发绘本制作以及组织大型主题活动等形式，大力开展绘本阅读推广服务，引导儿童学会阅读并热爱阅读，促进全民阅读氛围的形成。

广州图书馆将绘本阅读活动推广到幼儿园、中小学、社区、残联、医院、乡镇，累计近千场次的活动产生了广泛深远的社会影响。2010 年，广州图书馆荣获中国图书馆学会阅读推广委员会青少年阅读活动案例征集大赛最佳策划奖、优秀阅读案例奖；2012 年，广州图书馆"儿童阅读推广"案例荣获广东图书馆学会阅读指导委员会唯一最佳案例奖；同年，绘本阅读推广项目受邀在中国图书馆展览会全国未成年人服务展区内开设体验区，向公众展示以"悦读、创意、互动"为主题的"广州图书馆绘本阅读推广成果"；2014 年，"广州图书馆绘本阅读推广"获全民阅读年会阅读案例一等奖，"'爱绘本、爱阅读'亲子读书会"获全国图书馆"书友会"案例评比二等奖，亲子绘本阅读馆被评为全国"十佳"绘本馆；广州图书馆先后出版两本专著：《阅读创意互动——绘本阅读推广多元化策略》《让阅读"动"起来——手工绘本制作宝典》。

广州图书馆在绘本阅读推广工作中取得累累硕果，这一切离不开对绘本阅读的重视及绘本阅读的持续推广。"由绘本爱上阅读——公共图书馆绘本阅读推广策略"课题成果向社会复制、推广。"亲子绘本阅读馆"是绘本阅读的服务阵地，更是绘本阅读推广的重要基地。不断整合社会资源，搭建并充分利用宣传平台、创新服务方式与方法等，是广州图书馆绘本阅读推广成功的关键。

图 8-8　2012 年 11 月，广州图书馆绘本阅读推广成果展

绘本阅读有助于帮助儿童调整心理状态和情绪波动，建立健康的行为模式。而公共图书馆是儿童成长的精神阵地，是有效推广儿童阅读的平台。广州图书馆在过去十年里研究绘本阅读理论，建设绘本阅读场馆，积极配置全方位的资源，并调动广大的社会力量，同时注重培养阅读推广的人员队伍，启动绘本阅读推广活动，致力于帮助儿童建立良好的阅读习惯，激发其主动阅读的兴趣。在这十年里，广州图书馆举办了一系列阅读创新活动，包括学术课题研究、亲子读书会、手工绘本制作、绘本故事讲述大赛等，另外还有一些优秀的实践，如搭建网络宣传平台、突破传统的宣传手段、组织高质量的大型阅读活动，希望这些举措能给其他图书馆带去启发。在未来的阅读数字化的趋势下，广州图书馆将再接再厉，继续进行实践创新和理论创新。

参考文献

[1] 张树华. 对 1994 年《公共图书馆宣言》的认识和理解 [J]. 中国图书馆学报，1997（3）: 3-6，22.

[2] 姚迎东. 公共图书馆绘本阅读服务提升初探 [J]. 图书情报论坛，2013（5）: 75-77.

[3] 吴翠红. 由绘本爱上阅读：广州图书馆绘本阅读推广实践研究综述 [J]. 图

书馆杂志，2011（9）：105-109.

[4] 王蓉. 绘本阅读服务：广州图书馆的探索[J]. 图书馆杂志，2014（4）：72-74，63.

[5] 王蓉. 论图书馆绘本阅读活动的策划与开展：以广州图书馆为例[J]. 河南图书馆学刊，2012（6）：81-83.

[6] 招建平. 亲近绘本 亲近阅读：公共图书馆绘本阅读推广工作初探[J]. 图书馆学刊，2011（2）：94-97.

[7] 罗鑫. 什么是"全媒体"[J]. 中国记者，2010（3）：82-83.

[8] 金强华. 公共图书馆推广少儿绘本阅读的实践和思考[J]. 图书馆研究与工作，2014（3）：61-62.

[9] 吴翠红. 阅读 创意 互动：绘本阅读推广的多元化策略[M]. 广州：广州出版社，2013.

[10] 方卫平，王昆建. 儿童文学教程[M]. 北京：高等教育出版社，2004.

[11] 彭懿. 图画书：阅读与经典[M]. 南昌：二十一世纪出版社，2007.

[12] 松居直. 幸福的种子：亲子共读绘本书[M]. 济南：明天出版社，2007.

[13] 王慧宁. 绘本的概念界定及中日现代绘本溯源[J]. 太原师范学院学报：社会科学版，2009（1）：54-56.

[14] 陈其芬. Types of Picture Books[EB/OL].[2015-06-24].http://www2.nkfust.edu.tw.

[15] 谢蕴. 中小城市幼儿绘本阅读实证分析研究：以开封市的调查问卷为例[J]. 图书情报工作，2015（5）：89-93.

[16] 冯莉. 为儿童构建一个"悦"图乐园：以广州地区绘本阅读现状为例[J]. 图书馆建设，2011（2）：63-67.

思考题

1. 公共图书馆推广绘本阅读的必要性有哪些？
2. 绘本阅读推广有哪些策略？
3. 如何制订绘本阅读活动方案？

延伸阅读

英国"夏季阅读挑战"

一、"夏季阅读挑战"活动概况

孩子们非常期盼暑假的到来,而家长和教师在暑假来临之际,担心暑假期间,孩子们不能像在学校里那样定期地阅读,担心他们的阅读技能会下降,"夏季阅读挑战"活动应运而生。该活动始于1998年,由英国阅读社(Reading Agency)[①]主办,旨在鼓励4~12岁的儿童每年夏季阅读6本或更多的书,鼓励儿童去图书馆阅读和享受阅读所带来的乐趣。"夏季阅读挑战"是英国规模最大的阅读推广活动,英国97%的公共图书馆和英国广播公司(BBC)等多家主流媒体参与其中,2011年,通过该活动有78万儿童从图书馆阅读了300万本书。因其深远的影响,2012年伦敦奥运会期间,该项目被列为文化奥运的活动之一。

"夏季阅读挑战"活动是完全免费的,每年的主题都不同。整个暑假,图书馆设计许多奖励活动来为儿童阅读造势。

二、"夏季阅读挑战"活动主办方

"夏季阅读挑战"由英国阅读社和各公共图书馆主办。其中阅读社主要负责活动整体框架的设计,具体活动的组织由各个公共图书馆负责。

[①] 英国阅读社是一个独立的慈善机构,由艺术委员会资助,主要职责是激励更多人阅读更多书。该机构深信读书能够改变一个人的一生,使更多的社会团体从中收益。多年来,英国阅读社帮助全国的儿童、青少年和成年人对阅读产生兴趣,并且树立阅读信心。作为英国主要的文化机构之一,英国阅读社专门负责通过图书馆推广阅读工作。

（一）英国阅读社的主要职责

1. 构建阅读推广活动的模式和主题

"夏季阅读挑战"的主要模式：采取一系列措施鼓励 4~12 岁儿童和青少年在暑假期间到图书馆阅读 6 本书。在这个过程中，会持续地给孩子各种鼓励和奖励，如果完成 6 本图书的阅读，给孩子颁发证书和阅读奖牌。从 1998 年至今，该活动已经成功举办了 15 年，[①] 为了保证项目的创新性，每年都会有不同的活动主题。

2004 年的主题是"阅读迷宫"（The Reading Maze）

2005 年的主题是"阅读之旅"（The Reading Voyage）

2006 年的主题是"阅读使命"（The Reading Mission）

2007 年的主题是"疯狂阅读"（The Big Wild Read）

2008 年的主题是"一起阅读"（Team Read）

2009 年的主题是"寻求搜索者"（Quest Seekers）

2010 年的主题是"空间跳跃"（Space Hop）

2011 年的主题是"杂技明星"（Circus Stars）

2012 年的主题是"故事实验室"（Story Lab）

这里结合 2011 年和 2012 年的主题进行介绍。2011 年的主题是"杂技明星"，项目组设计了 5 个卡通形象，每个卡通形象有自己拿手的杂技，有的擅长骑独轮车，有的擅长踩高跷，孩子们可以选择自己喜欢的卡通形象在网站上注册。2012 年"夏季阅读挑战"活动的主题为"故事实验室"。所谓的"故事实验室"是存在于"夏季阅读挑战"网络环境中的虚拟空间，它是处在城市中心的一个五角形的高科技立方体。它能够吸引来自世界各地的故事，并把这些故事传播到伦敦和伦敦之外世界的各个角落。在"故事实验室"，你可以阅读、收集、分享、创造、传播和讲故事。

---

① 数据统计至 2013 年。

图1 故事实验室（Story Lab）

"故事实验室"有4个主要人物（如图所示）：Lex（莱克斯），Evie（伊维），Will（威尔）和Rani（拉尼）。Cortex教授是实验室的电脑系统，"故事实验室"由教授负责监督运行。在"夏季阅读挑战"活动中，Cortex教授要求"故事实验室"的孩子们去寻找丢失的物件，以增强"故事实验室"的想象力。在这期间，实验室的孩子们会接受一只淡黄色的猫伊索（Aesop）的帮助，并在其帮助下完成挑战。每完成一个挑战，就会获得相应的奖励（小贴画、奖牌等）。

图2 2012年"故事实验室"4个主要人物

这里要重点说明一下："夏季阅读挑战"活动不是一个竞赛，而是个人挑战

229

活动,并不是要评出一等奖几个、二等奖几个、三等奖几个,而是设定阅读目标,只要孩子完成某一个目标,就发给孩子相应的奖励。

2. 为参加这项活动的图书馆提供精心设计的活动指南和各种宣传品

包括各种 PPT、宣传单等等。比如提供给图书馆介绍 Story Lab 的 PPT 模板,告诉图书馆员在展示的时候,应该何时加入奥林匹克的音乐,何时引入自己图书馆的 LOGO 等,非常切合图书馆的需要。

图3 宣传海报

3. 为教师提供各种指南

告诉教师如何鼓励孩子参加"夏季阅读挑战",并且指导教师暑期结束回到学校后,应该如何鼓励孩子继续阅读,还指导关于暑期阅读的教室板报的制作,提供让孩子写书评的模板等。

4. 为家长提供各种指南

英国阅读社提供了很多面向家长的指南,主要是关于"夏季阅读挑战"的基本信息,回应家长的一些担心。有的家长担心孩子们上网的安全问题,阅读社在指南中详细解释了"夏季阅读挑战"官网不需要孩子注册真实姓名等保障措施。

5. 为图书馆员提供培训

除了给每个参加的图书馆提供开展"夏季阅读挑战"所需的各种物品,如海报、奖牌、证书等(这些需要图书馆购买),还向图书馆提供电子版和纸版的手册,并且提供培训。

(二)公共图书馆

各个公共图书馆具体组织当地的"夏季阅读挑战"活动。在活动开始前,图书馆会在学校、图书馆网站、各网络媒体等宣传此项活动,想参加活动的儿童需要在活动开始前到当地公共图书馆报名注册。儿童参加活动的主要场所就是当地的公共图书馆。报名参加活动的儿童在暑假期间可以根据自己的兴趣选择自己喜欢的6本书,图书馆会安排相应的人员定期对儿童的阅读情况进行检查,并以此评选出儿童可以获得的奖励,活动设置的奖项由图书馆颁发。图书馆还招募志愿者,帮助图书馆馆员组织丰富多彩的阅读活动。公共图书馆还努力寻求与其他机构的紧密合作,寻求更多的资金支持。

三、基本流程

1.英国阅读社设计活动主题和方案,设计宣传海报等产品(见表1),对图书馆员进行培训,设计面向家长、教师的指南等。结合孩子们的特点,近几年英国阅读社制作了宣传视频放到官方网站上。

表1 "夏季阅读挑战"宣传系列产品

名称	个数	价格(英镑)
彩色邀请函	1000	14.5
实验室模型和贴纸	100	35
证书	100	6.75
奖牌	100	25.5
丝带挂绳	100	10.55
手环	100	14.5
钥匙链	100	13.75
故事道具[①]	100	5.6
门吊钩	100	4.4
书签	100	4
冰箱贴	100	9
"故事实验室"手册	50	12
双面横幅	10	12.65
A3宣传海报	100	10.25
活动海报	50	6.25

---

① 类似于中国孩子小时候玩的纸折的"东南西北"。

续表

名称	个数	价格（英镑）
贴纸	25	6.75
提示明信片	100	2.55
家庭传单	100	8.25
工具包	50	35
纯棉T恤衫	1	4.75
纯棉棒球帽	1	3.25

2. 各公共图书馆在暑假来临之前进行宣传，主要通过以下途径：（1）选择一些孩子担任阅读大使，让他们在学校进行宣传；（2）使用视频短片；（3）使用网站进行宣传，促进孩子对年度主题卡通人物的了解；（4）在 You Tube 上进行宣传；（5）在学校开放日等向家长介绍"夏季阅读挑战"；（6）通过学校发放学生参加"夏季阅读挑战"的注册表。

3. 暑假之际，学生到公共图书馆注册，阅读挑战正式开始，图书馆会根据本地区注册学生的数量酌情购买资源包的数量。并在整个暑假阅读过程中持续地对孩子进行激励和指导，促使他们整个暑期能够坚持阅读。

图 4　图书馆举行夏季阅读挑战活动

4.每个图书馆在活动结束时会举行相应的颁奖活动,同时,项目组织者——英国阅读社每年要对该年度的阅读推广效果进行评估。评估数据主要来源于:(1)各公共图书馆完成的网上调查;(2)各公共图书馆的报告;(3)孩子和家长的意见和反馈;(4)官方网站的统计。

四、"夏季阅读挑战"活动的运行

(一)激励机制的设计

每一个想参加"夏季阅读挑战"活动的孩子,都可以去当地的图书馆注册报名,图书馆工作人员会给孩子一张会员卡和一个资源包;每年资源包中的物品会有所区别,2012年资源包中的核心材料是一张能折叠成"故事实验室"的卡板,儿童需要根据上面的要求完成挑战。当完成一个阶段的读书任务,就可以到当地图书馆领取相应的贴纸或者其他的物品作为奖励。每年的奖励会根据年度活动主题有所区别,比如2011年的主题是"杂技之星",奖励除了贴纸,还有悠悠球。2012年的"暑期阅读挑战"分成3个阶段:第一阶段,读完2本书,获得铜牌;第二阶段,读完4本书,获得银牌;第三阶段,读完6本书,获得金牌。每完成一项任务就可以到当地图书馆领取相应的贴纸作为奖励,只有阅读完6本书的儿童才能获得奖励证书。

图5 2012年"夏季阅读挑战"的奖牌(左起依次为银牌、金牌和铜牌)

除了现实的贴纸和奖牌等奖励，项目组织方为了提高孩子们参与的热情，还设计了相关的游戏放到"夏季阅读挑战"官网上。完成一个阶段可以获得相应的虚拟物品，到图书馆询问游戏的解锁密码，就可进行更高一级的游戏。比如2012年的游戏激励设计如下：

第一阶段：你需要读2本书才能获得铜币（the bronze coin），才可以从博物馆存储库的下方获取一个古老的青铜币。

第二阶段：你需要另外阅读2本书获得银镜子（the silver mirror），才能过河后从小岛的岸边收回银镜子。

第三阶段：你需要再读2本或更多的书，才能获得隐藏在奥林匹克公园的金牌。

（二）个性化的图书推荐和指导

通常每年在选定一个主题之后，首先由出版商在9月提交一个书单，再由儿童图书馆员从中选择合适的书目，然后再由家长和孩子组成的选书委员会最后裁决。最后选出的书目被分成两组，一组是针对4~8岁的儿童（Book List – The Younger Collection），一组针对8~11岁的孩子（Book List – The Older Collection）。在参加挑战活动之前，图书馆的网站中有对书籍选择的调查（Story Lab Participant Survey），儿童可以根据自己的实际情况完成调查问卷。但是这个书单只是推荐性的，孩子们在进行阅读的时候并不一定从这个书单中选择，只要是从图书馆借的，不管是书还是杂志等，都计入"夏季阅读挑战"的范围。

除了整体性的推荐书目，阅读社还为孩子们提供了个性化的在线图书推荐活动，主要通过两个方面来进行。一是开发了一个图书选择的小程序（Book Sorter），孩子们输入自己的性别、年龄、感兴趣的主题，程序就会显示相应的书目。书单中的这些书都是由其他孩子推荐的。二是提供在线的实验室助手（Lab Assistants），即图书馆馆员，帮助孩子们解决在阅读中遇到的问题。

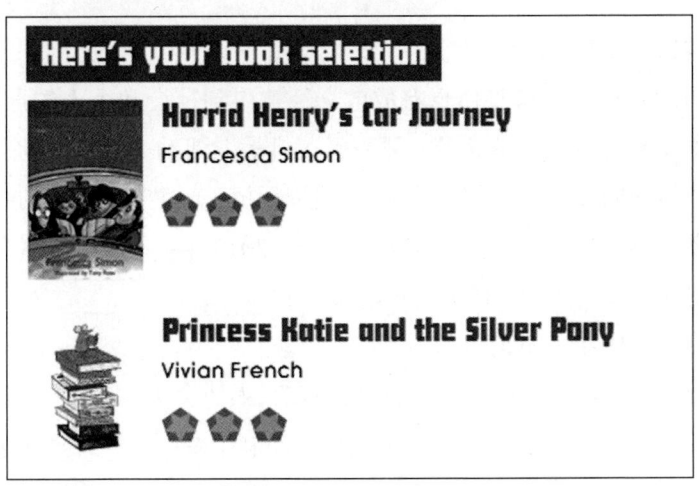

图 6 Book Sorter 程序

（三）完成故事比赛

有许多儿童曾经幻想过自己能成为一个写故事的人，他们喜欢读书，同样喜欢写故事，认为写故事可以使自己获得同样多的乐趣。因此"夏季阅读挑战"设计了"完成故事比赛"（Finish the Story Competition）环节，该环节是 2012 年"夏季阅读挑战"活动的亮点。杰奎琳·威尔逊、安迪·斯坦顿、朱莉娅·唐纳森、玛洛丽尔·卢布莱克曼、米歇尔和马库斯·塞奇威克 6 位著名的儿童作家先创作一个简短的故事开头，剩下的部分交由孩子们完成。孩子们可以先阅读每个故事的开头部分，选择其中一个喜欢的开头并完成自己的故事。故事字数不超过 500 字（除去开头的 100 字），完成后可以在网站提交自己的故事，截止时间为 9 月 1 号，专家小组将做出评判，并于 9 月 14 号宣布获奖者。此项活动仅对英国和爱尔兰的居民开放，参赛者必须是 12 岁及以下的儿童。

（四）多方合作

1. 学校

项目组织方——英国阅读社设计了大量针对教师的指南，指导教师如何在暑期结束回到学校开展相应的活动。同时各个公共图书馆和当地学校保持密切合作，92%的图书馆都实际走访当地学校，希望获得学校对"夏季阅读挑战"的支持。

2. 乐购银行（Tesco Bank）

英国阅读社推广阅读工作卓有成效，经常得到社会和个人的肯定和资助。乐购银行主要赞助苏格兰地区的"夏季阅读挑战"活动，旨在鼓励所有年龄段的儿童在暑假期间读书以及使人们能够方便地访问苏格兰各地区的图书馆。在2011年，乐购银行第一次与英国阅读社合作。2012年，有34000多名儿童参加了"夏季阅读挑战"活动，比上一年增加了12%。

3. 皇家盲人协会（RNIB）

"夏季阅读挑战"活动一直得到英国皇家盲人协会（Royal National Institute of the Blind，RNIB）的支持，在它的支持下印制了专门用于视障儿童或视障儿童家长/监护人的材料。这份材料包括"夏季阅读挑战"活动的信息表和"故事实验室"的证书。视障儿童或者视障儿童家长可以向当地的图书馆寻求这些资源。皇家盲人协会还为5岁以上的儿童和青少年购买盲文书籍，打印盲文材料和收集音频资料。视障儿童一次也可以借6本书，这些书可以通过邮寄免费递送给孩子。皇家盲人协会将"夏季阅读挑战"活动的图书清单印成盲文提供给视障儿童，以此来帮助盲人和弱视儿童了解图书信息，完成挑战。

4. 志愿者

为了更好地开展"夏季阅读挑战"，2011年，各公共图书馆一共招募了3891名志愿者。"夏季阅读挑战"招募志愿者一方面是要扩大图书馆的服务范围，同时还有一个目的就是促进青少年对社区的了解，提升青少年的综合能力，因此招募的志愿者都是12~24岁的青少年。

为了更好地对阅读推广的志愿者进行规范化管理，英国阅读社发起了一个为期3年（2011~2013年）的志愿者试运行项目，该项目由John Laing慈善信托基金会资助。首先由各图书馆申请参加该项目，阅读社从中选定50个图书馆，然后对这50个图书馆进行为期4天的培训。培训内容包括如何制定本馆的志愿者服务策略以及如何和年轻人工作，同时提供各种资料，包括志愿手册、志愿政策、确定志愿者职责的模板等。图书馆员接受培训后，需招募并培训志愿者，图书馆一般会通过网站、图书馆的宣传等多种方式进行招募。招募完成后会对志愿者进行培训，如果志愿者有特殊要求，比如有的志愿者要重点锻炼自己的组织能力，图书馆会针对这些特殊要求进行专门的讲解。为了更好地发挥志愿者的作用，图书馆鼓励志愿者设计、开展富有创造力的阅读活动，并且在本馆的志愿者之间进行竞争，设计出富有创造力的阅读活动的志愿者，会得到相应奖励。在"夏季阅读挑战"结束后，要对志愿服务进行评估。经过评估研究发现，这些青少年志愿者提升了志愿服务的技能和信心；提升了他们对图书馆的了解和使用；青少年志愿者的参与能够更好地激励儿童和其他青少年阅读，参加"夏季阅读挑战"儿童的数量增加了，完成挑战的儿童的数量也增加了。

（此案例来源于赵俊玲、郭腊梅、杨绍志主编的《阅读推广：理念·方法·案例》，国家图书馆出版社，2013年出版。）

重庆市少儿图书馆少儿"雨露"知识讲座

我馆于2011年初面向广大少儿读者及家长独立开办少儿"雨露"知识讲座，讲座以关注少儿成长、打造讲座品牌为中心，以促进孩子全面、健康、快乐成长为目标，以丰富少年儿童精神文化生活，提高其文化品位、人文素质和综合能力为宗旨。

下面从少儿"雨露"知识讲座的主题选择、讲师聘请、讲座形式、宣传方式4个方面加以介绍。

一、讲座主题选择上注重内容丰富性与针对性

（一）知识性主题开启少儿智慧、普及科学文化知识

在人类社会进入科技文明的时代，如何从小培养孩子对于科学知识的兴趣，树立爱科学、讲文明的意识是非常重要的。少儿图书馆作为孩子们学习的"第二课堂"，有责任对孩子们从小普及科学知识、开展启蒙教育，以达到放飞童心、开启童智的目的。少儿"雨露"知识讲座为了满足少儿对科学的好奇心，用科学知识开启少儿智慧，举办了"认识生活中的科学现象""走进美妙的天文乐园"等讲座。同时，也为了让少年儿童补充课堂上掌握得不太好的知识，还安排了"让我们的作文起波澜""少儿英语知识讲座""名师教你学写作"系列讲座，深受家长和孩子们的欢迎。

（二）实用性讲座为少儿提供实用知识

少儿健康成长，除了学习书本的基础知识外，还应掌握一些必备的生活知识和技巧，从而培养起独立意识，养成独立生活的能力。因此，我们安排了"医学急救常识""少儿保健知识""法律常识——法律离我们有多远""少儿消防安全知识""我们从哪里来——适宜地对孩子进行性教育"等主题，让孩子能从讲座中学到生活知识和技能，提高生存能力。

（三）趣味性讲座开阔孩子视野

趣味性主题的讲座关注少儿兴趣点，以开阔视野、补充综合知识为目的。讲座主题一定是学生和家长共同的兴趣所在，如果有一方不感兴趣，讲座就不算成功。但这类主题不能一味跟风，而是要根据少年儿童的兴趣、爱好等，开发少儿的智力和创造性思维，注重少儿的能力和个性的发展。主题包括"电脑PPT制作""少儿国防知识讲座""环境与健康——环保知识讲座"等。

（四）家长指导类讲座为家长排疑解惑

有人说，我们这个时代孩子不好过，家长更难当。如何教养孩子，已成为现代父母所关注的话题，也是少儿"雨露"知识讲座关注的焦点。我馆积极与

重庆市"12355青少年服务台"的专职心理咨询师及儿童教育专家合作,推出了系列亲子关系类讲座,如"亲子关系调整与少年心理健康辅导""如何更好地与孩子沟通""如何培养孩子的自信心""智慧父母的育儿经""家庭中如何开展儿童经典诵读教育""谈谈分数、品德和能力三者间的关系"等,旨在排除家长的困惑,协助家长了解孩子身心发展及差异,让家长掌握面对问题和解决问题的方法,与孩子共同成长。此类主题讲座深受家长朋友的欢迎,他们除了在讲座过程中专心听讲、认真记笔记外,课后还针对自家孩子的问题积极与心理专家沟通,寻求解决问题的措施。讲座对于家长降低对孩子的过高期望值、帮助孩子减轻压力、培养健康心理、培养高尚品格、锻炼动手能力等,都起到了积极的作用。

(五)艺术类讲座提升孩子的艺术气质和文化品位

根据少儿读者爱听故事、爱动手的特点,我们还引入传统曲艺和民间工艺来丰富讲座的内容和形式。曲艺,老少皆宜,也是少儿喜欢的艺术形式,可讲上下五千年中国历史,也可讲历史人物传记,既让少儿读者了解中国历史,又弘扬评书艺术。我们邀请过国家一级导演、重庆市川剧院艺术指导宋天伟老师主讲"川剧欣赏——变脸",重庆市民间艺术家、重庆市民间工艺协会会员黄袁媛主讲"少儿泥塑无穷魅力"等,既加深了孩子们对我国传统文化的了解,也使他们对现代艺术形式有了一定了解,培养了孩子们的审美情趣,对孩子们艺术气质的熏陶和文化品位的提升具有积极的作用。同时,让孩子近距离接触濒危艺术,起到了传承传统文化艺术的作用。在今后的讲座中,我们将进一步加大此类讲座的比重。

二、讲师选择上注重实践性和内容的趣味性

我们会精心挑选每期讲座的主讲人,从而确保讲座的质量。我们陆续邀请到重庆"12355青少年服务台"专家郑勇利、张明亮、张咏梅、谭刚强、李英老师到我馆主讲亲子关系及沟通方面的主题;邀请重庆一中的国家级骨干教师、全国"四项全能"教师周鹏来馆分享"让我们的作文起波澜"的主题。在举办"走近美妙的天文乐园"讲座时,我馆邀请到重庆市天文科普教育协会理事、协

会发言人陈中安老师来主讲。另外重庆师范大学台湾文化研究院副院长、海峡两岸诗歌研究所所长黄中模教授等，也被我馆邀请进行主题讲座。

三、讲座形式力求新颖

在讲座过程中，我们根据少儿身体的特点，建议老师在讲座过程中的语言要儿童化、生动化；讲师课件制作上尽量图片化、动漫化。如主讲"神奇的夏季星空"的陈中安老师，为了让繁杂难懂的学科知识能为少儿所接受，就如何与少儿读者交流、使用什么形式的语言和语速，专程到幼儿园请教幼教工作者，还为之准备了大量精美的幻灯片，以求将深奥的科学知识浅显通俗地讲解出来。结果，讲座深受少儿读者及家长的喜爱，在少儿读者中引发了"天文热"。

同时，我们更加注重孩子及家长们的实践性和参与性。每场讲座结束后都会留出足够时间让家长与老师现场交流，这样能够让家长和孩子们从讲座中学习到具体的知识和技巧。例如，在"亲子关系调整与青少年心理健康辅导""如何更好地与孩子沟通""如何提高孩子的受挫折能力和EQ的培养"等讲座中，我们合理摆放听众座椅，让老师在听众中间做讲座。一方面拉近了老师与听众的距离，另一方面更加方便小朋友及家长们积极参与到话题讨论中来。另外，我们还把讲座开展到学校。2012年初，我馆到巴蜀中学开展讲座"玩转图书馆"，参加学生500余人，受到学校师生的热烈欢迎。

四、宣传方式上力求手段多样，受众面广

在讲座宣传上，我们采用了多种方式来推广少儿"雨露"知识讲座，打造讲座品牌，例如，利用讲座纸质宣传单、网站、短信、报纸等。我们还与周边学校和社区建立联系，提前把讲座信息发送给他们，让他们协助宣传。另外，我们还创新宣传方式，建立了读者活动QQ群，通过QQ群及时把讲座信息加以公布；同时也通过QQ群把以前讲座的讲义加以共享，使不能参加讲座的读者能了解讲座的内容。总之，我们尽一切可能宣传我们的讲座品牌，也取得了不错的效果。

（以上摘自王伟东《关注少儿成长，打造讲座品牌——重庆市少年儿童图书馆少儿"雨露"知识讲座实践与探析》，选自中国图书馆学会青少年阅读推广委员会编《播撒阅读种子　守望少儿幸福——青少年阅读推广理论与实践》，北京图书馆出版社，2012年出版。）

图书馆讲故事活动的理论探索

听故事是儿童生活中不可或缺的一个内容。在听故事的过程中，幼儿可以通过成人的讲解和描述来认识更多他们在现实生活中不能直接感知的事物，还可以通过互动和交流来表达他们的情感，同时还能与成人一起感受图书及阅读的乐趣。公共图书馆面向儿童的讲故事活动有着悠久的历史。在美国，最早在图书馆开展讲故事活动的是儿童作家露丝·索娅·杜兰德（Ruth Sawyer Durand），她于1908年在纽约公共图书馆开展了第一个正式的讲故事活动，并使这项活动在纽约公共图书馆持续至今。经过一个多世纪的发展，讲故事活动在美国已经成为所有公共图书馆儿童服务工作中一个必要的组成部分。活动开展的时间也由过去每周一至周五工作日的白天延伸到夜晚以及周末，以便那些父母双方都工作的家庭的儿童也能够有机会受益。

伴随着讲故事活动在图书馆实践领域的日益发展，它逐渐进入研究者的视野。研究者认为，讲故事不是任何人随时随地都可以开展的一种娱乐活动，而是有着一定的理论基础、方法和技巧。特别是伴随着近年来教育学、心理学、脑科学等领域专家围绕儿童早期读写能力发展进行的大量研究，图书馆的讲故事活动比以往有了更加坚实的理论依据以及日臻丰富的内容和形式。

一、图书馆为什么要开展讲故事活动

图书馆讲故事活动的核心内容就是由图书馆员声情并茂地讲述有趣的图书中的故事。研究证明，这种成人与孩子之间分享故事和图画文字的过程具有多方面的重要价值：改善儿童后续阶段的读写发展、增强儿童学习阅读的动机、

帮助儿童发展词汇、提高儿童对于故事和图书的认识、影响儿童以后的阅读理解能力。

在词汇方面，由于图画书中包含着各种描述性的词汇，有表达情感的，有代表周围世界的重要概念的，其中许多词汇是儿童在日常生活对话中很少听到的。图书馆员在讲故事活动中大声朗读图画书，就能够为儿童提供听到更多词汇的机会。虽然简单地听到这些词汇并不意味着它们会立即成为儿童词汇量的一部分，但是通过反复大量的练习，一旦正式的阅读指导开始以后，这些先前的积累就更容易变为儿童能掌握的固定词汇。

在对于故事和图书的认识方面，图书馆员在讲故事活动中通过与儿童分享图书，可以帮助儿童获得很多关于印刷品形式、内容、作用等方面的基本知识，比如：(1) 图书起始页的位置；(2) 图书中的文字而非图画，通常包含着主要信息；(3) 在阅读时，每一个口语词汇都有一个对应的书面语词汇；(4) 页面中第一个词就是处于该页第一行、最接近左面边缘的词；(5) 大多数页面中的文字遵从由左至右、由上至下的顺序；(6) 句子、段落、页面以及整个故事的"开始"和"结尾"分别是什么；(7) 当图书拿倒时，能够辨认出来。

在阅读理解能力方面，儿童通过反复地听图书馆员讲故事，可以逐渐积累起更多的认识和经验，比如：以往听到的词汇还会在其他图书中出现；认识到文字和图画如何共同表达和传递信息及情感；对于不同类型的书，应该采用不同的方式来听；知道如何对图书中的故事情节做逻辑推测；将个人在现实生活中的经历与图书的内容或主题联系起来，将作者的思想与自己的理解相互结合起来；学会正确地对待和爱护图书；在与别人谈论图书时感到适应和舒服；希望探索更多的图书；等等。当儿童拥有了许许多多听故事的经历之后，他们就会更加渴望进行独立的阅读，并且从独立的阅读中体会到愉悦、兴奋以及成就感。

在讲故事活动中，图书、图书馆员、儿童、儿童的父母或其他照顾人能够结合成一个学习的整体，这种整体的氛围很容易使儿童感受到阅读图书的乐趣，而这种乐趣的产生，预示着他们以后会更加愿意正式地学习阅读。

此外，还有研究者将图书馆开展讲故事活动的必要性总结为 8 个方面：(1) 图书馆员具有讲故事的优良传统以及专业的讲述技能，能够有效地开展活动；(2) 儿童需要图书馆员的故事，通过听由无数代人传承下来并不断精练的故事，可以促进儿童多方面的发展；（3）讲故事通常以抑扬顿挫的音调来进行，其中的节奏变化，每个人都喜欢并需要；（4）学前儿童不具备独立的阅读能力，且注意力集中的时间短，图书馆员讲故事活动综合阅读图画书、手指谣、唱歌、做游戏等形式，更加容易吸引这些幼小的听众并使其真正地参与其中；（5）即使讲故事活动用的是非虚构类的、以提供信息和知识为主要内容的图书，图书馆员也能以声情并茂的方式讲述出来，这样就使得没有生命的信息和事件变得栩栩如生起来；（6）在听故事的过程中，哪怕不借助图画，幼儿也可以根据听到的内容在脑海里勾画出形象的画面和情节，这些细节可以成为儿童的记忆；（7）在注重语调、音量大小、节奏快慢的变化之外，讲故事活动经常借助各种身体语言来综合展示故事情节，因此更加有助于那些有语言障碍的人来理解故事和图书；（8）讲故事活动能将听众与图书馆、图书馆员联系在一起，增加年幼的儿童对于图书馆的感知和认识。

二、图书馆讲故事活动对于早期读写研究成果的吸纳

随着儿童早期读写研究成果的大量出现，图书馆儿童服务的一个重要任务就是与时俱进，将最新的研究成果应用到讲故事活动中，用理论研究的成果指导活动，减少讲故事的随意性，加强活动的效果。

（一）将儿童的父母或其他照顾人纳入讲故事活动

早期读写研究表明，儿童读写能力的发展在生命之初就开始了，远远早于入学之后接受正式的读写指导时；幼儿与成人，特别是父母之间的读写互动，是他们进行早期读写行为最重要的方式。相应地，图书馆讲故事活动与过去相比也发生了明显变化：图书馆员要通过向儿童的父母或其他照顾人反复提供示范，使他们知道怎样在图书馆活动之外的其他时间和地点来继续指导儿童的早期读写发展。具体来说，一方面图书馆员需要在讲故事活动中直接面对面向陪伴儿童来参加活动的成人宣传讲故事活动对于早期读写能力发展的重要性，使他们更加清晰地意识到自己在儿童早期读写发展中所能起到的重要作用；另一方面，图书馆员还要向这些成人示范和教授促进儿童早期读写能力发展的具体方法和途径。

（二）讲故事活动要细分年龄段

早期读写研究还表明，不同年龄段的儿童在身体与动作发展，认知与智力发展，语言发展，阅读能力，情绪，人格与社会发展等方面，都存在着不同的特点和发展水平。与此相对应，在为不同年龄的儿童选择阅读材料时，在材质、类型、内容、主题、难易程度等方面也就应该加以区分。同样的道理，图书馆开展讲故事活动时，也要充分考虑到不同年龄段儿童之间的差异。

比如，对于0~2岁的婴儿，由于他们一般只能看到12英尺（约3.7米）之内的物体，因此图书馆员在讲故事活动中与每个婴儿的距离不能超过12英尺；婴儿讲故事活动的主要目的是鼓励成人与婴儿直接进行积极的交谈和互动；面向婴儿的讲故事活动要以大量的儿歌和童谣做素材，因为它们更能促进婴儿语音认知的发展；活动中要选择耐撕耐啃咬的硬板书。2~3岁的儿童，由于他们不再只是被动的听众，而是开始学着与图书馆员进行互动，并且更愿意不断地尝试新事物；因此面向他们的讲故事活动除了可以选用童谣和歌曲之外，也可以使用一些内容简短的图书。图书馆员不仅要向父母强调与儿童进行亲子阅读的重要性，还要教他们怎样与孩子一起阅读。3~6岁的学龄前儿童，他们的讲话能力大有提高，能够倾听更长的故事，并且全身心地投入其中；因此，面向这一年龄段的孩子，讲故事活动就可以使用内容更长的图书。图书馆员除了要向成人强调让孩子在轻松愉悦的氛围中进行阅读之外，还要全面讲述早期读写所包含的基本技能。

（三）将早期读写研究成果融入讲故事活动的技巧

成人与儿童共享图书，是儿童早期读写发展最为关键的部分，因此，图书馆员声情并茂地诵读图画书通常是讲故事活动的核心内容。有意识地将早期读写的相关研究成果融入到诵读图画书的过程中，需要一定的方法和技巧。早期读写研究认为，儿童在正式学习阅读之前需要具备6项基本技能，分别是对于图书的喜爱、对于图书的认识、词汇、字母知识、语音认知以及叙述能力。无论哪种类型的图书，图书馆员都可以在诵读的过程中向儿童的父母或其他照顾人讲述早期读写发展的6项基本技能。

比如，在对于图书的喜爱方面，图书馆员在讲故事活动中应该把握以下技巧：（1）馆员应选择自己真正喜爱的图书；（2）向儿童的父母或其他照顾人示范如何以抑扬顿挫的声音来讲故事；（3）选择合适的内容让儿童及其父母一起加入到阅读和讲述中；（4）对于婴儿，图书馆员可以邀请其父母一起大声诵读同一本书，因为婴儿最熟悉父母的声音；（5）告诉儿童的父母，要在自己和孩子心情都愉悦的时候进行阅读，孩子注意力持续时间非常短也没关系，围绕图书进行互动远比读一本内容很长的图书更加重要。

再如，在对图书的认识方面，图书馆员应该把握：（1）开始阅读时，用手指着书名、作者以及插图者的姓名。在阅读过程中，用手指着重复出现的短语或句子，让儿童知道阅读的是书中的文字而不是图画。（2）开始阅读前，故意将书拿倒或者拿反，看儿童如何反应，还可以故意向他们提问：这样拿书对吗？（3）可以运用身边的很多事情来帮助孩子认识印刷品，如走路或开车时指出看到的一些标志，或写购物清单时大声念出所写的词汇等。（4）让父母知道：婴儿将书放在嘴中并啃咬，是他们探索世界的方式，不要介意他们会损坏图书。

在叙述能力方面，图书馆员需要运用以下技巧：（1）朗读图书时，让儿童、成人与图书馆员一起来重复某些短语，让儿童伴随着短语做出相应的动作；（2）借助法兰绒、玩偶等道具来帮助儿童复述故事；（3）在讲故事的整个过程中，要对儿童进行提问，并对他们的回答做出及时的回复；（4）鼓励儿童围绕故事展开讨论，图书馆员在与儿童的讨论中要保持足够的耐心。

三、图书馆讲故事活动应遵循的原则

图书馆讲故事活动通常包含开头问候或欢迎曲、讲图画书、手指谣、伴随音乐活动身体、欢送歌曲、手工制作等内容，形式轻松活泼，主要目的是让儿童在一种愉悦的氛围中培养对图书和阅读的认知和喜爱。虽然讲故事活动每次的主题不一，活动中所用到的素材各异，针对不同年龄段儿童的讲故事活动在内容、形式上也各有侧重，但总的来说，它们都有一些基本的原则需要遵从。

（一）将成人纳入讲故事活动，增强活动效果

图书馆讲故事活动应将儿童的父母或其他照顾人纳入其中。在策划讲故事

活动的过程中，图书馆员需要计划好面向儿童的父母或其他照顾人宣传讲述的内容，以及哪些活动能够使他们更好地参与进来。在活动开始之前、活动开展过程中及活动结束后，图书馆员要充分利用各种时间和机会，向儿童的父母或其他照顾人强调讲故事活动对于儿童早期读写能力发展的重要性以及成人在其中所能起到的关键作用；并向成人示范如何在家庭中继续对儿童早期读写能力的发展进行干预和指导，以突破图书馆讲故事活动在时间和空间上的限制，将活动进一步延伸到儿童每天的日常生活中，增强活动的效果。这一点也是与以往相比，图书馆讲故事活动所发生的最大变化。

（二）讲故事活动的持续时间应在30分钟左右

不同年龄段的儿童在身体发展、认知发展、语言发展、阅读能力等许多方面，都存在着不同的特点和发展水平。一般来说，注意力集中的时间与儿童的年龄呈正比，年龄越大的儿童，关注一个事物或事件的时间越长久一些。针对这一规律，图书馆讲故事活动在面对不同年龄段儿童的时候，持续时间长短方面也应有所区别。笔者在对美国威斯康星州麦迪逊市公共图书馆讲故事活动的多次实地观察中发现，其面向0~2岁婴幼儿的讲故事活动时间一般为20分钟，面向2~3岁儿童的活动时间一般为30分钟，而面向3~6岁学龄前儿童的活动时间一般为45分钟。由此可见，在面向不同年龄的儿童讲故事时，把握合适的时长非常重要。时间过短，会让注意力相对持久的儿童感觉活动刚开始就结束了；时间过长，则会使注意力集中时间非常有限的儿童产生烦躁从而使效果适得其反，甚至会使活动中已进行部分的效果大打折扣。

经过向国内外若干图书馆中负责讲故事活动的馆员进行咨询，笔者认为，图书馆讲故事活动的平均时间应大致为30分钟。当然，这只是一个平均时间，并非固定不可变的，图书馆员完全可以根据前来参加活动儿童的年龄、喜好等特征，以及活动开展当天各方面的实际情况，灵活地安排时长。

（三）面向不同年龄段儿童的讲故事活动可以使用相同的材料

面向不同年龄段儿童的讲故事活动虽在形式、内容、持续的时长等方面都有区别，但对他们可以使用相同的材料。因为儿童在不同的年龄和发展阶段，对于同一个故事、同一本书、同一首歌、同一个童谣，都会有不同程度的认识和理解，所以在面向不同年龄段儿童的活动中，使用同样的材料并非不可以。从另一个角度讲，适当的重复还有助于使儿童感到熟悉和舒服，并有助于增强记忆。在讲故事活动的所有内容中，最适于重复的就是开头的欢迎曲和结尾的欢送曲。图书馆员可以精心选择一首欢迎曲，然后在每次活动中重复使用，这样，儿童在每次活动开始时就会马上找到一种熟悉的感觉以及脑海中对以前活动或多或少的记忆，这将使活动更容易顺利进行下去。

另外，图书馆员应将活动中所用到的童谣、歌曲等打印出来，除了分发给每个在场的成人以供他们在活动中及活动后带回家继续使用外，还应该用大而清晰的字体打印一份，专门放在每个人都可以看到的展示板上，使儿童和他们的父母或其他照顾人在活动中更容易跟上图书馆员的节奏，也使成人在与图书馆员一起吟唱的过程中更容易将视线从分发的材料中转移到自己的孩子身上，并且能够增加孩子对图书及其他阅读材料的认识和感知。

（以上摘自张慧丽《图书馆讲故事活动的理论探索》，选自中国图书馆学会青少年阅读推广委员会编《播撒阅读种子　守望少儿幸福——青少年阅读推广理论与实践》，北京图书馆出版社，2012年出版。）

亲子阅读与公共图书馆服务体系

在为孩子寻找合适的图书时，经济、快乐而有效的做法是到最近的图书馆去。那里不仅有丰富的图书可供选择，而且有专业的图书馆员能够提供帮助和指导。

当你遗憾地发现，居所附近2公里甚至5公里以内都没有图书馆时，一定非常沮丧。当一个地区想为居民提供普遍均等的公共图书馆服务时，需要按常住人口每3~5万人建设一个图书馆。不用仔细计算，就可以知道这需要庞大的投资。

主要问题可能还不在建设，而在于日常的开放服务。为3~5万人服务的图书馆一定是个几百平方米的社区图书馆，馆藏图书也有限，可能根本没有你所想要借的图书。为了满足自己的需求，你可能还是要赶往多少公里外的中心图书馆。这样，你可能就需要多支付额外的交通成本和时间成本。

社区图书馆是全覆盖的公共图书馆服务体系的细胞。它在社区生活中扮演着重要的角色，在亲子阅读中更是作用极大。但就如前面所说，如果社区图书馆想要更好地满足社区居民的阅读需求，仅图书采购一项就需要大量的资金，众多的社区图书馆将需要持续地耗费大量的公共财政资金，而社区和街道往往负担不起，这使得这些社区图书馆无法持续生存和发展。

国外解决这个问题的办法是采用总分馆制，即社区图书馆是地区中心图书馆的分馆。这样，你在利用社区图书馆的文献资源和服务时，有整个总分馆体系在背后支撑。每一个分馆不需要配备太多的文献，因为体系内部对文献资源有预约、调配机制。在这个机制下，一本书可以发挥出相当于原来几本、十几本书的作用，十分经济。你在居所附近图书馆借的书，可以归还到工作地点附近的图书馆；发现要借的图书在其他分馆时，可以提出预约，图书馆会在规定时间内将预约的图书调配到你指定的分馆，并通知你办理借书手续。这样，适合亲子阅读的图书会源源不断地供给，你可以几乎不出社区就获取所需要的图书。

然而，我国的行政体制是由各级政府建设并管理相应的图书馆，省政府负责省图书馆，市政府负责市图书馆，区政府负责区图书馆，而最方便市民的社区图书馆却没有规定由哪一级政府负责，大部分的街道和社区并没有相应的财政能力来建设并运行图书馆；图书馆之间也是相互独立的个体，相互之间既有体制的壁垒，又有财产的不同归属权，既浪费财政资金，又人为地造成了市民利用图书馆的障碍。这使得大多数社区图书馆游离于公共图书馆的覆盖范围之外。

进入新世纪后，许多地区的公共图书馆开始通过职业创新尝试突破这种各自为政的体制，探索总分馆体系实现的途径。事实证明，总分馆体系是经济高效而又能提供平等服务的有效模式。从佛山禅城区、苏州、东莞、嘉兴、深圳南山区等地的总分馆建设实践来看，一方面，通过分馆建设，这些地区在几年中新建了许多社区分馆，增加了图书馆的数量，方便了居民（如佛山禅城区建起了7个分馆，苏州建起21个，嘉兴建起11个，东莞建起40个，深圳南山区

延伸阅读

建起 7 个)；另一方面，这些分馆执行与总馆一致的服务标准，在资源、服务上，与总馆保持一致，体现了公平原则；还有，这些地区的分馆由于共享总馆的资源、技术、行政，运行成本很低廉。从这些地区的平均数来比较，同样一个图书馆，作为分馆，比单独设置的图书馆每年可以节省运行成本约 20 万元。根据这个经验数值，按苏州市 1000 万常住人口，假设每 5 万人应享有一个图书馆计算，需要 200 个图书馆；而现在建了 21 个分馆，每年可以节省公共资金 4000 万元。

在苏州，还有一个专为儿童服务的流动图书车，设置的 16 个停靠点都在太湖边上的偏远社区和小学，这些地区的学生以前甚至从来没有见过图书馆。每当流动图书车到达后，孩子们都会蜂拥而来，非得校长维持秩序才行。每年通过流动图书车借书的小读者超过 6 万人次。在苏州的 21 个社区分馆中，有 3 个是专门的少儿分馆，另外的 18 个分馆中也有 16 个辟有四分之一面积的少儿阅览区；这使得社区居民可以在这里找到一个亲子阅读的空间，而且得到图书馆员的帮助。2009 年苏州的 21 个社区分馆接待了 173.33 万读者，其中少儿读者就达到 81.26 万人次。可以想象一下，原来没有分馆时，他们的家长为了让孩子读到合适的图书，需要花费多少成本，有多少少年儿童因为借书困难丧失了阅读的权益，失去了与家长一起阅读的乐趣？

公共图书馆，在亲子阅读中是个不可或缺的平台和载体，而一个全覆盖的公共图书馆服务体系，就如同在每个百姓身边建起了公共的书房，它是普遍均等的方舟，是阅读城市的支撑，是民主社会的基石。

（以上摘自邱冠华《亲子阅读与公共图书馆服务体系》，选自中国图书馆学会青少年阅读推广委员会编《播撒阅读种子　守望少儿幸福——青少年阅读推广理论与实践》，北京图书馆出版社，2012 年出版。）